강의실 밖으로 나온 영시 1

강의실 밖으로 나온 영시 1
사랑, 자연, 사회

여국현 지음

세상과 자연 속에서 사랑하며
Ama in mundo et natura

우리
詩움

저자의 말

『강의실 밖으로 나온 영시 1, 2』를 펴내며

　지난 2020년 7월부터 2023년 12월까지 3년 6개월 동안 월간 『우리詩』에 〈영시해설〉이라는 꼭지를 연재해 왔습니다. 시대를 아우르는 대표적인 영미시를 매월 한 편씩 선정해 시에 대한 해석과 함께 시와 시인, 시가 쓰인 배경과 시대의 문예사조 등과 관련 있는 내용들을 담아 영시를 처음 접하는 분들이라도 쉽게 접할 수 있도록 소개한다는 마음으로 해왔습니다. 이 책은 그렇게 모인 영미시 42편을 사랑, 자연, 사회, 인생, 삶과 죽음, 기타 이렇게 여섯 주제로 분류하고, 연재 글이 지닌 특색을 부분적으로 수정하는 한편, 가필도 하고 영시와 우리말 번역시의 구성도 단행본에 맞게 다시 배열하여 묶은 것입니다.
　처음 연재를 시작할 때부터 가장 중요하게 생각한 점은 대학 강단에서 전공자들의 학문의 대상으로 여겨질 뿐 일반 독자들이 쉽게 접할 수 없었던 영미시를 문학에 관심 있는 일반 독자들이 보다 쉽고 친근하게 읽고 즐길 수 있도록 소개하자는 것이었습니다. 시를 선정할 때 문학사적 관점에서 각 시대를 대표할 수 있는 의미를 지닌 동시에 일반 독자들에게 쉽게 다가갈 수 있는 시를 중심으로 선정하였습니다. 시를 소개하는 글도 독자들 바로 앞에서 눈을 보며 이야기하듯 구어체를 사용하여 조곤조곤 말하는 글쓰기 방식을 선택했습니다.

시를 설명하는 내용적인 측면에서도 많은 점을 고려했습니다. 단순히 시의 내용만을 해석하는 것이 아니라 그 시가 쓰인 시대적 배경, 시와 얽힌 시인의 개인사적 요소, 그리고 문학작품으로서 시의 미학적 요소까지도 꼼꼼하게 설명함으로써 한 편의 시를 통해 시와 시인, 시대와 미학과 연관된 흥미로운 사실들을 충분히 전달하고자 노력했습니다.

영어로 된 시를 우리말로 번역하는 데 각별한 노력을 기울였습니다. 영시를 우리말로 옮기는 데서 생길 수 있는 내용과 표현의 생경함을 없애는 한편, 시의 정확한 의미를 담으면서도 문학작품으로서 시가 지닌 미적인 부분을 최대한 살릴 수 있는 자연스럽고 부드러운 우리말로 담아내고자 노력했습니다.

『강의실 밖으로 나온 영시 1』은 〈세상과 자연 속에서 사랑하며〉라는 부제 아래 사랑, 자연, 사회의 주제를 다룬 21편, 『강의실 밖으로 나온 영시 2』는 〈인생, 삶과 죽음 사이 아름다운 청춘〉이라는 부제 아래 인생, 기타, 삶과 죽음의 주제를 담은 21편의 시를 담고 있습니다. 각 시대를 대표하는 42편의 영미시에 대해 제가 조곤조곤 들려드리는 이야기 한 편 한 편을 수필이나 소설 읽듯 편안하고 쉽게 읽어가는 것만으로도 영시의 매력을 느끼면서 다양한 시기의 대표적인 영미시와 시인을 자연스럽게 접할 수 있을 것이라 자신합니다. 이 두 권의 책이 대학에서 영미시를 전공하는 학생들은 물론, 처음 영시를 접하거나 문학에 관심 있는 모든 독자 분들이 영시를 만날 수 있는 유용한 안내서가 되리라 생각합니다.

 마지막으로, 두 권의 책에 〈강의실 밖으로 나온 영시〉라는 제목을 붙였습니다. 30년 가까이 대학 강단에서 영문학 강의를 하면서 함께 읽고 공부한 많은 작품들을 강단 밖의 일반 독자들과 나누려는 저의 의지의 표현인 동시에 앞으로 제가 해 나갈 기획의 큰 제목이기도 합니다. 이 두 권의 저작을 시작으로 3월에 『강의실 밖으로 나온 영국소설』과 『강의실 밖으로 나온 미국소설』이 출간됩니다. 향후 〈강의실 밖으로 나온…〉 시리즈는 단편소설과 희곡, 수필, 그리고 이 두 권의 시와 3월에 나올 소설에서 다루지 못한 다른 작품 등으로 이어가면서 번역과는 또 다른 방식으로 영문학을 일반 독자들에게 소개하고 알리는 기회를 갖고자 계획하고 있습니다. 이어지는 작업에도 많은 관심과 성원을 부탁드립니다.

 긴 원고를 먼저 읽고 정성어린 과분한 격려의 말씀을 주신 김문수 선생님과 따뜻한 정이 뚝뚝 떨어지는 애정 가득한 글 보내주신 고두현 선배님, 그리고 귀한 말씀으로 책에 날개를 달아주신 홍해리 선생님과 조희정 교수님께 깊은 감사를 드립니다. 처음 연재를 제안했을 때 흔쾌히 응해주시고 어려운 여건 속에서도 책의 출판을 결정한 〈우리詩움〉 전선용 시인님과 꼼꼼하게 원고를 교정하며 큰 힘을 보태준 박현숙 씨, 좋은 책을 출판하기 위해 마음을 써주신 한가람출판사 김기호 사장님과 표지 선정에 도움을 주신 페친님들께도 고마움을 전합니다.

첫 연재부터 모든 원고를 챙겨 읽고 조언을 해준 열혈 독자이자 책 출판 과정에도 아낌없는 관심과 도움을 준 경북포항시낭송협회 권양우 대표님과 책날개의 작가 소개에 실은 편안한 사진을 담아준 김주영 작가께도 감사드립니다. 무엇보다 〈시소〉가 있어서 집중하며 편안하게 모든 마무리 작업을 할 수 있었습니다. 애경 선배, 고마워요.

늦은 시간까지 잠 못 들고 아들 기다리시는 엄마와 설 연휴가 지난 지금까지도 혼자 떨어져 마무리 작업하며 이 글을 쓰고 있는 가장을 타박하지 않고 오히려 걱정하며 이해하고 응원해준 정림, 다솜, 은지, 사랑하는 가족에게 미안함과 고마움을 함께 전합니다.

2024년 1월 〈시소〉에서
여국현

차례

저자의 말 『강의실 밖으로 나온 영시 1, 2』를 펴내며 _4

1부 사랑 Love

내가 그대를 얼마나 사랑하냐고요? / 엘리자베스 배럿 브라우닝 _13

붉고, 붉은 장미 / 로버트 번즈 _29

아침 인사 / 존 던 _41

벼룩 / 존 던 _57

빛나는 별 / 존 키츠 _66

요정이 목동에게 하는 답 / 월터 롤리 _82

소네트 18 / 윌리엄 셰익스피어 _94

마가렛에게 - 속편 / 매슈 아널드 _105

소네트 43 / 윌리엄 셰익스피어 _122

헬렌에게 / 에드거 앨런 포 _131

나 당신 마음 품고 다닙니다(당신 마음 내 마음에)
　/ 에드워드 에슬린 커밍스 _142

2부 자연 Nature

한 조각 구름처럼 외로이 나는 헤맸다네 / 윌리엄 워즈워스 _153
나무 중 가장 아름다운, 벚나무는 지금 / 알프레드 E. 하우스먼 _165
쿨 호숫가의 백조들 / 윌리엄 버틀러 예이츠 _177
눈 내리는 저녁 숲 가에 서서 / 로버트 프로스트 _194
선택하지 않은 길 / 로버트 프로스트 _209

3부 사회 Society

파기 / 셰이머스 히니 _219
런던 / 윌리엄 블레이크 _233
엄마가 아들에게 / 랭스턴 휴즈 _250
투쟁해봐야 허사라 말하지 말라 / 아서 휴 클러프 _263
불굴의 의지 / 윌리엄 어니스트 헨리 _272

PART

1

사랑
Love

사랑
Love

내가 그대를 얼마나 사랑하냐고요?
- 엘리자베스 배럿 브라우닝(1806~1861)

내가 그대를 얼마나 사랑하냐고요? 헤아려 볼게요.
그대를 사랑해요, 눈으로는 볼 수 없는
완벽한 존재와 궁극의 아름다움을 더듬어 찾을 때
내 영혼이 닿을 수 있을 만큼 깊고 넓고 높게.
그대를 사랑해요 매일의 삶에서 낮이나 밤이나
한없이 고요한 가운데 필요로 할 만큼.
그대를 사랑해요 권리를 위해 투쟁하듯 자유롭게.
그대를 사랑해요 칭송을 외면하고 돌아서듯 순수하게.
그대를 사랑해요 옛 슬픔에 쏟았던 열정과
어린 시절에 품었던 믿음으로.
그대를 사랑해요 성자들을 잃을 때
함께 잃어버린 것 같은 사랑으로. 내 평생의 숨결과 미소와
눈물을 담아 그대를 사랑합니다. 그리고 하늘이 허락하신다면
내 삶이 끝난 후 더욱 그대를 사랑하겠어요.

봄의 문턱 3월, 봄바람, 봄 햇살과 잘 어울리는 사랑시로 첫 글을 시작합니다. 영국 빅토리아 시대를 대표하는 엘리자베스 배럿 브라우닝의 「내가 그대를 얼마나 사랑하냐고요?」입니다. 이 시는 '사랑시' 하면 가장 먼저 떠오를 만큼 유명하지요. 오래전 교육방송 EBS의 〈지식채널 e〉에서는 시 못지않게 아름답고 가슴 뭉클한 엘리자베스와 로버트 브라우닝, 두 사람의 사랑이야기를 방영하기도 하였지요. 마지막에 로버트 브라우닝의 시가 엔딩 크레딧처럼 화면에 가득하던 장면을 기억합니다.

> Save apart time to read / it's the spring of wisdom.
> Save apart time to laugh / it's the music of your soul.
> Save apart time to love / for your life is too short.

> 책 읽을 시간을 남겨 두세요 / 독서는 지혜의 샘이니까요.
> 웃을 시간을 남겨 두세요 / 웃음은 영혼의 음악이랍니다.
> 사랑할 시간을 남겨 두세요 / 인생은 너무 짧으니까요.

엘리자베스와 브라우닝보다 금언 같은 이 시의 내용을 더 잘 살아낸 사람들은 많지 않을 것 같습니다. 「내가 그대를 얼마나 사랑하냐고요?」는 엘리자베스가 브라우닝을 만난 후인 1845년에서 1846년 사이에 쓰고, 1850년에 출판된 『포르투갈 사람이 쓴 소네트 *Sonnets from the Portuguese*』에 실린 44편의 소네트 중 43번입니다. 그런데 제목이 좀 이상하지요? 왜 포르투갈 사람이라고 했을까요?

시집의 제목에 관해 이야기하려면 우리가 이 시를 만나지 못할 뻔했다는 것부터 먼저 말씀드려야겠습니다. 엘리자베스는 이 소네트들이 자신의 개인적인 이야기를 너무 직설적으로 담고 있다는 이유로 출판을 망설였다고 합니다. 하지만 다행스럽게도 그때 엘리자베스 곁에 로버트 브라우닝이 있었어요. 그는 이 시들이야말로 "셰익스피어 이후 최고의 소네트"라 극찬하며 강력하게 출판을 권했다 합니다. 다만, 두 사람의 이야기인 것이 너무 분명해 보이니 어디 다른 나라 소네트를 번역한 것처럼 보이게 하려고 제목을 저렇게 지었답니다. 왜 포르투갈일까요? 엘리자베스가 포르투갈의 한 시인을 존경한 때문이기도 하지만 더 분명한 이유는 로버트 브라우닝이 엘리자베스를 "나의 귀여운 포르투갈 여인"이라 불렀다는 데서 찾을 수 있습니다.

소네트란 '14행의 사랑시'라고 정의할 수 있는 대표적인 정형시인데요, 14세기 무렵 이탈리아에서 시작되어 15세기에 영국에 도입되었지요. 엘리자베스와 브라우닝, 두 사람의 사랑의 이야기를 다룬 이 소네트야말로 '14행의 사랑시'라는 정의에 아주 정확하게 어울린다고 하겠습니다. 자기보다 연상인데다 시인으로서 명성도 훨씬 더 높았던 엘리자베스의 마음을 얻고 그녀의 시의 진정한 가치 또한 알아본 브라우닝. 그는 사랑의 눈뿐 아니라 시를 보는 눈도 탁월했던 것이 틀림없습니다. 두 눈 다 부러운 눈입니다. 이제부터 바로 그 시를 찬찬히 보아 가면서 엘리자베스의 이야기도, 브라우닝과의 사랑 이야기도 들려드리겠습니다.

나 사랑해? 얼마나 사랑해? 사랑을 해 본 사람이라면 누구나 한 번은 아니 수도 없이 하고 또 듣고 했을 질문이지요. 꼭 집어 답하기 어렵고 만족스러운 답 듣기 쉽지 않은 질문이기도 하고요. 하늘만큼 땅만큼 혹은 당신이 전부라니까, 뭐 이렇게 두루뭉술하게 넘어가기도 하지요. 고개를 끄덕이는 분도, 아니라고 손사래 치는 분도 있겠

엘리자베스와 로버트 브라우닝. (출처-위키피디아)

지요? 그런데 엘리자베스는 헤아려 보겠답니다. 셈해 보겠답니다. 한번 들어볼까요?

> 내가 그대를 얼마나 사랑하냐고요? 헤아려 볼게요.
> 그대를 사랑해요 눈으로는 볼 수 없는
> 존재와 이상적 아름다움의 궁극을 더듬어 찾을 때
> 내 영혼이 닿을 수 있을 만큼 깊고 넓고 높게.

 깊고 넓고 높답니다, 자신의 사랑. 그런데 말입니다. 좀 애매해요. 보이지도 않는 영혼이라는 것이 역시 눈에도 보이지 않는 것을 더듬어 "존재와 이상적 아름다움의 궁극"을 찾아갈 때처럼 그렇답니다. 얼마나 깊고 넓고 높으면 영혼이 도달할 끝이라고 할까요. 존재의 끝이나 이상적 아름다움의 궁극이 존재하기나 하는 것일까요? 이 말의 공간적 비유에 담긴 무한함이 사랑의 광대무변함을 두드러지게 드러냅니다. "궁극the ends"이라는 말에 담겨 도드라져 보이는 절대성과 순수함은 또 어떻고요. 사랑을 셈해 보겠다던 화자는 결국 자기 사랑의 셈할 수 없는 절대성, 순수함과 함께 그 엄청난 무한함을 먼저 툭 던져 보입니다. 그러더니 갑자기 아래로 훅 내려옵니다.

> 그대를 사랑해요 매일의 삶에서 낮이나 밤이나
> 한없이 고요한 가운데 필요로 할 만큼.
> 그대를 사랑해요 권리를 위해 투쟁하듯 자유롭게.
> 그대를 사랑해요 칭송을 외면하고 돌아서듯 순수하게.

끝없는 관념의 이상적 깊이와 넓이와 높이를 이야기하더니 이제 "매일의 삶"의 "필요"라는 현실로 쑥 내려옵니다. 비유의 낙폭이 크고 돌연합니다. "한없이 고요한 가운데 필요"한 것들, 무엇일까요. 살아가는 데 필요한 모든 일 다 아닐까요. 먹고 자고 숨 쉬고 하는 그 모든 일이 바로 그 "필요"이지요. 결국 목숨 붙어 움직이는 한은 단 한순간도 그대 사랑하지 않는 순간이 없다는 것이겠지요. 가장 고귀하고 이상적인 관념의 수준으로 날아오르던 사랑의 비유가 가장 현실적인 차원의 수준으로 하강하더니 이제 그 사이에 하나하나 돌담 쌓아 올리듯 사랑을 헤아려 채우기 시작합니다.

먼저 "자유롭게, 순수하게" 사랑한다 합니다. 자유는 "권리를 위해 투쟁하"는 것과 비유되고, 순수는 "칭송을 외면하고 돌아서는" 것과 연결됩니다. 권리를 위한 투쟁의 보편성은 따로 설명이 필요 없을 듯합니다만 엘리자베스 가족사를 생각하게 하는 부분도 있습니다. 엘리자베스의 가계家系는 서인도제도 자메이카에 터전을 잡고 있었고, 부친은 그곳에 대규모의 노예농장을 경영하는 것으로 부를 축적했지요. 아이들 교육을 위해 가족들은 영국으로 이주했지만 노예농장은 여전히 그곳에서 운영했으며, 엘리자베스 엄마의 가계도 노예매매를 통해 부를 축적했다고 합니다. 하지만 엘리자베스는 스물한 살에 이미 여권 운동가이자 시인인 메리 울스턴크래프트의 『여성의 권리 옹호』(1792)를 읽고 열렬한 여권 옹호자가 되었지요. 뿐만 아니라 노예제도에 반대하는 「필그림에서 달아난 노예」와 「국가에 대한 저주」 같은 시를 발표할 정도로 적극적으로 노예제 폐지 운동을 지지하기도 했습니다. "권리를 위해 투쟁하듯 자유롭게"라는 비유에 담긴 울림이 느껴집니다.

"칭송을 외면하고 돌아서듯 순수하게"라는 표현도 그녀의 실제 삶과 연관이 있는 것 같습니다. 로버트 브라우닝과의 비밀스러운 사랑과 결혼은 엘리자베스에게는 순탄한 일만은 아니었습니다. 가족, 특히 아버지의 반대는 강력했습니다. 실제로 그는 두 사람의 비밀결혼 이후 엘리자베스의 상속권을 박탈합니다. 거기에 더해 자기 시집과 극본을 발표하면서 촉망받는 문단의 신예이긴 했지만 아직 그녀만큼 유명세를 얻지 못했던 여섯 살 연하인 브라우닝이 이미 영국 문학을 대표할 만한 시인이었던 그녀를 사랑하는 것에 대한 세간의 호기심과 의혹도 엘리자베스에게 부담이었을 것입니다. 특히 그녀의 앞선 명성에 기대려 하는 것은 아닌가 하는 의혹 어린 시선에서 온전히 자유롭지 못했지요. 엘리자베스가 그런 연인 브라우닝에게 자신의 사랑은 세상의 칭송과 명성은 기꺼이 버릴 수 있는 '순수한 사랑'이라고 말하고 있는 것 같습니다. 그러기에 엘리자베스는 「소네트 14」에서 사랑에 대해 이렇게 말한 바 있지요.

If thou must love me, let it be for naught
Except for love's sake only....
But love me for love's sake, that evermore
Thou mayst love on, through love's eternity.

그대가 진정 날 사랑하시겠다면 오직 사랑만을
위해 사랑해주세요....
오직 사랑만으로 사랑해 줘요, 긴긴 세월
영원한 사랑으로 그대 나 변함없이 사랑할 수 있도록.

이어지는 사랑의 맹세를 따라가 봅니다.

그대를 사랑해요 옛 슬픔에 쏟았던 열정과
어린 시절에 품었던 믿음으로.
그대를 사랑해요 잃어버린 성자들과 함께
내가 잃어버린 것 같은 사랑으로.

살아오면서 겪었을 슬픔들이 어디 한둘일까요. 특히 어린 시절부터 알 수 없는 질병으로 인해 만성적인 두통과 척추의 통증으로 시달리며 움직이기도 힘든 상태에서 진통제로 처방받은 아편과 약물을 상시 투여해야 했던 엘리자베스에게 그 슬픔이 얼마나 강렬했을지는 짐작이 되지요. "어린 시절에 품었던 믿음"처럼 무조건적인 믿음으로, 어린 시절 성자들을 사랑하던 것과 같은 숭고한 종교적인 사랑으로, 그 이후 잃어버린 것 같았던 신성한 사랑의 마음으로 사랑한다고 합니다.

크리스마스 날 새벽에 다녀가던 산타클로스가 실은 아버지임을 알게 되는 그 순간, 우리 마음속에서 영원할 것 같던 한 신성한 존재가 사라지게 되잖아요. 그러기 전까지 산타클로스를 믿고 기다리던 어린아이의 마음, 그 믿음과 사랑. 그 사랑이 다시 찾아온 것 같은 마음으로 사랑하는 것, 그것이 위에서 말하는 엘리자베스의 마음과 비슷할까요?
 엘리자베스가 어린 시절부터 깊은 믿음의 소유자였던 것은 잘 알려진 사실입니다. 그녀는 일찍이 밀턴의 『실낙원』과 단테의 『지옥』 등을 읽었으며, "기독교야말로 본질적으로 시다. 영광스러운 시다."라고 말할 정도로 종교적 태도가 확고했지요. 그래서 그녀의 시에는 이 장면처럼 종교적 비유와 이미지들이 끊임없이 등장하지요. 이제 사랑의 헤아림은 마지막에 이르렀군요.

> 내 평생의 숨결과 미소와
> 눈물을 담아 그대를 사랑합니다. 그리고 하늘이 허락하신다면,
> 내 삶이 끝난 후 더욱 그대를 사랑하겠어요.

 삶에서 우리가 경험하고 존재하는 모든 순간이 다 담겨있군요. 슬픔과 기쁨, 그리고 목숨까지. 그러니 살아있는 동안 자신의 온 존재를 다해 사랑한다는 말이군요. 부럽군요. 그토록 순수하고 열정적이며 확고하고 순수한 사랑이 죽음이 온다고 해서 달라질까요. 당연히 아니지요. 시인은 죽음까지도 이기지 못할, 영원한 사랑을 말합니다. "하늘이 허락하신다면"이라는 전제는 있긴 합니다만, "삶이 끝난 후 더욱 그대를 사랑하겠"다 합니다. 삶과 죽음을 아우르는, 죽음조차도 갈라놓을 수 없는 영원한 사랑이군요. 이쯤 되면 이 사랑, 무엇

으로 막을까요. 마지막 표현의 영어 원문을 잠깐 보면, "I shall but love thee better after death."입니다. 조동사 'shall'에 주목합니다. 말하는 시인의 의지가 강하게 개입된 'will'이 아닙니다. 'shall'입니다. 'shall'은 의지와 상관없이 자연스럽게 그리 되리라는 것을 보여 줍니다. 마치 당연히 예정된 운명처럼 말입니다. 그러니 앞에서 언급했던 그런 현실의 사랑은 죽음 이후에는 운명처럼 그대로 이어지겠다는 것이지요.

애초 '셈'할 수 없고 '헤아릴 수 없는' 사랑이지만 사랑하는 사람으로부터 이 정도의 답을 들을 수 있다면 눈 딱 감고 한 번, 아니 몇 번이라도 물어봄 직하지 않을까요? "그대는 나를 얼마나 사랑하는지요?"

이쯤 되니 또 궁금해집니다. 이런 사랑을 받은 브라우닝은 어땠을지, 또 이런 사랑으로 결합한 두 사람은 행복했을지. 시인 로버트 브라우닝은 다른 자리에서 그의 시와 함께 다루게 될 것이니 그때 더 이야기하기로 하고요 여기서는 먼저 그가 엘리자베스에게 보낸 편지 가운데 일부와 그녀에게 보낸 시를 한 편 보겠습니다. 1844년에 발간된 그녀의 『시』를 본 브라우닝은 1845년 1월 10일에 이렇게 편지를 보냅니다.

> 미스 배럿, 저는 당신의 시를 온 마음으로 사랑합니다....(당신의 시에 보이는) 신선하면서도 낯선 음악, 유려한 언어, 연민을 자아내는 절묘한 감정, 진정 새롭고 당당한 사고를 요....저는 당신의 이 시집을 온 마음으로 사랑합니다. 그리고 당신을 사랑합니다.

이 편지를 보낸 4개월 후인 5월에 처음 만난 두 사람은 처음부터

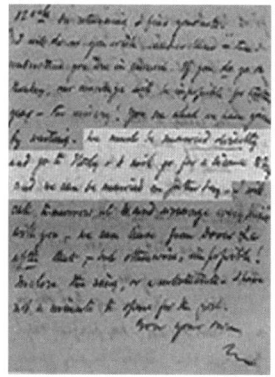

1846. 9. 10. 브라우닝이 엘리자베스에게 보낸 편지 (출처-위키피디아)

서로에게 강한 사랑을 느끼며 작품에 관한 생각을 나누는 가운데 비밀스러운 사랑을 키워갑니다. 두 사람의 사랑은 서로의 시 창작에도 큰 영향을 미치면서 엘리자베스는 『시』의 개정판을 내면서 『포르투갈 사람이 쓴 소네트』를 더하고 『오로라 리』의 작품들을 쓰며, 브라우닝은 『남과 여』를 출간합니다. 사랑의 열정이 창작의 결실로 이어진 것이었지요. 그러나 엘리자베스는 브라우닝의 청혼은 선뜻 받아들이지 못했습니다. 어린 시절부터 앓아온 자신의 병 때문이었지요. 그런 엘리자베스에게 브라우닝은 이런 시로 자신의 한결같은 사랑을 고백합니다.

You'll Love Me Yet

Robert Browning

You'll love me yet!--and I can tarry
　Your love's protracted growing:
June rear'd that bunch of flowers you carry,
　From seeds of April's sowing.

I plant a heartful now: some seed
　At least is sure to strike,
And yield--what you'll not pluck indeed,

Not love, but, may be, like.

You'll look at least on love's remains,
 A grave's one violet:
Your look?--that pays a thousand pains.
 What's death? You'll love me yet!

언젠가 그대가 저를 사랑해 주시겠지요
 로버트 브라우닝

언젠가 그대가 저를 사랑해 주시겠지요! 저는 기다릴 수 있답니다.
 천천히 자라는 그대 사랑을.
그대가 안고 있는 꽃다발도
4월에 뿌린 씨앗을 6월이 길러낸 것이랍니다.

제 진심 어린 마음을 심습니다.
 제 마음의 씨앗 몇은 깊은 뿌리를 내려
결실을 얻겠지요--그대, 뽑아버리시진 않겠지요,
 사랑, 혹은 그 비슷한 것이라도.

그대 마침내 사랑의 흔적을 보게 되겠지요,
 무덤가에 핀 한 송이 제비꽃을.
당신이 봐주신다고요? 하면 무수한 고통이라도 사라지겠지요
 죽음이 뭐란 말입니까? 언젠가 그대가 저를 사랑해 주실 텐데요!

이렇게 마음을 표현하는데 외면할 수 있을까요. 죽을 때까지라도 기다린다고, 무덤가에 핀 한 송이 제비꽃이 되어서라도 사랑하겠다는데. 그렇게 맺어진 두 사람의 사랑은 어떻게 되었을까요. 두 사람은 1846년 9월 12일 비밀리에 결혼을 하고 파리로 신혼여행을 떠난 후 이탈리아로 건너가 엘리자베스가 세상을 떠날 때까지 그곳에서 머물게 됩니다. 아버지로부터 유산 상속을 거부당했지만 엘리자베스 자신의 재산이 있어 두 사람의 생활은 궁핍하지는 않았다고 합니다. 앞에서도 말씀드렸듯『시』의 2판에 브라우닝의 조언으로 사랑의 소네트들이 추가되면서 시집의 인기도 더해지고 하향세를 걷던 시인 엘리자베스의 명성도 더 확고해집니다.

두 사람은 서로의 사랑도 얻고, 시도 얻고, 게다가 더 큰 사랑의 결실도 얻게 됩니다. 무려 네 번의 유산 끝에 1849년 마흔세 살의 엘리자베스는 아들 로버트를 낳습니다. 엘리자베스의 건강 상태와 당시 마흔셋이라는 나이를 생각하면 기적 같은 일이라 할 수 있을 것입니다. 브라우닝 부부는 자신들의 사랑의 선물인 아들을 'Pen'을 의미하는 'Penini'라는 애칭으로 부르며 극진하게 사랑했다고 합니다. 시에 대한 사랑에서 평생의 반려자로 맺어진 두 시인의 아들 애칭으로 이보다 더 어울리는 이름이 있을까요!

사실 엘리자베스는 어린 시절부터 천재에 가까웠습니다. 가정교육을 받으면서 여섯 살 무렵부터 소설을 읽고, 열 살 쯤에는 시를 짓고 그리스어를 배웠으며, 열한 살에 호머의 시를 모방한 시를 써서 출판을 했지요. 그녀의 어머니는 엘리자베스가 쓴 시를 엮어『엘리자베스 배럿의 시』라고 묶어 내주고, 열다섯이던 1821년 5월에『신월간지』에 처음으로 자신의 시를 발표했으며, 부친은 이미 그녀를 "호프 엔드의 계관시인Poet Laureate of Hope End"이라 불렀다고 하니 이미 딸의 운명을 알고 있었던 것일까요.

  1850년 윌리엄 워즈워스가 사망하자 뒤를 이을 계관시인 자리를 두고 테니슨과 경쟁을 할 정도로 엘리자베스는 당대를 대표하는 시인으로 인정받게 되었습니다. 이처럼 문학적으로 정점에 이른 그녀는 이탈리아에서 아이를 돌보면서 브라우닝과 함께 평화로운 생활을 하다가 병이 악화되면서 1861년 6월 29일, 남편 브라우닝의 품 안에서 조용히 숨을 거두었습니다. 브라우닝은 그녀가 "행복한 미소를 띠고 마치 소녀 같은 모습으로 편안히 숨을 거두었"으며, 그녀가 마지막으로 남긴 말은 "아름다워Beautiful"였다고 전했습니다.

  마지막 숨을 거두며 "아름다워"라고 할 수 있는 삶을 살 수 있다면 그 삶은 행복한 삶이 아닐까요. 엘리자베스에게 그 행복의 일부는 종교적인 믿음에서 나온 것처럼 보입니다. 릴리언 화이팅Lilian Whiting은 엘리자베스의 전기 『배럿 브라우닝』(1899)에서 그녀는 "가장 철학적인 시인the most philosophical poet"이며, "실제 기독교 정신의 복음을 그대로 반영한 삶을 살았다"고 썼습니다. 그러나 그녀에게 더 깊고 큰 행복은 어쩌면 브라우닝과의 사랑이 가져다준 것이 아닐까 생각해봅니다. 엘리자베스가 세상을 떠난 후 브라우닝은 한 여성의 청혼을 받기도 했습니다만 거절하고 28년 동안 독신으로 살다 생을 마감합니다.

  엘리자베스 배럿의 시는 영국은 물론 미국의 시인들에게도 큰

1860년 엘리자베스와 아들 펜 (출처-위키피디아)

영향을 끼쳤습니다. 에드거 앨런 포는 "그녀의 시적 영감이야말로 최고다. 이보다 더 당당한 것을 생각할 수 없다. 그녀의 예술적 감각이야말로 순수 그 자체다."라고 극찬했으며, 당시 미국의 대표적인 여성 시인이었던 에밀리 디킨슨에게도 큰 영향을 미쳤습니다.

마지막으로 한 가지만 덧붙이겠습니다. 영시의 정형률 형식인 소네트 양식으로 보면 이 시는 '약강5음보'에 abba abba cdcdcd의 각운 형식을 지닌 페트라르크식 소네트 양식에 두운법alliteration과 모음운assonance, 자음운consonance, 중간휴지caesura, 직유 등 다양한 수사법을 보이고 있습니다.(영시에 자주 등장하는 이 시적 기법들에 대해서는 앞으로 다른 시를 보면서 천천히 하나씩 말씀드리겠습니다.) 하지만 가장 두드러진 특징은 따로 있습니다.

눈치채셨겠지만 이 짧은 시에서 '사랑love'이라는 단어가 무려 아홉 번이나 반복됩니다. 시에서 반복은 단점으로 여겨지는 경우가 많지요. 더구나 이렇게 짧은 시에서라면 말할 것도 없겠지요. 그러나 언제나 예외는 있겠지요. 반복되는 '사랑'이라는 말은 반복이 주는 상투적 위험성에 매몰되는 것이 아니라 무수한 별들이 제각각 반짝이며 하늘을 밝히는 것처럼 영롱하게 빛나면서 거듭거듭 '사랑' 그 자리는 오직 '사랑' 그 단어만의 자리임을 되새겨 보여주고 있습니다. 엘리자베스 배럿 브라우닝의 「내가 그대를 얼마나 사랑하냐고요?」였습니다.

How Do I Love Thee?
Elizabeth B. Browning

How do I love thee? Let me count the ways.
I love thee to the depth and breadth and height
My soul can reach, when feeling out of sight
For the ends of being and ideal grace.
I love thee to the level of every day's
Most quiet need, by sun and candle-light.
I love thee freely, as men strive for right.
I love thee purely, as they turn from praise.
I love thee with the passion put to use
In my old griefs, and with my childhood's faith.
I love thee with a love I seemed to lose
With my lost saints. I love thee with the breath,
Smiles, tears, of all my life; and, if God choose,
I shall but love thee better after death.

Elizabeth Barret Browning(1806~1861)

- 영국 빅토리아 시대의 시인
- 1806년 3월 6일 영국의 더럼Durham 출생
- 어린 시절부터 남동생들의 가정교사에게 교육을 받으며 시를 씀
- 1820년 아버지가 생일 선물로 그녀의 시집 『마라톤 전투』The Battle of Marathon 출간.
- 1826년 첫 시집 『마음에 관한 에세이와 기타 시들』An Essay on Mind, with other Poems 출간.
- 불편한 몸으로 독신을 고집했으나 연하의 무명 시인 로버트 브라우닝의 열렬한 구애를 받고 결혼.
- 로버트 브라우닝을 만난 이후 『포르투갈 사람이 쓴 소네트』를 포함한 유명한 소네트 작품들을 씀.
- '포르투갈 사람Portuguese'은 그녀의 남편 브라우닝이 그녀를 부르던 애칭.
- 워즈워스 사망 후 계관시인 승계를 두고 테니슨Alfred Lord Tennyson과 경쟁.
- 1861년 6월 29일 이탈리아 피렌체에서 15년간의 행복한 결혼 생활을 마치고 눈 감음.
- 『시』Poems, 『오로라 리』Aurora Leigh, 『의회 앞의 시』Poems before Congress, 『악기』A Musical Instrument(사후 출간) 등의 작품이 있음.

붉고, 붉은 장미
- 로버트 번즈(1759~1796)

오, 내 사랑 유월에 갓 피어난
붉고, 붉은 장미 같아라.
오, 내 사랑 곡조에 맞춰
감미롭게 연주되는 노랫가락 같아라.

내 고운 연인이여, 그대 그토록 아름다우니,
내 사랑도 그리 깊어라.
언제까지나 나 그대 사랑하리, 내 사랑이여,
온 바다가 모두 말라 버릴 때까지.

온 바다가 모두 말라 버릴 때까지, 내 사랑이여,
바위가 햇볕에 녹아 사라질 때까지
오, 나 그대를 사랑하리, 내 사랑이여,
인생의 모래시계가 다 흘러내릴 때까지.

하지만 오직 내 사랑, 그대여 안녕,
오, 그대여 잠시만 안녕,
나 다시 돌아오리, 내 사랑이여
수만 리 떨어져 있다하여도.

─────────────── ◇ ───────────────

장미의 계절이 왔습니다. 중랑천변에 온갖 모양과 색의 장미꽃들이 가득합니다. 진홍빛과 우윳빛, 연분홍 장미는 물론 핏빛 붉은 장미를 포함한 색색의 장미가 크고 작은 모양으로 나란히 서 봄바람에 향기를 전하는 산책길의 시간은 황홀합니다. 장미 터널 아래 청춘의 연인들은 아름답고, 환한 미소의 사람들은 행복해 보입니다.

꽃의 여왕이라는 장미는 그리스 신화에서 미와 사랑의 여신 아프로디테가 태어날 때 함께 피어난 꽃이라는 전설을 지니고 있지요. 아프로디테가 그리스의 로즈Rose섬에 꽃씨를 뿌려 기른데다 아름다움마저 아프로디테를 닮아 장미는 사랑과 아름다움을 상징하는 꽃으로 널리 알려져 있습니다.

장미는 그에 어울리는 꽃말도 지니고 있지요. 흰 장미는 순수, 흑장미는 죽음과 이별, 분홍 장미는 감사, 노란 장미는 우정과 기쁨, 그리고 붉은 장미는 사랑과 열정을 담고 있지요. 사랑하는 연인에게 자신의 마음을 고백할 때 가장 어울리는 꽃, 붉은 장미. 오늘은 자신의 사랑을 그 붉은 장미로 은유한 낭만주의 시인 로버트 번즈의 시, 「붉고, 붉은 장미」를 읽어봅니다.

로버트 번즈는 1948년 8월 15일 대한민국 정부 수립 전까지 우리나라의 국가로 불린 멜로디로 널리 알려진 "Auld Lang Syne"이라는 노래를 지은 시인으로 스코틀랜드의 민속적 정서를 잘 담아낸 작품들을 남겼습니다. 스코틀랜드어인 "Auld Lang Syne"을 영어로 옮기면, "old long since" 정도인데, 조금 의역하자면, "long long ago" 혹은 "days gone by"라는 의미라고 합니다. "그리운 옛 시절"을 떠올리는 노래이지요. 이야기가 나온 김에 가사를 보고 갈까요.

Should old acquaintance be forgot,
and never brought to mind?
Should old acquaintance be forgot,
and auld lang syne?

For auld lang syne, my dear,
for auld lang syne,
we'll take a cup of kindness yet,
for auld lang syne.

And surely you'll buy your pint cup!
and surely I'll buy mine!
And we'll take a cup o' kindness yet,
for auld lang syne.

We two have run about the hills,
and picked the daisies fine;
But we've wandered many a weary foot,
since auld lang syne.

We two have paddled in the stream,
from morning sun till dine;
But seas between us broad have roared
since auld lang syne.

And there's a hand my trusty friend!
And give me a hand o' thine!
And we'll take a right good-will draught,
for auld lang syne.

옛 친구를 잊어야만 하나,
생각하면 안 되는가?
옛 친구를 잊어야만 하나,
그리운 옛 시절을.

그리운 옛 시절을 위해, 그대여
그리운 옛 시절을 위해
아직은 친절한 잔을 들리라
그리운 옛 시절을 위해.

그러면 당신도 한 잔 사리라!
나도 분명 내 잔을 사리!
그리고 함께 친절한 술잔을 들리라
그리운 옛 시절을 위해.

우리 둘은 언덕을 함께 달렸고,
아름다운 데이지 꽃도 땄었지
하지만 우리 지친 걸음으로 헤맸다네
그리운 옛 시절을 찾아.

우리 둘은 함께 시냇물에 물장구를 쳤다네
아침부터 저녁까지
하지만 우리 사이에 광활한 바다가 일렁였다네
그리운 옛 시절 그때 이후.

여기 내 믿음직한 친구의 손이 있다네
그러니 그대의 손을 내게 주오
우리 함께 옳은 선의의 술잔을 들겠네
그리운 옛 시절을 위해.

가사에 담긴 뜻도 그렇고, 우리 귀에 익숙한 멜로디도 그렇고 애잔하고 슬픈 정조가 두드러진 곡이지요. 그러나 가사에서 보이듯 그저 패배주의로 향한 것만은 아니지요. 지금은 비록 그 행복했던 시절을 잃었지만 잊지 않고 기억하겠노라고, 그리운 옛 시절을 위해 함께 손을 잡고 선의의 술잔을 들겠노라 말하고 있군요. 서두가 조금 길었습니다. 자, 이제 「붉고, 붉은 장미」를 함께 읽어보겠습니다.

오, 내 사랑은 유월에 갓 피어난
붉고, 붉은 장미 같아라.
오, 내 사랑은 곡조에 맞춰

감미롭게 연주되는 노랫가락 같아라.

시인은 자신의 사랑을 먼저 "유월에 갓 피어난 붉고, 붉은 장미"와 감미로운 노래와 같다고 합니다. 그냥 붉은 장미가 아니라 "붉고, 붉은 장미"라고 붉다는 말을 반복하고 있습니다. 사랑의 으뜸가는 특성인 열정과 정열을 상징하는 붉은 색을 강조함으로써 그 사랑의 강도를 전하는 한편, "갓 피어난" 장미의 티끌 하나 없는 순수함과 신선함을 강조하기도 합니다.

붉은 장미와 관련하여 오랜 옛날 페르시아에서 전해지는 전설이 있답니다. 그 옛날 페르시아에서 꽃의 여왕은 연꽃이었답니다. 그런데 이 여왕 연꽃은 밤이 되면 잠만 잘 뿐 다른 꽃들을 지켜줄 생각을 하지 않았답니다. 그러자 다른 꽃들이 신에게 일러바쳤지요. 화가 난 신은 꽃들의 왕이 되어 다른 꽃들을 지키라며 흰 장미를 만들었답니다. 그런데 어느 날 나이팅게일 새가 날아와 흰 장미의 아름다움에 반해 그만 날개를 펴 안으려 했답니다. 그러나 장미에게는 가시가 있지요. 나이팅게일의 날개가 장미의 가시에 찔려 피를 흘리고 말았는데, 그 피가 흰 장미에 스며 붉은 장미를 탄생시켰답니다.

화자는 이렇듯 열정, 낭만, 그리고 아름다움을 상징하는 붉은 장미에 자신의 사랑을 직접 비유합니다. 이어 자신의 사랑을 "감미롭게 연주되는 노랫가락" 같다 합니다. 노래의 특징은 부드러움과 조화, 어울림에 있다고 할 수 있을 텐데요. 자신의 사랑은 서로 간의 감정적 공감과 공명을 통해 함께 어울리는 매혹적인 성격이 충만함을 강조합니다.

그러나 "유월에 갓 피어난" 장미는 시간이 흐르면 변할 수도 있을 것입니다. 아니 변해갈 것입니다. 장미의 물리적 아름다움은 시간의 흐름과 함께 변해 갈 것이 틀림없으니까요. 이 점은 중요한 의미를 지니고 있습니다. "My Love"가 '화자의 사랑'이라는 관념을 의미하는 것이라면, 자신의 사랑이 변해갈 수도 있다는 함의를 담고 있는 것이지요. 그게 아니라 "내 사랑"이 '화자가 사랑하는 대상'을 의미한다면 자신이 사랑하는 대상이 세월의 흐름과 함께 변해갈 수 있다는 것을 담고 있지요. 사실 어느 쪽으로 해석해도 충분히 가능해 보입니다. 다음 연에서 직접 언급되는 "그대"라는 존재에 대한 자신의 사랑이라고 보아도 큰 무리가 없습니다. 마찬가지로 '내 사랑하는 그대'라고 바로 해석해도 다음 연과 자연스럽게 연결됩니다.

내 고운 연인이여, 그대 그토록 아름다우니,
내 사랑도 그리 깊어라.
언제까지나 나 그대 사랑하리, 내 사랑이여,
온 바다가 모두 말라 버릴 때까지.

"붉고, 붉은 장미 같은" 열정적인 화자의 사랑은 "고운 연인"의 아름다움만큼 깊습니다. 아름답지 않으면 안 깊을까요? 괜한 딴지를 걸어봅니다. 아름답다는 것, 어디 절대 기준일까요. "제 눈에 안경"이라잖아요. 내가 사랑하는 사람, 그 사람이야말로 세상 가장 아름다운 사람 아니겠어요? 그러니 누군가를 이미 사랑한다는 것은, 그 사람의 아름다움에 포로가 되었다는 것이고, 그 사람을 향한 그의 사랑은 깊을 수밖에요. 번즈가 말하는 "연인"이 얼마나 아름다운 사람인가를 묻는 것은 그러니 얼마나 어리석은 질문이겠어요? 번즈에게 그 여인은 다른 사람이 무어라 하더라도 세상 가장 아름다운 존재일 테니까요. 마찬가지로 시를 읽는 독자는 번즈의 연인을 생각하는 것을 넘어 번즈의 시를 통해 떠오르는 자신의 연인을 생각하게 되겠지요. 그가 사랑하는, 세상에서 가장 아름다운 존재를 말입니다. 시란, 나아가 예술이란 그런 것이 아닐까요. 번즈라는 시인의 주관적 경험이 독자인 우리의 경험으로 전이되어 우리가 함께 공감하는 것, 즉 주관적 경험의 보편화, 객관화의 과정과 결과, 그것이 시, 나아가 모든 예술이 지향하는 방향이 아닐까요.

화자는 자신의 사랑의 영원성을 강조하면서 '깊다'는 말을 통해 '헌신과 불변'의 특성까지 더합니다. "뿌리 깊은 나무 바람에 흔들리지 않"듯 그의 사랑은 어떤 도전과 난관에도 굴하지 않는 한결같은 사랑으로 "온 바다가 모두 말라버"리는 불가능한 일이 일어날 때까지 "언제까지나" 계속될 것이랍니다.

> 온 바다가 모두 말라 버릴 때까지, 내 사랑이여,
> 바위가 햇볕에 녹아 사라질 때까지
> 오, 나 그대를 사랑하리, 내 사랑이여,
> 인생의 모래시계가 다 흘러내릴 때까지.

"온 바다가 말라 버릴" 일은 결코 벌어지지 않을 겁니다. 이 구절을 한 번 더 반복하는 것은 자신의 사랑의 영속성을 한 번 더 강조하는 것이기도 하지요. 이 영원성의 비유는 불가능의 비유를 연이어 제시하면서 강화됩니다. "바위가 햇볕에 녹아 사라질" 일이 어찌 일어나겠습니까.

"인생의 모래시계"! 참 인상적인 비유입니다. 모래시계 있잖아요? 그 모래시계를 떠올리면 이 비유는 쉽게 이해될 수 있기도 할 것 같아요. 우리에게 남은 삶의 시간으로 비유된 모래시계는 우리 삶의 유한성과 한계를 의미하지요. 언젠가는 다 떨어지고 소진될 시간 말입니다. 그러나 다른 한편, 그 모래시계의 한 톨 한 톨의 모래처럼 우리 삶을 구성하는 모든 순간들은 또 얼마나 조밀하기도 한가요. 하니 이 "인생의 모래시계"라는 유한한 삶 속에서 그만큼 소중한 한 순간 한 순간이 다 하는 날까지 "그대를 사랑"한다는 맹세의 무게를 느낄 수 있습니다. 삶은 덧없겠지만, 그럼에도 불구하고 그 모든 순간 내내 그대를 사랑한다는 존재론적 천명을 통해 화자는 자신에게 사랑은 곧 삶이라는 사실을 확인합니다.

　우리가 주목해야 할 사실이 있습니다. 화자는 어떤 경우에도 자신의 사랑은 변치 않을 것이라고, 영원할 것이라고 말합니다. 단 한 번도 그대의 아름다움이 변치 않는다고 말하지 않습니다. 첫 연에서 보았던 것처럼 "갓 피어난 유월의 장미 같은" 그대는 인생의 모래시계가 흘러내릴 때 변해갈 것입니다. 언제나 유월의 아름다움을 유지하지는 않을 것입니다. 화자의 사랑이 위대한 것은 바로 이 점에 있습니다. 그대가 아름답기에 사랑하지만, 아름다움이 변한다 해도 화자의 사랑은 변하지 않습니다. 오히려 세월이 갈수록 화자의 사랑은 더욱 한결같습니다. 아니, 1연에서 말씀드렸던 것처럼 어쩌면 화자의 사랑도 변해갈 수 있습니다. 세월의 흐름에 따라 그 흐름만큼 더 성숙하고 더 깊게 변해갈 수도 있습니다. 그러나 단 하나의 본질, 즉 "그대를 사랑한다"라는 그 본질은 변함없지요. 그래서 헤어졌다 만나는 순간이 있어도 화자의 사랑이라는 본질을 벗어나지 않습니다.

　　하지만 오직 내 사랑, 그대여 안녕,
　　오, 그대여 잠시만 안녕,

화자가 연인을 잠깐 떠나는 여행을 가는 듯합니다. 다행히 그 이별은 잠시 동안일 뿐입니다. 이 잠시라는 것이 물리적 시간의 잠깐 동안을 말하는 것인지, 아니면 비유적 시간을 말하는 것인지는 분명치 않습니다. 마찬가지로 둘 다 해석이 가능합니다.

나 다시 돌아오리, 내 사랑이여
수만 리 떨어져 있다하여도.

"수만 리"라는 거리가 실제 물리적으로 먼 거리인지 혹은 짧은 거리지만 심리적으로 그만큼 먼 거리인지 또한 분명치 않습니다. 앞에서 "잠시만 안녕" 했으니 시간적으로 아주 오랜 시간은 아닐 것이며, 마찬가지로 물리적으로도 아주 먼 거리는 아닐 수 있습니다. 그러나 아무리 잠깐이고 아무리 가까운 거리라 하더라도 사랑하는 사람과 떨어진 시간과 거리는 "수만 리"의 거리처럼 느껴질 수 있겠지요. 사랑이란 감정이 그런 것이니까요. 중요한 것은 이 잠깐 동안 화자가 떠났다 돌아오는 순간에도 사랑하는 대상은 변한다는 것입니다. "유월에 갓 피어난 장미 같은" 신선함은 어쩌면 사라지고 싸늘한 바람 속에 꽃잎 시들어가는 장미 같은 모습일 수도 있습니다. 그러나 그건 중요하지 않습니다. 화자에게는 여전히 자신의 연인을 향한 "붉고, 붉은 장미" 같은 사랑이 존재하니까요. 이 시의 장점은 바로 그것이 아닌가 합니다. 그대의 아름다움이 내 사랑의 이유가 아니라, 내가 변함없이 그대를 사랑하는 마음이 그대를 아름답게 만든다는 것이지요.

마지막 "수만 리"는 삶과 죽음의 거리를 의미할 수도 있지 않을까 합니다. 우리에게 가장 먼 거리는 삶과 죽음의 거리일 수 있을 테니까요. "잠시만 안녕" 하고 이별하는 화자는 어쩌면 삶과 죽음의 경계를 넘어서는 것일 수도 있습니다. 연인은 삶의 시간 속에, 화자는 죽음의 세계 속에. 하지만 아주 잠깐의 시간이 지나면 연인 또한 삶의 경계를 넘어 죽음 이후의 세계로 오겠지요. 그때 화자는 먼저 떠난 그 먼 죽음의 세계에서 자신의 연인을 맞으러 오겠지요. 그렇게 두 사람은 현세를 넘어선 죽음 이후의 영원불멸의 사랑 속에서 다시 사랑하겠지요. 잠시의 이별 뒤 영원한 사랑. 삶과 죽음을 이어 함께 하는 두 연인의 사랑은 그렇게 영원불멸의 사랑으로 존재하게 되리라는 것, 이것이 번즈가 말하는 사랑, 아닐까요.

기법적으로 이 시에는 낭만주의와 모더니즘의 요소들이 어우러져 있습니다. 사랑의 불변성과 영원함이라는 낭만주의적 주제, 강렬한 감정, 헌신, 그리고 사랑의 숭고함과 더불어 정열적이며 영원한 사랑에 대한 우리의 낭만적 갈망을 완성 시켜 주는 "붉고, 붉은 장미"라는 강렬한 모더니즘적 이미지의 결합은 이 시를 더욱 강렬하게 각인시키는 기제로 작용하고 있습니다. 로버트 번즈의 「붉고, 붉은 장미」였습니다.

A Red, Red Rose
Robert Burns

O, My love is like a red red rose
That's newly sprung in June
O, My Love is like a melody
That's sweetly played in tune

As fair art thou, my bonnie lass,

So deep in love am I

And I will love thee still, my dear,

Till all the seas gang dry.

Till all the seas gang dry, my dear,

And the rocks melt with the sun

O, I will love thee still, my dear

While the sands of life shall run

And fare thee well, my only love

And fare thee well awhile!

And I will come again, my love

Though it were ten thousand mile

Robert Burns(1759~1796)

- 18세기 스코틀랜드 시인
- 1759년 1월 25일에 스코틀랜드 에어셔Ayrshire에서 가난한 농부의 아들로 출생
- 급진적 혁명 사상의 선구자로 도순에 찬 당시의 사회·교회·문명 일반을 예리한 필치로 비난
- 스코틀랜드의 문화적 특징을 스코틀랜드어로 살리려 노력
- 1796년 7월 21일에 스코틀랜드 덤프리스Dumfries에서 사망
- 살아있을 때보다는 사후에 그의 중요성과 영향력 인정
- '스코틀랜드 국민시인'으로 칭송
- 「올드 랭 사인」, 「탐 오 샨터」"Tam o' Shanter", 「쥐에게」"To a Mouse" 등의 작품이 있음.

아침 인사
- 존 던(1572~1631)

도대체 궁금하다오, 우리가 사랑하기 전
그대와 나 무엇을 했는지. 그때까지 젖도 떼지 못한 채
유치하게 촌스러운 쾌락만을 빨고 있었단 말이오?
아니면 일곱 잠보들의 동굴에서 코골고 있었던가요?
그랬다오. 우리 사랑 이외의 온갖 쾌락은 그저 헛것일 뿐.
이제껏 내가 만나서 원하고 취했던 미녀가 있다면
그것은 단지 그대의 환영이었을 뿐이었다오.

이제 깨어나는 우리 두 영혼에게 아침 인사를,
서로를 두려움으로 바라보지 않는 두 영혼에게.
우리의 사랑이 다른 모습에 대한 모든 사랑을 막아주고
이 작은 공간을 온 세상이 되게 하여 주오.
대양의 발견자들은 신세계로 가게 두고,
지도들이 다른 이들에게 이 세상 저 세상 보여주게 두고,
우리는 하나의 세상만을 소유합시다, 서로 하나씩 지니고 하나 된

세상을.

내 얼굴은 그대 눈동자에, 그대 얼굴은 내 눈동자에 비치고,
진실하고 순수한 마음이 두 얼굴에 깃들어 있소.
어디에서 이보다 더 나은 반구들을 찾을 수 있겠소?
살 에는 듯한 추운 북반구도, 해지는 서쪽도 없는 반구를.
소멸하는 것은 무엇이건 균질하게 결합되지 못한 것.
우리 두 사랑이 하나이거나 혹은 그대와 내가
똑같이 사랑하여 어느 한쪽도 느슨해지지 않는다면, 누구도 죽지 않으리.

◇

「아침 인사」는 17세기 '형이상학파 시인The Metaphysical Poets'을 대표하는 존 던의 시 가운데 가장 단정하고 깔끔하며 어여쁜 시라는 평가를 받는 시입니다. '형이상학파'라 명명된 시의 특징도 잘 담겨 있고요.

존 던의 역동적인 개인사와 부인인 앤 모어(Anne More, 1585~1617)와의 사랑이 문학 외적으로 흥미로운 관심을 불러일으키기도 하지만 역시 중요한 것은 그의 시와 그의 시가 지닌 문학사적 의미입니다. 존 던의 시가 대표하는 17세기 '형이상학파 시'는 영미문학사에서 특히, 20세기 초반 모더니즘 시의 등장과 대단히 중요한 연결고리를 지니고 있습니다. 이 부분부터 말씀드리면서 존 던의 시로 들어가 보는 것이 좋겠습니다. 「아침 인사」를 이해하는 데는 물론 던의 시 전체와 현대 영미의 모더니즘 시를 이해하는 데 도움이 되기 때문입니다.

윌리엄 라이트William Samuel Wright(1831-1915)가 그린 앤 던Anne Donne의 초상화 (출처-The Cowper and Newton Museum)

이야기는 대표적인 현대 영미 시인이자 비평가인 토머스 스턴 엘리엇(Thomas Stern Eliot, 1888~1965)에서 시작되겠습니다. 19세기말부터 전운이 감돌던 유럽은 결국 1차 세계대전(1914~1918)이라는 파국을 겪게 됩니다. 유럽 전체를 휩쓴 전쟁은 물질적 차원의 파괴에 그치지 않고 유럽의 정신문명 전체를 파멸로 몰아넣는 결과를 가져왔다는 것이 엘리엇의 진단이었습니다. 그의 대표시라 할 수 있는 「황무지」는 정신적, 물질적 불모지로 변해버린 유럽에 대한 은유이며 상징이었지요.

엘리엇은 황무지가 된 유럽에서 다시 정신문명의 꽃을 피울 수 있기를 원했고, 그를 위해 문학, 특히 시적 전통 속에서 새로운 시작을 할 수 있는 본보기가 될 '전통tradition'을 찾고자 했습니다. 그가 도서관 서고를 뒤지며 문학사를 거꾸로 거슬러 살펴 올라간 까닭입니다. 그가 찾고 싶었던 것은 조화로운 인간 정신이었습니다. 이성과 감정, 어느 한쪽으로 과도하게 치우치지 않고 그 둘을 통합한 정신. 엘리엇은 그것을 '통합된 감수성United Sensibility'이라 불렀습니다.

그렇게 문학적 전통을 찾아가기 시작한 엘리엇은 우선 바로 직전인 19세기부터 봅니다. 아시다시피 이 시기는 감정과 열정이 파도처럼 몰아쳤던 낭만주의 시기입니다. 사람들은 상상력과 열정이라는 페가수스의 날개를 타고 한계를 모르고 날아오르고 있었습니다. 이카로스의 밀랍 날개는 이카로스를 태양 가까이 날아가게 해주지만 결국 녹아 그를 바다에 떨어뜨리고 말았지요. 광기와 종이 한 장 차이에 불과한, 제어되지 않는 과도한 상상력은 현실에 발 닿을 새가 없어 보였지요.

만족할 수 없었던 엘리엇은 그 이전 시기로 찾아가 봅니다. 18세기, '신고전주의 시기'입니다. 이 시기는 낭만주의와는 반대로 감정과 상상력은 억압하고 이성과 규칙, 질서만을 강조하는 철저한 '이성Reason의 시기'입니다. 이성주의자인 엘리엇이 보기에도 과합니다. 상상력의 날개 없는 이성은 지루하고 숨 막히지요. 상상력은 사라지고 존재하는 것 이상은 꿈꾸지 않습니다. "존재하는 것은 무엇이건 옳다.Whatever is, is right"—18세기의 대표적인 시인인 알렉산더 포프의 「인간론」의 한 구절로 이 시대를 특징짓는 인식론을 보여줍니다.—가 시대의 모토인 곳에서 페가수스의 날개는 꺾이고 입에는 재갈이 물렸습니다. 전통주의자인 엘리엇에게는 낭만주의의 과도한 상상력보다는 냉철한 고전주의의 이성이 마음에 들기는 했습니다만 이 또한 너무 과도했지요.

그는 다시 그 앞, 17세기 '청교도 시기'로 가 봅니다. 먼지 가득한 도서관 서가에서 엘리엇은 존 던의 시를 발견합니다. 던의 시에서 엘리엇은 자신이 찾던 특성을 발견합니다. 이성/감성, 상상력/독창성, 전통/규칙이 어느 한쪽으로 과도하게 치우치지 않고 조화된 창조 정신, 엘리엇은 이를 '통합된 감수성' 혹은 '감수성의 통합 Unification of Sensibility'이라고 부릅니다. 새가 양 날개로 날 듯 인간 정신도 이성과 감성, 두 영역이 균형 있게 작동하는 것, '감수성의 통합'은 바로 그런 것이었지요.

감수성이 통합된 영혼에 의해 감정적 영역인 시에 지적 요소가 적절하고 정확하게 결합되어 "사상이 장미꽃의 향기처럼 느껴지는 시"가 엘리엇이 원한 시였는데, 그것이 바로 존 던의 시였습니다. 비판하는 이들의 눈에는 "지나치게 복잡하고, 기이한데다 현학적이기까지 한"('형이상학'이라는 명칭은 이런 점을 비판하는 시각에서 나온 말이지만 결국 단점이 장점으로 바뀌듯 비난의 이름이 칭송의 이름으로 바뀌었군요.) 던의 시가 엘리엇이 보기에는 동떨어진 듯한 경험과 요소들이 놀랍도록 조화를 이루며, 지적인 요소들–지리학, 종교학, 천문학, 의학 등 르네상스에 발달한 다양한 학문의 요소들–이 적절하게 사용된 훌륭한 창조적 결과물이었던 것입니다. 이런 던(과 던을 따르던 형이상학파 시인들)의 시에 사용된 비유를 특히 '형이상학적 기상奇想 Metaphysical Conceit'이라 합니다.

'기상'은 기발하고 뛰어난 생각이라는 말이니, '형이상학적 기상'이라는 표현은 던과 형이상학파 시인들이 보여준 기발한 생각, 아이디어라는 것을 의미하는 것이지요. 시인치고 기발한 생각, 비유를 적용하지 않은 시인들이 있겠습니까. 그러나 이렇게 따로 이름을 붙일 만큼 형이상학파 시인들, 그 가운데 던의 시에 독특한 면이 있는 것은 사실이기도 합니다. 예를 들어, 사랑하는 두 연인의 결합을 두 사람의 피를 빤 벼룩의 배 속에서 두 사람의 피가 섞여 하나 되는 것으로 묘사한다거나(「벼룩」), 떠나야만 하는 남자와 기다리는 여자, 두 연인을 컴퍼스의 다리에 비유(「고별사—슬퍼함을 금함」)하는 것 등이 그렇습니다.

 엘리엇이 보기에 이처럼 존 던(과 형이상학파 시인들)의 시에서 '통합된 감수성'은 이후 분열—엘리엇은 이를 '감수성의 분열Dissociation of Sensibility'이라 했지요—되기 시작해서, 앞에서 살펴본 것처럼, 18세기는 이성이, 19세기는 감성이 각각 강조되었다는 것이지요. 그러니 이제 황무지가 되어버린 20세기 현대에 다시 필요한 것은 분열된 감수성을 다시 통합하는 것이고 이는, 감성적 영역인 시에 이성적, 지적 요소를 결합하는 것으로 나타나게 되지요. 엘리엇의 이론에 영향을 받은 20세기 초반의 모더니즘 시가 지적인 요소, 즉 다양한 신화적 요소와 상징, 은유, 비유, 환유 등의 기법들을 특히 애용한 것이 바로 이 때문입니다. 좁은 의미의 모더니즘을 주지주의主知主義라고도 하는 까닭도 바로 이런 연유에서이지요. 자, 이제 존 던의 시, 「아침인사」를 살펴보겠습니다.

> 도대체 궁금하다오, 우리가 사랑하기 전
> 그대와 나 무엇을 했는지. 그때까지 젖도 떼지 못한 채
> 유치하게 촌스러운 쾌락만을 빨고 있었단 말이오?
> 아니면 일곱 잠보들의 동굴에서 코골고 있었던가요?
> 그랬다오. 우리 사랑 이외의 온갖 쾌락은 그저 헛것일 뿐.
> 이제껏 내가 만나서 원하고 취했던 미녀가 있다면
> 그것은 단지 그대의 환영이었을 뿐이었다오.

이 시는 사랑을 찾아 헤매던 화자가 드디어 꿈에 그리던 이상적인 여인을 만나 사랑을 나누고 잠들었다 깬 아침에 눈앞에 마주 누운 여인을 보는 순간에 하는 '극적 독백dramatic monologue' 형식으로 되어 있습니다. '극적 독백' 형식에서 화자와 청자, 둘은 모두 존재하지만, 청자는 듣기만 할 뿐 말을 하지 않고 침묵하고 있습니다. 그래서 오로지 화자를 통해서만 청자가 있음을 알 수 있는 양식입니다. 나중에 19세기 시에서는 이 '극적 독백' 양식이 아주 많이 쓰이는 것을 보게 됩니다.

1행의 "by my troth"는 "도대체" 정도로 번역되는 일상어투인데, 사실 당시에 시에서는 이런 일상어투는 잘 쓰지 않았답니다. 하지만 던은 이렇게 아무렇지 않게 썼습니다. 평범한 일상어를 시에 아무렇지 않게 쓴 것, 던과 형이상학파 시인들의 또 다른 특징입니다.

"유치하게 촌스러운 쾌락을 빨고 있었"다는 것은 성숙하지 못한 채 육체적 쾌락만을 탐닉했다는 것을 의미하는 은유이지요. 지금 그대와 나, 우리의 사랑은 육체적 쾌락만이 아닌 진정한 사랑의 결합이고 그 이전의 모든 사랑은 "유치하"고 "촌스러운" 그저 "헛것"에 불과한 것이지요. 이전에 사랑이 없었던 것은 아니라고 쿨하게 인정합니다. 당신 만나기 전에 만나 구애하고 또 취했던 "미녀"는 당신 찾아다니다 만난 "그대의 환영" 즉 허상이었을 뿐이라는군요. 어찌겠습니까. 그렇다는데. 말 잘하지요? 수사학에 뛰어난 것 또한 던과 형이상학파 시인들의 특징입니다. 이들의 시에는 연애시가 많은데, 사랑의 유혹에 거부하는 상대방을 설득하는 데 수사학은 톡톡히 제 기능을 하지요.

4행의 "일곱 잠보들의 동굴"은 무엇을 말하는 것일까요? 기독교가 박해받던 초기, 로마의 데시우스 황제에게 쫓기던 일곱 명의 기독교

사랑 Love 47

신자가 동굴 속에 숨어 잠이 들었답니다. 잠을 자고 깨어보니 200년 넘는 시간이 흘러 기독교에 대한 박해가 사라진 시대가 되어 있더라는 그런 신화 같은 이야기를 언급하는 것입니다. 그러니 그 이야기에 대한 지식이 없는 독자는 이 구절의 의미를 정확하게 이해할 수 없겠지요? 아무것도 모르고 잠들었던 그 일곱 잠보들처럼 자기는 진정한 사랑인 당신도 모른 채 지금까지 코골며 잠자고 있었던 것이나 마찬가지다, 뭐 그런 뜻을 이 구절을 통해 하고 있는 것입니다. 단군신화를 모르면 곰과 호랑이의 이야기가 지닌 의미를 알 수 없듯 앞의 저 전설 같은 이야기를 모르면 이 구절의 의미를 알 수 없고, 결국 시를 정확하게 이해하는 것이 어렵게 되겠지요. 시가 '지적知的이다'라는 말에는 이처럼 사실 어렵다, 라는 의미도 포함되게 됩니다. 모더니즘 시에 이르러 이런 현상은 더 심화되지요.

>이제 깨어나는 우리 두 영혼에게 아침인사를,
>서로를 두려움으로 바라보지 않는 두 영혼에게.
>우리의 사랑이 다른 모습에 대한 모든 사랑을 막아주고
>이 작은 공간을 온 세상이 되게 하여 주오.
>대양의 발견자들은 신세계로 가게 두고,
>지도들이 다른 이들에게 이 세상 저 세상 보여주게 두고,
>우리는 하나의 세상만을 소유합시다, 서로 하나씩 지니고 하나 된 세상을.

미성숙한 육체적 쾌락의 세계에서 벗어나 완전한 사랑을 경험한 화자와 연인의 "영혼"이 깨어납니다. 육체가 아니라, 영혼이. 두 영혼은 두렵지 않습니다. 두 사람의 완전한 사랑이 다른 존재의 모습

일곱 잠보들의 동굴 (출처-위키피디아)

을 사랑하지 못하도록 막아줄 테니까요. 그렇게 두 사람이 있는 "작은 공간"은 "온 세상"이 됩니다. 던은 소우주 micro universe, 대우주 macro universe 비유를 자주 사용합니다. 마지막 연에도 나오니 그때 더 자세히 설명 드리겠지만 이 또한 일종의 지적인 특징이라 할 수 있습니다. 완전한 사랑에 빠졌다고 느끼는 연인들이라면 다락방이건 헛간이건 거기가 세상 전부 아니겠어요.

  그 다음 3행은 지리적 비유가 이어집니다. 르네상스 시대에 해양을 통해, 혹은 육로를 통해 많은 탐험들이 이루어졌잖아요. 그 비유를 끌어온 것입니다. 던과 형이상학파 시인들의 지적인 특징의 또 다른 면모이지요. 바다를 통해 신세계를 찾는 "대양의 발견자들"은 바다로 신세계 찾아가게 두고, 육로로 탐험하는 이들에게는 지도가 길 안내 하게 내버려두자. 그리고 우리는 "서로가 하나씩 가지고 있으면서, 하나로 합쳐진" 세상을 갖자고 합니다. 두 사람이, 두 사람의 세계가 오롯하게 하나 되는 결합, 사랑이 그런 것일 테니까요.
 마지막 3연입니다.

> 내 얼굴은 그대 눈동자에, 그대 얼굴은 내 눈동자에 비치고,
> 진실하고 순수한 마음이 두 얼굴에 깃들어 있소.
> 어디에서 이보다 더 나은 반구들을 찾을 수 있겠소?
> 살 에는 듯한 추운 북반구도, 해지는 서쪽도 없는 반구를.
> 소멸하는 것은 무엇이건 균질하게 결합되지 못한 것.
> 우리 두 사랑이 하나이거나 혹은 그대와 내가
> 똑같이 사랑하여 어느 한쪽도 느슨해지지 않는다면, 누구도 죽지 않으리.

 첫 행, 멋지지 않나요. 현대 영어로 풀어쓰자면, "My face appears in your eye, and your face appears in my eye." 즉, "내 얼굴은 그대 눈동자에, 그대 얼굴은 내 눈동자에 보인다."인데요, 동사 appears 하나가 두 문장에 다 쓰이니 하나만 저렇게 표현했군요. 이렇게 상대방의 눈동자 속에 비치는 내 얼굴을 보려면 얼마나 가까이, 얼마나 빤히 들여다보아야 하는지 알지요. '임계거리critical distance'를 넘어 최대한 가까이 들어가야 가능한 일이잖아요.
 '임계거리'란 무엇일까요? 다른 동물이 허락 없이 다가왔을 때 위협을 느끼는 거리, 혹은 포식자에게서 달아나야 하는 동물이 잡아먹히지 않고 포식자에게 다가갈 수 있는 가장 가까운 거리로 동물들마다 상대적으로 다르다고 합니다. 인간에게는 이런 생존의 위험에 따른 거리보다는 심리적 거리를 생각해 볼 수 있지요. 심리적으로 가까운 사이일수록 허용 가능한 거리는 더 가까워지겠지요. 가장 가까

운 연인이나 가족이라면 그 거리는 거의 0에 수렴할 것이겠지만, 일반적인 사이라면 팔을 벌려 닿지 않을 정도까지는 유지하고 싶겠지요. 상대방의 눈동자 속에 내 얼굴이 비치는 저 무한의 근접거리. 사랑이니까요.

다시 시로 돌아가서, 영어표현과 관련하여 1연에서 "그대"라고 번역한 영어는 "thou"이며, 3연에서 사용된 "그대의"라는 소유격은 "thy", 그리고 소유대명사는 "thine"입니다. 현대영어 you의 주격, 소유격, 소유대명사의 옛 표현입니다. 시에서는 자주 사용되지요. thou(you)-thy(your)-thee(you)-thine(yours) 이런 관계입니다.

3행에서 화자는 자신과 연인을 "반구半球, hemispheres", 즉 둥근 공을 반으로 똑 잘라 놓은 모양이라 은유합니다. 동그란 천체가 똑같이 딱 반으로 갈라져 있다가 둘이 하나로 합쳐진 것이 지금 화자와 청자 같다는 것이지요. 서로 똑같이 사랑하는 두 연인을 합쳐져 하나를 이룬 별로 은유한 이것이 이 시에서 보이는 대표적인 '형이상학적 기상'의 예라고 할 수 있겠습니다. 연인과 반구, 완벽한 합일과 완벽한 천체, 그 유비가 그럴 듯하다? 그렇다면 던은 성공한 것입니다. 그런 천체의 비유를 사용했으니 그 다음에 이어 지구의 비유를 계속 사용하는 것이지요.

지구의 북극은 살을 에듯 춥지만 화자와 청자가 하나 되어 이루어진 별에는 그런 북극도 없고, 지구에서는 해가 지지만 그들의 별에서는 해도 지지 않는다고 말하는군요. 그럴 듯합니다. 이어서 이렇게 말합니다. "소멸하는 것은 무엇이건 균일하게 결합되지 못한 것." 이 말 또한 지적인 표현이지요.

저 생각은 고대 그리스의 '4원소설'에 닿아있는 생각인데요. 엠페도클레스는 세상이 물, 불, 흙, 공기의 4원소로 이루어져 있다고 주장했지요. 대우주Great Universe인 자연과 소우주인 인간은 똑같이 그 4원소로 이루어져 있지만, 대우주는 4원소가 '균질하게' 섞여 있어 변하지 않고 소멸하지 않는 반면, 인간은 4요소가 불균질하게 섞여 이루어진 존재라 변화하고 소멸한다고 생각했지요. 특히, 히포크라테스는 인간에게 이 4요소가 체액의 형태로 존재하는데, 이 체액이 불균형을 이룰 때 곧 병이 난다고 생각했지요. 이런 생각이 바로 위 구절에 반영이 된 것입니다. 던과 형이상학파 시인들은 이처럼 그 어떤 것이건 구애받지 않고 시의 요소에 다양한 지적인 요소들을 결합하고자 했습니다. 엘리엇이 좋아한 점이 바로 이런 점이었고요.

마지막 구절에서 "우리 둘의 사랑이 하나이거나", "그렇지 않으면 당신과 내가 똑같이 사랑하여 (우리 둘 중) 어느 한쪽도 (사랑의 활력이) 느슨해지지 않는다면/ 아무도 죽지 않으리"라 말할 수 있는 것입니다. 그토록 찾아 헤매던 이상적인 사랑을 찾았으니 영원한 사랑을 원하는 것, 당연해 보입니다.

이 시에는 이처럼 다양한 지적인 비유와 이미지들이 담겨 있습니다. 그러나 그 이미지와 비유들은 사실과 유리되지 않습니다. 첫눈에는 좀 엉뚱해 보일지 몰라도 가만히 생각해보면 논리적으로 틀린 것이 없습니다. 무조건 기발하기만 한 것이 아닌 것이지요. 엘리엇이 주목한 지성과 감성의 결합, 즉 '감수성의 통합'은 바로 이런 것이었습니다. 모더니즘 시는 이런 경향에서 출발해 점점 더 어렵고 난해하며 지적인 비유들을 시에 활용하기 시작하게 되었으며 결국 시는 감상의 대상보다는 이해의 대상이 되기 시작했고, 시를 제대로 이해하기 위해서는 지적인 독자가 되어야만 했던 것이지요.

사실 형이상학파 시인들의 시에서 내용상 두드러진 특징은 이 시와 같은 사랑시가 많다는 것입니다. 그리고 사랑시의 대부분이 '이 순간을 즐기자Carpe diem'라는 주제를 담고 있습니다. 이들이 활동했던 17세기가 청교도 시기라 불리는, 가장 엄격한 금욕과 절제를 강조하는 청교도들이 활발하게 활동하던 시기임을 감안하면 조금 의아한 점이 있다고 느끼실 독자 분들도 계실 것입니다. 이 점에 대해서는 앞으로 다른 영시를 소개하는 자리에서 다룰 수 있는 기회가 있으리라 생각합니다. 그때 자세하게 말씀드리기로 하고 마지막으로 존 던과 앤 모어의 사랑이야기를 간단하게 말씀드리는 것으로 이 시에 대한 해설을 마치겠습니다.

존 던은 이십대 초반까지 문란하다고 할 수 있는 방황하는 삶을 보냅니다. 이런 젊은 시절의 던을 나중에 목사가 된 후의 점잖은 '던 박사Dr. Donne'와 대비되는 '난봉꾼 던Jack Donne'이라 칭하지요. 그러다 스물다섯 살에 영국 왕의 옥새관리인의 비서가 되었습니다. 세속적 의미의 출셋길에 첫발을 디딘 것이었지요. 상관의 인정도 총애도 받아 어느 정도의 출세는 보장된 것처럼 보였습니다.

그런데 문제가 생깁니다. 자기가 모시는 관리의 나이 어린 조카딸과 몰래 사랑에 빠진 것입니다. 앤 모어였지요. 둘은 2~3년 사랑을 나누다 1601년 비밀결혼을 합니다. 앤 모어의 나이 17세, 던의 나이는 29세였습니다. 나중에 사실을 안 상관을 포함한 앤 가족은 던을 상대

4원소설을 주장한 엠페도클레스. (출처-위키피디아)

로 결혼 무효소송을 제기했고 소송은 3년 가까이 진행됩니다. 물론 그 동안 던은 비서직을 잃었지요. 소송에는 이겨 결혼은 유지하게 됩니다만 이후 관직에 나가는 일은 어려워지고 소송으로 인한 경제적 어려움까지 겪기 시작했습니다. 어찌 보면 던은 앤 모어와의 결혼과 던 자신의 사회적 성공을 바꾼 것이기도 했습니다.

던은 끝까지 모어를 진심으로 사랑했습니다. 던에게 그녀는 이 시에서 언급된 것과 같은 진정한 사랑, 이상적 여인이었으며 던의 많은 시들이 앤 모어를 염두에 둔 시였습니다. 앤 모어와의 결혼을 통해 이전의 방탕하던 삶을 끝낼 수 있었고, 시 또한 이전과는 달리 육체와 영혼의 완전한 결합을 추구하는 시들을 쓰기 시작합니다. 그가 마흔다섯살 되던 해인 1617년, 앤 모어는 아이를 낳고 7일 후 사망합니다. 그녀의 나이 서른셋이었고 둘 사이에는 열둘—사산도 있었고 어린 시절에 잃은 아이도 있었습니다만—의 자녀가 태어났습니다. 이후 던은 재혼하지 않은 채「성 소네트」"Holy Sonnets"를 쓰면서 성직에만 몰두하다 1631년 3월 31일 숨을 거두었습니다. 존 던의 「아침 인사」였습니다.

◇

The Good-Morrow

John Donne

I wonder, by my troth, what thou and I
Did, till we loved? Were we not weaned till then,
But sucked on country pleasure, childishly?
Or snorted we in the seven sleepers' den?

'Twas so; But this, all pleasures fancies be.
If ever any beauty I did see,
Which I desired, and got, 'twas but a dream of thee.

And now good morrow to our waking souls,
Which watch not one another out of fear;
For love all love of their sights controls,
And makes one little room an everywhere.
Let sea-discoverers to new worlds have gone,
Let maps to other, worlds on worlds have shown,
Let us possess one world; each hath one, and is one.

My face in thine eye, thine in mine appears,
And true plain hearts do in the faces rest;
Where can we find two better hemispheres
Without sharp North, without declining West?
Whatever dies was not mixed equally;
If our two loves be one, or thou and I
Loves so alike that none do slacken, none can die.

John Donne(1572~1631)

- 17세기 영국의 시인, 종교인
- 1572년 런던의 가톨릭 집안 출생
- 아버지가 어릴 때 죽고, 어머니는 부유한 상인과 재혼
- 옥스퍼드와 케임브리지 대학에서 법과 신학을 공부
- 국교회에 '충성의 맹세Oath of Supremacy'를 거부하여 학위를 받지 못함
- 국무장관인 토마스 에저턴 경의 제1비서
- 1601년 앤 모어와 비밀결혼으로 인해 직위에서 해임
- 1617년 앤 모어, 열두 번째 아이 낳은 후 5일 만에 사망 후 마지막까지 독신
- 대담한 위트와 역설, 아이러니를 바탕으로 많은 연애시, 종교시, 설교문 작성
- 형이상학파의 선구
- 1615년 성공회 성직자로 임명
- 1621년 세인트 폴 대성당의 수석 사제, 1625년 왕실예배당 사제
- 1631년 런던 사망
- T. S. 엘리엇에 의해 현대시의 모범으로 평가 받음.
- 『시』, 『성 소네트』*Holy Sonnets*, 『오십 편의 설교』, 『궁중인의 서가』*The Courtier's Library* 등의 작품이 있음

벼룩
- 존 던(1572~1631)

이 벼룩을 보오, 그리고 벼룩을 통해 알기 바라오,
그대가 내게 거부하는 것이 얼마나 하찮은 것인가를;
벼룩은 먼저 나를 빨고, 이제 당신을 빨고 있소,
그리하여 이 벼룩 안에서 우리 둘의 피는 하나가 되었다오;
이것을 죄, 수치, 혹은 순결의 상실이라고
말할 수 없음은 당신도 안다오,
그런데 이 벼룩은 구애도 하기 전에 즐기고
포식한 채 둘의 피가 섞인 한 피로 배가 볼록하다오,
오, 이런, 이것은 우리가 하려는 것 이상이라오.

아 멈추시오, 한 마리 벼룩 속의 세 목숨을 살려주오,
그 안에서 우리는 결혼, 아니 그 이상의 것을 했다오.
이 벼룩은 그대와 나이고
우리의 결혼식 침대이고 결혼식 사원이오;
비록 부모님과 그대는 싫어하지만, 우리는 만났고,

이 살아있는 칠흑의 벽 속에 갇혔다오,
습관은 그대로 하여금 쉬이 나를 죽이게 하겠지만
거기에 스스로의 목숨까지 끊는 일을 더하지 말기를,
또한 세 목숨을 죽이는 세 가지 죄라는 신성모독을 더하지 말기를

잔인하고 성급하게, 그대는 이미
죄 없는 피로, 그대의 손톱을 자줏빛으로 물들이고 말았소?
대체 어디에 이 벼룩의 죄가 있단 말이오?
그대로부터 빤 피 한 방울을 제외한다면,
하지만 그대는 의기양양하게, 말하오
그대도 나도 더 약해진 것을 알지 못하겠다고.
당신 말이 맞다오, 그러니 두려움이란 얼마나 헛된 것인지 알기 바라오.
그대가 내게 그대 몸을 맡길 때, 이 벼룩의 죽음이
그대에게서 앗아간 목숨만큼의 순결만이 소모될 뿐임을.

―――――――――――◇―――――――――――

 이번에는 기발한 시를 한 편 읽어보려고 합니다. 존 던의 「벼룩」입니다. 시의 제목이 「벼룩」이라니요. 게다가 이 시는 사랑시입니다. 벼룩과 사랑이라니요! 어울릴 것 같지 않은 이 조합이 과연 어떻게 어울려 사랑시가 되는 걸까요? 한 번 살펴볼까요.
 시의 내용은 비교적 간단합니다. "사랑합시다"라 청하는 화자에게 연인이 계속 "안 돼요, 안 돼요" 했나 봅니다. 이유는 연인이 전혀 마음이 없어서가 아니라 정절과 순결을 중시하는 사회의 관습과 도덕적 검열을 피할 수 없어서 그랬나 봅니다. 그러자 화자가 이 시를 써

서 "오빠 한 번 믿어봐!" 그러며 여인의 마음을 돌리려고 한 듯합니다. 그 설득은 과연 성공할 수 있을까요? 시를 읽어 가며 어찌 되었는지 따라가 보겠습니다.

> 이 벼룩을 보오, 그리고 벼룩을 통해 알기 바라오,
> 그대가 내게 거부하는 것이 얼마나 하찮은 것인가를;
> 벼룩은 먼저 나를 빨고, 이제 당신을 빨고 있소,
> 그리하여 이 벼룩 안에서 우리 둘의 피는 하나가 되었다오;
> 이것을 죄, 수치, 혹은 순결의 상실이라고
> 말할 수 없음은 당신도 안다오,
> 그런데 이 벼룩은 구애도 하기 전에 즐기고
> 포식한 채 둘의 피가 섞인 한 피로 배가 볼록하다오,
> 오, 이런, 이것은 우리가 하려는 것 이상이라오.

놀랍지 않으세요? 이런 불편한 비유로 사랑을 구하려 하다니요! 그런데 가만히 들여다보면 이 말이 영 말 안 되는 소리는 아닌 것 같아요. "그대가 내게 거부하는 것"은 곧 화자와 사랑을 나누는 것입니다. 그러니 에둘러 고상하게 사랑 어쩌고 하는 것이 아니라 곧바로 육체적 사랑의 결합을 청하고 있습니다. 물론 그럴 만하니 그러겠습니다만 그래도 그렇지 이렇게 직설적으로 달려들다니요. 상대방 여인으로서는 "순결의 상실"을 의미하는 이 청을 들어줄 수 없겠지요. 적어도 눈치 정도는 볼 수밖에 없잖아요. 그러나 화자는 그것을 "하찮은 것"이라고 말합니다. "죄, 수치 혹은 순결의 상실"도 아니라고 벼룩을 빗대어 말합니다.

화자는 여인에게 "벼룩"을 보라고 합니다. 화자가 말하려는 상황

카라바조의 "사랑의 승리Amor Vincit Omnia"
(출처-위키피디아)

이 짐작됩니다. 내 몸에 있던 벼룩이 그대 몸으로 가서 피를 빱니다. 그러니 그 벼룩 속에서 둘의 피가 하나된 것은 당연하고요. 그게 뭐 그리 대수로운 일인가? 아니지 않느냐? 당신도 알고 나도 안다. 벼룩이 피 한 방울 빨았다고 "죄, 수치, 순결의 상실"이라고 말할 수 없다는 것은. 무슨 궤변인가 싶다가도 가만히 생각해보면 이게 뭔가 영 허튼 말은 아닌 것 같기도 해요. 실제 그러기도 하니까요. 그런데 문제는 그 다음입니다. "둘의 피가 섞인 한 피로 배가 볼록하"다는데, 이는 마치 벼룩의 몸에서 결합된 두 사람의 피로 인해 아이가 잉태된 듯한 이미지를 보입니다. 좀 많이 황당하지요?

문제는 이 비유가 전혀 얼토당토않은 건 아니라는 점이 또 한 번 우리를 당황하게 합니다. 당시만 해도 아이의 잉태는 피와 피의 결합이라고 생각하고 있었다고 하니 말입니다. 그러니 비유는 황당하지만 논리만으로 따지면 완전히 말 안 되는 소리라고 할 수도 없는 노릇이란 말이지요. 이처럼 기발한 생각, 사람과 사람의 결합, 남녀의 결합을 벼룩의 뱃속에서 하나 된 이미지를 통해 제시하는 '기발한 착상', 이게 바로 '기상'의 예가 되는 것이지요. 불편하지만 거짓이라고 내칠 수만은 없는 이런 이유로 인해 형이상학파의 시가 괴상하면서도 이치에서 완전히 벗어나지 않는 근거를 갖는 것이지요. 마지막 행에서는 "나는 벼룩처럼 아이까지 가지자고 하는 것은 아니다. 그저 사랑하자는 것이지."라는 표현을 에둘러 하고 있습니다. 대담하다고 할까요, 뻔뻔하다고 할까요. 말을 듣던 여인은 자기 몸으로 옮겨 온 벼룩을 손톱으로 톡 터트려 죽입니다. 2연의 시작입니다.

> 아, 멈추시오, 한 마리 벼룩 속의 세 목숨을 살려주오,
> 그 안에서 우리는 결혼, 아니 그 이상의 것을 했다오.
> 이 벼룩은 그대와 나이고
> 우리의 결혼식 침대이고 결혼식 사원이오;
> 비록 부모님과 그대는 싫어하지만, 우리는 만났고,
> 이 살아있는 칠흑의 벽 속에 갇혔다오,
> 습관은 그대로 하여금 쉬이 나를 죽이게 하겠지만
> 거기에 스스로의 목숨까지 끊는 일을 더하지 말기를,
> 또한 세 목숨을 죽이는 세 가지 죄라는 신성모독을 더하지 말기를

한 마리 벼룩 속에는 '나, 그대, 그리고 둘의 결합으로 생긴 아이'까지 세 목숨이 존재한다는군요. 그러니 결혼은 물론 그 이상의 결합이 이루어진 것이지요. 나이고 그대이며, 우리 사랑의 결정인 아이까지 담은 벼룩은 이리하여 "결혼의 침대"이자 "결혼식 사원"으로까지 비유됩니다! 벼룩 한 마리가 이렇게 대단한 존재가 될 수 있구나, 싶습니다. 누군가는 혀를 끌끌 차겠지만, 또 누군가는 고개를 끄덕일 수도 있습니다. 상상력이란 그런 것이기도 하니까요. 가장 기발한 상상력은 가장 관계없는 것 사이의 연관을 찾아내는 것이라고 낭만주의 시인인 콜리지도 말한 바 있지요. 연관된 이미지의 거리가 멀면 멀수록 기발한 비유라는 것은 엘리엇의 '객관상관물Objective

사랑 Love 61

Correlative' 이론에서도 마찬가지일 것이고요.

　5행과 6행은 존 던 자신과 부인인 앤 모어 사이를 반대했던 주변의 상황이 떠오르기도 하는군요. 어쨌건 그런 벼룩이 내게서 그대 몸으로 갔으니 그 벼룩을 죽이지 말라고 여인에게 간청합니다. 왜냐하면, 여인은 "습관"처럼 나를 죽이려 할 것이니 말입니다. 이 구절 속에는 남녀 간의 사랑을 암시하는 성적 이미지 또한 내포되어 있음을 알 수 있습니다. 하여간 화자는 간절하게 청합니다. 나는 죽여도 좋은데, 사랑하자는 내 부탁은 들어주지 않아도 좋은데, 벼룩까지 죽이지는 말라. 왜냐하면 벼룩을 죽이는 일은 그 벼룩 속에 있는 그대, 그리고 아이를 죽이는 일이 될 터이니. 그렇게 하는 것은 무려 "신성모독"이라고까지 협박(!)하면서 말입니다.

> 잔인하고 성급하게, 그대는 이미
> 죄 없는 피로, 그대의 손톱을 자줏빛으로 물들이고 말았소?
> 대체 어디에 이 벼룩의 죄가 있단 말이오?
> 그대로부터 빤 피 한 방울을 제외한다면,
> 하지만 그대는 의기양양하게, 말하오
> 그대도 나도 더 약해진 것을 알지 못하겠다고.
> 당신 말이 맞다오, 그러니 두려움이란 얼마나 헛된 것인지 알기 바라오.
> 그대가 내게 그대 몸을 맡길 때, 이 벼룩의 죽음이
> 그대에게서 앗아간 목숨만큼의 순결만이 소모될 뿐임을.

　마지막 3연에서는 화자의 교묘한 말솜씨가 강력한 반전을 가져옵니다. 화자가 아무리 벼룩이 대단하다고, 그 속에 우리가 있고, 아이

가 있다고 애원을 해도, 연인은 그저 피를 빠는 곤충일 뿐인 그 벼룩을 톡하고 터트려 죽이고 만 모양입니다. 벼룩의 "죄 없는 피로" 손톱을 "자줏빛으로 물들이"며 말이지요. 그러니 화자는 벼룩이 뭔 죄가 있냐고 항변합니다. 그 한 방울의 피를 제외하면 벼룩이 무슨 잘못을 했다고 그렇게 무자비하게 죽이냐고 탓하지요. 그랬더니 여인이 답했던 모양입니다. 봐라, 괜찮지 않냐? 뭐 벼룩을 죽이면 어떻고 어떻다고 당신이 호들갑 떨었지만 죽여도 괜찮네, 그렇게 말입니다. "그대도 나도 더 약해지지 않았다"는 것이 그런 여인의 말을 전하는 것이지요.

그러자 기다렸다는 듯 화자는 말합니다. "당신 말이 맞다오." 그러면서 덧붙입니다. 벼룩 한 마리 죽는 것이 뭐 그리 대단한 일이냐. 벼룩이 우리 피를 빨았다 한들, 그 피 한 방울 때문에 세상 뒤집어지는 것도 아니지 않냐? 이렇게 말입니다. 그리고 마지막 결정타를 날립니다. 그것처럼 그대가 느끼는 그 한 방울의 피, 즉 순결, 정절에 대한 두려움이 얼마나 헛된 것인가! 라고 말입니다. 벼룩 한 마리 죽여도 아무 문제없듯, 벼룩이 우리 몸에서 피 한 방울 빨아도 아무 이상 없듯, 순결 그거 대단한 거 아니지 않느냐. 이게 화자의 논리인 마지막 것이지요. 이것을 '논리적'으로 '설득하는' 것이라고 할 수 있을까요? '수사학적'이라고 할 수 있을까요? 그렇다면 존 던은 성공한 것일 텐데, 당대에 그리고 다음 시대까지 저속하고 외설적이라고 비난, 비판 받았던 것을 보면 불편해하는 사람들이 많았던 것은 사실이었던 모양입니다.

반전이 있습니다. 앞의 시에서 언급했던 것처럼 20세기 초반, 모더니즘 시의 이론적 초석을 다진 시인이자 비평가인 엘리엇은 존 던과 형이상학파 시인들의 시야말로 감정적, 정서적 예술인 시에 지적인 비유를 완벽하게 결합한 시라고 평가하며, 이들의 시에서 영시는 '감수성의 통합'을 이루고 있었다고 봅니다. 그런 이유로 현대시는 이들의 시를 전범으로 삼아 지성과 감성이 결합된 방향으로 나아가야 한다고 역설했지요. 형이상학파 시인들의 시에 가득했던 '논리적'이고, '설득적'인 측면 또한 시를 구성하는 지적 요소의 한 부분으로 마땅히 장려되어야 한다는 점 또한 형이상학파 시와 현대시를 이어주는 공통점이라고 할 수 있습니다.

지금까지 함께 읽어본 것처럼 존 던의 「벼룩」은 사랑하는 연인의 결합을 '벼룩 속의 피'라는 기발한 착상으로 이미지화 하고, 자신의 청을 거절하는 여인을 자신의 논리로 꼼짝 못하게 설득하는 탁월한 수사적 언변을 보여주면서 형이상학파 시의 특징을 그대로 담고 있다는 것을 알 수 있습니다. 존 던의 「벼룩」이었습니다.

◇

The Flea

   John Donne

  Mark but this flea, and mark in this,
  How little that which thou deniest me is;
  Me it sucked first, and now sucks thee,
  And in this flea our two bloods mingled be;
  Thou know'st that this cannot be said
  A sin, or shame, or loss of maidenhead,
   Yet this enjoys before it woo,
   And pampered swells with one blood made of two,

And this, alas, is more than we would do.

Mark but this flea, and mark in this,
How little that which thou deniest me is;
Me it sucked first, and now sucks thee,
And in this flea our two bloods mingled be;
Thou know'st that this cannot be said
A sin, or shame, or loss of maidenhead,
Yet this enjoys before it woo,
And pampered swells with one blood made of two,
And this, alas, is more than we would do.

Cruel and sudden, hast thou since
Purpled thy nail, in blood of innocence?
Wherein could this flea guilty be,
Except in that drop which it sucked from thee?
Yet thou triumph'st, and say'st that thou
Find'st not thy self nor me the weaker now;
'Tis true, then learn how false fears be;
Just so much honor, when thou yield'st to me,
Will wast, as this flea's death took life from thee.

빛나는 별
- 존 키츠(1795~1821)

빛나는 별이여, 나 그대처럼 한결같을 수만 있다면--
아니 고독한 찬란함 속에 하늘에 높이 떠
영원히 눈을 뜬 채 자연의 인내심 많고
잠 없는 은둔자처럼, 일렁이는 파도가
인간이 사는 땅의 해안을 깨끗하게 정화하는
사제와 같은 일을 하는 것을 지켜보거나,
산과 황무지 위에 방금 내린 눈의 가면을
응시하는 그런 모습으로는 말고--
아니—하지만 언제나 한결같이 언제나 변함없이,
내 아름다운 연인의 성숙한 가슴을 베개 삼아
그 부드러운 오르내림을 영원히 느끼면서
감미로운 불안 속에 영원히 깨어
언제나, 언제나 그녀의 부드러운 숨결소리 들으면서,
그렇게 영원히 살았으면--아니라면 차라리 기절해 죽으리.

"그의 시를 처음 본 순간의 놀라운 경험은 평생 나를 떠나지 않았다." – 보르헤스Jorge Luis Borges

"그는 19세기의 가장 위대한 시인이다." – 알프레드 테니슨

"그의 「나이팅게일에 바치는 송가」야말로 인간이 써낸 모든 문학작품 가운데 가장 위대한 궁극적 걸작 가운데 하나다." – 스윈번 Algernon Charles Swinburne

과거와 현재의 대표적인 시인, 문필가들이 이처럼 극찬하고 있는 시인, 누구일까요? 그렇습니다. 아름다움美을 궁극의 목표로 삼았던 영국 낭만주의 시인 존 키츠입니다. 키츠하면 떠오르는 유명한 시 구절이 있지요.

"Beauty is truth, truth beauty,"—that is all
Ye know on earth, and all ye need to know.
"Ode on a Grecian Urn," lines 49–50.

"아름다움은 진리요, 진리는 곧 아름다움." – 그것이 우리가
이 세상에서 알고 있는 전부요, 알아야 할 전부다.
「희랍 유골 단지에 부치는 송가」, 49-50.

키츠가 아름다움에 집착했다는 것은 연인 패니 브론에게 보낸 편지에서 직접 언급한 말로도 확인이 됩니다. "나는 세상 모든 것 가운데 美의 원칙을 사랑했다오."

이번에 함께 읽을 시는 키츠가 연인이었던 패니 브론에게 바친 것으로 유명한 「빛나는 별」입니다. 여기서 '빛나는 별'은 북극성을 의미

1850년 경의 패니 브론 (출처-위키피디아)

합니다. 지구의 자전축으로부터 가장 멀리 떨어져 있어 일 년 내내 움직이지 않는 것처럼 보이는 별. 그래서 땅 위 여행자에게도 바다 위 뱃사람에게도 길을 안내하는 역할을 한다는 바로 그 별 말이지요. 시인이 자신의 연인에게 그 별과 같은 변함없는 사랑을 표현한 시라는 느낌이 금방 오지요? 자세한 내용은 조금 뒤에 함께 보겠습니다.

이 시는 영시의 대표적인 정형시 형식인 소네트입니다. 소네트는 시 전체가 14행이라는 정해진 형식을 갖춘 짧은 정형시를 말한다는 것은 앞에서 보았지요. 시행의 길이가 정해졌을 뿐 아니라 각운rhyme도 일정하게 갖추고 각 행의 음보foot도 일정한 경우가 많습니다. 조금 더 자세하게 알아볼까요?

소네트는 원래 13세기 이탈리아에서 시작되었으며, 이름도 이탈리아어 'sonetto'에서 유래된 것이라 합니다. 그 어원은 각각 '짧은 시', '노래', '소리'를 의미하는 라틴어 'sonet', 'son', 'sonus' 등에서 기원한 것이지요. 이탈리아에서 시작되어 유행하던 소네트가 영국으로 전해진 것은 16세기 르네상스 시기였습니다. 토머스 와이엇(Thomas Wyatt, 1503~1542)이 이탈리아의 인문학자이자 시인인 페트라르카(Francesco Petrarca, 1304~1374)의 소네트를 들여와 번안, 번역하면서 영국에 소네트 붐이 일기 시작합니다. 얼마나 **빨리 널리** 유행했는지 당시 거의 모든 시인들이 소네트만으로 시를 지어 소네트

'연작시집Sonnet Cycle'을 묶을 정도였지요. 당시를 대표하는 시인들의 소네트 연작시집만 손꼽아 보아도 시드니(Philip Sidney, 1554~1586)의 『아스트로펠과 스텔라』Astrophel and Stella(1591), 스펜서(Edmund Spenser, 1552~1599)의 『작은 사랑의 노래』Amoretti(1595), 그리고 셰익스피어의 『소네트』(1609) 등이 있었으며, 이 외에도 거의 모든 시인들이 소네트로 시를 썼어요.

소네트 연작시집은 사랑을 주제로 한 시들이 대부분을 차지해서 어떤 문학용어사전은 소네트를 아예 "14행으로 된 짧은 사랑의 정형시"라고 정의하기도 합니다. 음악에서도 소네트라는 표현을 쓰는데 주로 감미로운 사랑노래를 의미하잖아요? 위의 어원과 소네트의 주 내용을 생각하면 충분히 이해될 만해요. 사랑이 소네트의 주요 주제이긴 하지만 소네트가 사랑만 다룬 것은 아니었고 삶, 죽음, 신앙 등 다양한 주제가 소네트 14행의 형식 속에 담겨 있습니다.

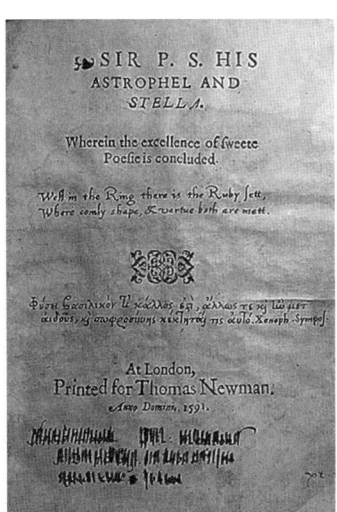

소네트의 형식과 관련하여 아주 중요한 사항이 있습니다. 앞에서 언급한 각운과 음보입니다. 각운은 각 시행의 마지막 음절 발음을 동일하게 배열함으로써 정형률을 유지하는 것이지요. 이탈리아 소네트 14행의 각운은 abbaabbacdecde가 대체적인 형식이었고, 영국의 소네트 각운은 ababcdcdefefgg가 대표적입니다. 와이엇이 들여온 이탈리아 소네트 형식을 서리가 완성시킨 것이지요. 하지만 이 각운 형식이 영국의 대표 소네트 형식으로 유명해진 것은 셰익스피어가 자신의 소네트 154편 가운데 6편을 제외한 전체를 ababcdcdefefgg 각운으로 썼던 까닭이라고 보는 것이 더 맞지 않을까 싶습니다. 셰익스피어가 그렇게 썼다는데요 뭐.

영어로 된 이 시의 마지막 행들을 보면 밑줄 친 부분이 있지요? 각운이 ababcdcdefefgg라는 것은 그 각각의 발음이 1행과 3행, 2행과 4행이 같고, 5행과 7행, 6행과 8행이 같으며, 9행과 11행, 10행과 12행이 같고, 마지막 13행과 14행은 두 행이 같다는 것을 표시하는 것입니다.

다음은 음보인데요, 이것은 노래 악보의 마디와 같은 것입니다. 시의 한 행에서 발음의 강세와 약세가 어떤 리듬을 보이고 있는가 하는 것을 표현합니다. 우리가 읽을 키츠 시의 첫 행을 예로 들어 말씀드리겠습니다. 첫 행을 음보 단위로 끊어보면 이렇습니다.

Bright star, / would I / were sted / fast as / thou art
　약　　강　/　약　강 /　약　강 /　약　강 /　약　강

밑줄 친 Bright의 모음은 약하게 발음되고 star의 모음은 강하게 발음되지요. 그 다음도 마찬가지고요. 첫 행을 전체적으로 보면 '약강'

의 마디(음보)가 다섯 개 모여 한 행을 이루고 있지요? 이런 행을 '약강5음보'라고 합니다. 약강격의 음보 다섯이 모여 한 행을 이룬다는 뜻이지요. '약강5음보'는 가장 전형적인 소네트의 음보입니다. 한 행이 조금 짧아서 4음보나 3음보가 한 행을 이루는 시도 있습니다만 '약강5음보'가 가장 일반적인 소네트의 형식으로 간주되었습니다. 한 행의 길이가 적당하다는 것이지요.

키츠의 「빛나는 별」에서는 나머지 13행도 모두 같은 음보로 이루어져 있습니다만, 어떤 소네트들은 마지막 13, 14행의 음보가 다른 행들보다 조금 더 긴 경우도 있습니다. 그런 점에서 보면 소네트를 형식을 갖춰 쓴다는 것은 쉬운 일이 아니었을 것 같아요. 아무리 영어를 모국어로 사용하는 사람이라 하더라도 말이지요. 36편의 비극과 희극을 차치하고라도 150편 가까운 소네트 전부를 똑같은 형식으로 맞춰 쓴 셰익스피어를 영국인들이 위대하게 여기고 대접하는 이유, 짐작이 되기도 합니다.

키츠의 「빛나는 별」은 전형적인 영국 소네트 각운을 지닌 시입니다. 내용면에서는 1행부터 8행과 9행부터 14행을 나누어 볼 수 있습니다. 내용과 관련된 이 특징에 대해서도 조금 뒤에 말씀드리겠습니다. 우선 1행부터 8행까지를 먼저 보겠습니다.

> 빛나는 별이여, 나 그대처럼 한결같을 수만 있다면--
> 아니 고독한 찬란함 속에 하늘에 높이 떠
> 영원히 눈을 뜬 채 자연의 인내심 많고
> 잠 없는 은둔자처럼, 일렁이는 파도가
> 인간이 사는 땅의 해안을 깨끗하게 정화하는
> 사제와 같은 일을 하는 것을 지켜보거나,

산과 황무지 위에 방금 내린 눈의 가면을
응시하는 그런 모습으로는 말고—

　시인은 변함없이 한 자리를 지키며 빛나는 별, 북극성의 '한결같은' 특성을 부러워하며 닮고 싶어 합니다. 불변하는 확고부동함은 부러운 특성이기는 합니다. 자연이건 사람이건 말이지요. 사랑에 빠진 연인들이 서로에게 가장 원하고 바라는 것도 바로 이 변치 않는 '한결같은' 마음이겠지요. 그런데 2행에서 곧바로 '아니Not'라고 부정합니다. 무엇이 아니라는 걸까요?
　빛나는 별은 "찬란"하지만 "고독" 합니다. "하늘에 높이 떠" 잠도 자지 못하고 "영원히 눈을 뜬 채" 말이지요. "잠 없는 은둔자"라고 비유하기도 합니다. 모두 고독하고 외로운 비유들입니다. 그렇게 외롭게 하늘에 홀로 붙박인 채 마치 사제가 물로 세례를 하듯 바닷물이 해안을 쓸며 정화하는 것을 지켜보거나 "산과 황무지 위"로 눈이 내려 덮이는 것을 응시하고 있습니다. 시인은 별의 한결같음은 본받고 싶으나 저렇게 세상으로부터 떨어져 홀로 있는 고독한 상태로 한결같고 싶지는 않다는 것입니다.
　이런 자신의 마음을 별을 의인화하여 부르는 돈호법으로 시작해서 시각, 촉각적 감각 요소들을 통해 표현하는 것이 특히 두드러집니다. 별이 바라보는 대상들—사제와 같은 바다나 산 그리고 황무지 같은—의 고독한 이미지도 별의 고독을 강화시킵니다. 방금 내린 눈을 대지가 쓰고 있는 가면으로 은유한 비유도 인상적입니다. 이처럼 감각적 요소들을 잘 활용하는 것은 키츠의 독특한 특징이기도 합니다. 이어지는 후반부 6행에서도 감각적인 요소들은 두드러지게 나타납니다.

아니—하지만 언제나 한결같이 언제나 변함없이,
내 아름다운 연인의 성숙한 가슴을 베개 삼아
그 부드러운 오르내림을 영원히 느끼면서
감미로운 불안 속에 영원히 깨어
언제나, 언제나 그녀의 부드러운 숨결소리 들으면서,
그렇게 영원히 살았으면—아니라면 차라리 기절해 죽으리.

앞에서 말했던 것처럼 별과 같은 모습으로는 아니라고 강력하게 부정합니다. 다만 여전히 "한결같은", "변함없는" 그 별의 특성만은 간직하고자 합니다. 시인이 원하는 한결같음은 별처럼 저 하늘 위에 고독하게 홀로 떠 간직하는 한결같음이 아닙니다. 바로 이 땅, 그가 살아가는 대지 위 사랑하는 연인 곁에서, 그 연인의 성숙한 가슴을 베고 누워 그 가슴의 부드러운 고동을 느끼며 한결같이 있고 싶은 것입니다. 숨결에 따라 오르내리는 연인의 "성숙한 가슴"에 담긴 관능적 이미지가 은근하면서 강렬합니다. 이 같은 관능적 감각의 묘사야말로 다른 낭만주의 시인들과 키츠를 구분하는 또 다른 특징이기도 합니다.

한편, 시인은 "감미로운 불안"이라고 합니다. 마냥 편안한 것만은 아닌 모양입니다. 이유야 여러분도 짐작하실 것입니다. 사랑하는 남녀가 가슴을 베고 누워 있을 때 서로가 느끼고 또 서로에게 전해지는 그 짜릿한 기대, 설렘, 달콤함과 감미로움을 수반한 긴장, 그 긴장된 모순적 감정을. 시인에게는 단순한 긴장을 넘어 불안하기까지 합니다. 어쩌면 시인은 지금 이 황홀하고 감미로운 순간이 끝날 수도 있다는 일말의 불안을 언제나 느끼고 있는지도 모르겠습니다. 사실 사랑은 언제나 불안을 동반하기도 하지요. 사랑이, 행복한 순간이 영원하지 않을 수 있다는 본능적 불안을 말이지요. 사랑이 달콤하면 할수록 깊으면 깊을수록 그 불안은 더러 더 강렬하게 찾아오기도 하겠지요.

그래서일까요. 시인은 말합니다. "언제나, 언제나 그녀의 부드러운 숨소리"를 듣겠다고, "그렇게 영원히 살고 싶다"고. 몇 번이고 반복되는 "언제나"와 "영원히" 속에 영원을 향한 시인의 열망이 느껴집니다. 역설적으로 시인이 느끼는 불안의 강도도 짐작이 됩니다. 욕망의 강도가 크다는 것은 그 욕망이 이루어지지 못했을 때의 절망 또한 비례하여 클 수밖에 없다는 것을 의미하지요. 영원에 대한 시인의 열망이 그러합니다. 이 같은 영원함에 대한 자신의 열망이 이루어지지 않는다면 차라리 "기절해 죽겠다" 합니다. '저 하늘이 아닌 바로 이 땅에서 사랑하는 여인의 가슴을 베고 언제나 한결같이 사랑을 나누며 영원히 함께할 수 없다면 차라리 죽고 말리라'는 시인의 열정. 부럽지 않은가요. 그 사랑도, 그 열정도 말이지요.

이런 열정 가득한 사랑의 시를 시인에게 받은 행복한 여인은 누구일까요? 그렇습니다. 글을 시작하면서 말씀드렸듯 그 행운의 여인은 패니 브론입니다. 키츠가 스물넷이던 1818년 열여덟의 패니 브론을 만나 이듬해부터 책을 빌려주고 함께 읽기도 하면서 연정을 품게 되었지요. 브론에 대한 키츠의 사랑은 깊고 강렬했습니다. 그는 브론에게 자신의 마음속 이야기를 수많은 연서에 담아 보냅니다. 그 가운데 유명한 구절이 담긴 연서가 있지요. 1819년 10월 13일에 키츠가 그녀에게 보낸 편지를 함께 슬쩍 엿볼까요.

"내 사랑이 나를 이기적으로 만들었어. 당신 없이는 살 수가 없어. 당신을 다시 만난 것 말고 아무것도 기억나는 게 없어. 내 삶은 바로 그 순간에 멈췄어. 그 이상은 생각하지도 않아. 당신이 나를 온통 삼켜버렸어. 지금 이 순간 내 온몸이 다 녹아내리는 것 같아. 곧 당신을 볼 수 있다는 희망이 없다면 나는 견딜 수 없을 정도로 비참해질 거야.... 나는 인간이 종교를 위해 순교자가 될 수 있다는 사실에 놀라워하며 몸서리쳤지. 하지만 이제 나는 더 이상 그럴 수 없어. 나도 내 자신의 종교를 위해 목숨 바칠 순교자가 될 수 있으니. 사랑이 내 종교야. 나는 내 신앙을 위해 기꺼이 목숨을 바칠 수 있어. 당신을 위해 내 목숨을 바칠 수 있어."

"사랑이 종교Love is my religion"라니요! 시인답습니다. 키츠가 브론을 얼마나 사랑했는지를 알 수 있는 대목이기도 합니다. 그러니 영원한 사랑을 꿈꾸고 원하는 것이야 당연하지 않았을까요. 「빛나는 별」을 쓸 만하지요? 그렇게 영원히 함께 하고 싶어 할 만하겠지요? 하지만 안타깝게도 짧지만 강렬했던 둘의 사랑은 해피 엔드로 끝을 이루지 못했습니다. 이미 병약한 몸이라 사귀는 내내 아름다운 그녀를 떠나야 하는 자신의 죽음을 예감하고 있던 키츠에게 비극적 사랑의 왕관을 씌우듯 결핵이 덮쳐옵니다.

1820년 의사의 권유에 따라 따뜻한 로마로 요양을 떠나게 된 키츠는 알고 있었지요. 다시는 브론을 볼 수 없으리라는 사실을. 로마로 떠난 이후 둘은 서로에게 보낸 편지도 주고받지 못합니다. 키츠의 편지는 브론의 모친 손에 맡겨진 채 그녀에게 전달되지 않았고 그녀의 편지는 키츠에게 닿지 못했습니다. 그렇게 5개월 후 키츠는 로마에서 숨을 거둡니다. 그의 사망 소식은 한 달 후에야 브론에게 전해졌고 그녀는 6년 가까이 그의 죽음을 애도하며 지냈다합니다. 키츠의 사랑이 진실하고 열렬했던 만큼 브론의 사랑도 그러했지요.

과거의 천재 시인들은 왜 다들 그렇게 젊은 나이에 세상을 떠나야 했는지요. 천재시인 키츠와 아름다운 여인 브론의 열정적이었으나 이루어지지 못한 사랑, 소설의 한 장면 같은 이 둘의 사랑이야기는 2009년 제인 캠피온 감독 연출, 벤 위쇼, 애비 코니쉬 주연으로 시의 제목인 〈빛나는 별〉이라는 영화로 만들어졌어요. 보신 분들도 계실 것입니다.

그런데, 용서하시기를. 이 시에 담긴 이토록 아름다운 두 사람의 사랑에 찬물을 끼얹는 일이 될 수도 있는 이야기를 하나 덧붙이려고 합니다. 애초에 키츠가 브론을 위해 이 시를 쓴 것이 아니라는 이야기가 있지요. 키츠에게는 사실 브론 이전에 교제하던 이사벨라 존스 Isabella Jones라는 여인이 있었어요. 1817년에 만나 아주 친밀한 관계를 유지했던 두 사람은 육체적 사랑을 나누는 관계로까지 발전했던 것 같기도 합니다. 키츠가 바로 이 이사벨라 존스를 위해 〈빛나는 별〉의 초고를 썼다는 주장이 있습니다. 키츠의 전기 작가인 로버트 기팅스 Robert Gittings는 이 시가 키츠가 패니 브론을 만나기 전인 1818년 4월에 쓴 것으로 이후 패니 브론을 만난 뒤 수정을 했다고 주장합니다. 다른 전기 작가들은 기팅스와 다른 견해를 보이기도 하지만 기팅스의 주장이 아주 믿지 못할 이야기도 아닌 것 같기도 합니다.

적어도 두 가지는 분명한 사실 같습니다. 패니 브론을 만나기 바로 직전까지 키츠가 이사벨라 존스와 사귀었다는 것, 그리고 이 시를 언제 쓴 것이건 키츠가 패니 브론에 대한 자신의 사랑을 분명하게 보여주기 위해 그녀에게 선물한 것이라는 사실 말이지요. 기팅스도 이 점에 대해서는 인정하고 있지요.

한 가지 더. 패니 브론은 그 뒤 어떻게 되었을까요? 영화에서는 상복을 입은 패니 브론이 울면서 이 시 「빛나는 별」을 암송하며 눈 쌓인 숲으로 가는 것이 엔딩 장면입니다. 그렇다면 현실에서는? 바로 위에서 패니 브론은 키츠가 죽은 후 6년 가까이 애도하는 시간을 가졌다고 했지요. 그랬습니다. 그리고 7년쯤 지난 1833년 그녀는 결혼을 하여 다섯 자녀를 낳고 다복하게 살다 생을 마쳤다고 합니다. 우리의 삶은 때로 기억하고 싶은 어떤 순간에서 정지한 그대로 기억 속에 묻어두는 것도 필요한 것 같아요. 영원한 것은 예술만으로 충분할 테니까요.

마지막으로 삶과 예술에 관한 키츠의 특징적인 생각과 이 시를 통해 보이는 영국 문학의 한 가지 특성에 대해 말씀드리고 이 시에 대한 이야기를 마치겠습니다. 키츠가 감각적 요소를 잘 사용한다는 것은 앞에서 이미 말씀드렸습니다. 그런 키츠의 시적 특징은 20세기 사상주의Imagism와 같은 현대시 흐름에 큰 영향을 미치게 됩니다. 현대시의 대표적인 비평가였던 엘리엇이 낭만주의와 낭만주의 시인들에 대해 비판하면서도 예외적으로 키츠를 높게 평가했던 것도 바로 그 때문이었습니다.

더욱 중요한 것은 키츠의 세계관입니다. 키츠는 낭만주의 시인들이 추구했던 이상적 염원의 무한한 추구라는 극단으로 치우치지 않고 이상과 현실 사이의 적절한 균형감각을 유지한 것으로도 높은 평가를 받고 있습니다. 이 시에서도 그러한 면모는 여실히 드러나지요. 시인은 "영원히 한결같고자" 하는 이상을 염원합니다. 하지만 그 이상을 찾아 북극성이 있는 저 하늘로 올라가지 않습니다. 자신이 발 딛고 서 있는 대지 위, 자신이 사랑하는 여인과 누리는 달콤한 현실 속에 머뭅니다. 그 "감미로운 불안"의 모순적 세계 속에 말입니다. 영원을 희구하되 변화하는 현실에 발 딛고 서는 것, 바로 이것이 키츠의 자세입니다. 한편으로는 달콤하고 또 한편 불안한 그 중간

로마에 있는 키츠의 무덤 (출처-위키피디아)

의 세계, 시인 키츠는 바로 이 세계가 자신의, 우리 인간의 세계임을 믿었고 우리에게도 그 말을 전하고 있습니다. 다시 말씀드리지만 이러한 키츠의 태도는 현실을 벗어나서까지 "무한한 동경"을 추구하는 낭만적 정서와는 다른 양상을 보입니다. 하지만 바로 그렇기에 오늘날까지도 변함없이 우리들의 가슴에 큰 울림을 주는 것이 아닐까요. 머리 위에 빛나는 별을 눈으로 보고 가슴에 담되 우리의 발은 단단한 대지에 두고 걸어가는 것, 그것이 우리 인간의 모습이기 때문에 말이지요.

이 시가 소네트 형식, 그것도 전형적인 영국 소네트 형식이라는 점을 앞에서 말씀드렸습니다. 한 가지 덧붙여야겠습니다. 제가 앞에서 이 시를 설명드릴 때 1행부터 8행, 9행부터 14행을 나누어 설명 드렸습니다. 까닭이 있습니다. 내용면에서 1~8행까지와 9~14행이 구별되기 때문이지요. 시인은 8행까지 자신이 닮고 싶지 않은 북극성의 한결같은 모습을 보여주고 난 다음 9행부터는 자신이 원하는 모습을 그리고 있지요. 그러니 전반부라 할 수 있는 1~8행까지의 내용보다는 후반부라 할 수 있는 9~14행까지의 내용이 더 중요하다는 것을 알 수 있어요.

소네트가 이탈리아에서 들어왔다는 것은 앞에서 말씀드렸잖아요? 이탈리아 소네트가 형식과 내용에서 저런 모습을 하고 있었습니다.

전반부 8행은 전제가 되는 내용이나 일반적인 이야기를 그린 다음 후반부 6행에서 시인이 정작 말하고 싶은 주제를 보여주지요. 키츠의 「빛나는 별」은 각운을 통해 보이는 외적 형식은 전형적인 영국식 소네트이면서, 내용에서는 이탈리아 소네트처럼 전반부와 후반부가 구분되고 있어요. 한마디로 영국식 소네트와 이탈리아 소네트를 결합, 절충하고 있는 것이지요. 이것은 바로 위에서 언급한 시인 키츠의 개인적 특성과도 일치하고, 전체 영국의 문화적 특징과도 닿아있어요.

영국 문화의 특징 가운데 하나는 이국적인 요소들을 받아들여 새로운 것으로 절충해낸다는 것이라고 할 수 있지요. 지금 살펴본 소네트도 그랬지만, 종교는 또 어떤가요? 원래 게르만 신화의 민족이었던 잉글랜드가 기독교를 받아들여 연착륙시키고 나중에는 영국만의 독특한 성공회로 종교개혁을 이루었지요? 정통 오페라와 대중음악의 절충이라 할 수 있는 뮤지컬이 가장 먼저 화려하게 발달했던 곳도 영국이었지요? 미국 중심의 대중음악과는 다른 '브릿팝Britpop'은 또 어떤가요? 새로운 것을 받아들여 기존의 것과 절충하거나 조화를 이루는 영국 문화 특유의 개성이 소네트라는 문학 형식에서도 발현되고 있음을 키츠의 「빛나는 별」은 여실히 보여주고 있습니다. 그러나 이런 이야기들이 다 무슨 소용이겠습니까. 이 시를 읽으면서 구절구절 생생하게 살아 펄떡이는, 한결같고자 한 시인의 저 감각적 관능의 영원한 염원이 눈에 입술에 가슴에 오롯이 담기기만 한다면 말입니다. 셸리Percy Bysshe Shelley의 헌사처럼 "피기도 전에 떨어져버린 꽃" 같은 스물일곱 이른 죽음이 너무나 아까운 시인, 키츠의 「빛나는 별」이었습니다.

◇

Bright Star

    J. Keats

Bright star, would I were stedfast as thou art--	a
Not in lone splendour hung aloft the night	b
And watching, with eternal lids apart,	a
Like nature's patient, sleepless Eremite,	b
The moving waters at their priestlike task	c
Of pure ablution round earth's human shores,	d
Or gazing on the new soft-fallen mask	c
Of snow upon the mountains and the moors--	d
No--yet still stedfast, still unchangeable,	e
Pillow'd upon my fair love's ripening breast,	f
To feel for ever its soft fall and swell,	e
Awake for ever in a sweet unrest,	f
Still, still to hear her tender-taken breath,	g
And so live ever--or else swoon to death.	g

John Keats(1795~1821)

- 19세기 영국 낭만주의 시인
- 1795년 10월 31일 영국 런던 출생
- 어린 나이에 부모 잃고 1814년까지 외과 의사의 조수 생활
- 1817년 『존 키츠 시집』 출간
- 1818년 스코틀랜드 여행 중 패니 브론 만나 다음해 약혼
- 상징적이고 심리적인 표현과 풍부한 이미지
- 1821년 2월 23일에 이탈리아 로마에서 폐결핵으로 사망
- 묘비 유언 : "아무런 의미도 없는 이름을 가진 자 여기 잠들다Here lies One Whose Name Was Writ in Water."
- 「나이팅게일에 대한 송가」"Ode to a Nightingale", 「희랍 유골 단지에 대한 송가」"Ode on a Grecian Urn", 「가을에게」"To Autumn", 「빛나는 별」, 『엔디미온』Endymion 등의 작품이 있음.

요정이 목동에게 하는 답
- 월터 롤리(1552~1618)

세상 만물과 사랑이 젊기만 하다면
모든 목동들의 말이 진실하기만 하다면,
그 대단한 기쁨이 나를 감동시켜
그대와 함께 살며 그대의 연인이 될 수도 있겠지요.

시냇물이 격랑을 일으키고 바위들은 식고
나이팅게일이 노래를 그치고
시간은 가축 떼를 들판에서 우리로 몰아가요.
남은 새들은 다가올 근심을 불평하지요.

꽃들은 시들고 무성한 들판은
변덕스런 겨울에 결산을 넘겨주지요.
달콤한 혀, 쓰디쓴 가슴,
환상의 봄, 슬픔의 가을.

그대의 가운, 신, 장미꽃 침대,
그대의 모자, 치마, 그리고 그대의 꽃들은
이내 쇠잔해지고 시들어 잊히지요.
어리석음 속에 성숙하고, 이성 속에 썩어가지요.

짚과 담쟁이 싹으로 만든 그대의 벨트도,
산호 고리와 호박 단추도,
그 어느 것도 내가 그대에게 가서 그대의
연인이 되도록 감동시키지 못하는군요.

청춘이 영원하고 사랑이 언제나 자라기만 한다면,
즐거움이 끝이 없고 노년에도 사랑의 부족함이 없다면
그렇다면 그 기쁨이 내 마음을 감동시켜
그대와 함께 살며 그대의 연인이 되게 해 줄 수도 있으련만.

―――――――――――――――――― ◇ ――――――――――――――――――

 오늘은 환한 봄 햇살 속에 먼저 시를 한 편 읽어보실까요? 소리 내어 읽어보세요.

와서 나와 함께 살며 내 연인이 되어 줘요
그럼 우리, 골짜기, 관목숲, 언덕과 들판
숲 혹은 가파른 산들이 주는 온갖
기쁨을 맛볼 수 있어요.

흐르는 물소리에 맞춰

흥겨운 새들이 노래 부르는 얕은 시냇가에서
목동이 가축에게 풀 먹이는 것을 보며
바위에 앉아 있기도 해요.

나 그대에게 만들어 드릴게요
장미꽃과 향기로운 꽃으로 꾸민 침대와
화관과 도금양 잎으로 수놓은
치마도.

어리고 귀여운 양에서 깎아낸
가장 부드러운 털실로 만든 가운도
순금 고리에 추위를 막아줄
멋진 안감을 댄 슬리퍼도.

짚과 담쟁이 싹으로 만든 벨트에
산호 고리와 호박 단추도 달아 드릴게요.
이런 기쁨이 그대를 감동시킨다면
와서 나와 함께 살며 내 연인이 되어 줘요.

오월 아침마다 목동들이 그대를 기쁘게 하기 위해
춤추고 노래 불러줄 거예요.
이런 기쁨이 그대의 마음에 감동을 준다면
와서 나와 함께 살며 내 연인이 되어줘요.

영국 르네상스시기를 대표하는 극작가이자 시인인 크리스토퍼 말로(Christopher Marlowe, 1564~1593)의 「열정적인 목동이 연인에게」"The Passionate Shepherd to His Love"라는 시입니다. 어떤 느낌이 드세요? 환한 봄 햇살 아래 푸른 풀밭 위에서 멋진 연인이 이렇게 열렬하게 구애하면 여러분은 어떠실 것 같아요? 당장 "그래요!" 한다고는 못해도 마음이 조금 동하기는 하겠지요? 저리 살 수만 있다면 얼마나 좋을까 그런 생각도 슬쩍 눈 감고 하게 될지도 몰

1585년 Corpus Christi College, Cambridge 시절의 크리스토퍼 말로 (출처-위키피디아)

라요. 그 마법의 순간에 깜빡 주술 걸린 대가를 인생이란 장부 위에 영원한 부채로 지불하고 있는 사람들 또한 없을라구요.

하여튼 르네상스 시대 영국의 낭만적, 목가적 정서가 가득한 저 시에 대해 누군가 답시를 쓰지 않았다면 좀 서운하겠지요? 그렇습니다. 그래서 썼습니다. 바로 동시대의 풍운의 정치가이자 군인이고 탐험가에 시인이었던 월터 롤리가요. 오늘 함께 읽으려고 하는 시가 바로 그가 쓴 답시, 「요정이 목동에게 하는 답」입니다. 말로의 시 속 저 목동의 구애에 대해 롤리는 과연 뭐라 답했을까요? 지금부터 찬찬히 그 대답을 들어볼까요.

> 세상 만물과 사랑이 젊기만 하다면
> 모든 목동의 말이 진실하기만 하다면,

그 대단한 기쁨이 나를 감동시켜
그대와 함께 살며 그대의 연인이 될 수도 있겠지요.

대뜸 가정법 과거 어법("If~were")으로 시작하네요. 영어의 가정법 과거 표현은 그 안에 언급된 내용이 현재 사실과 반대라는 의미를 갖지요. 그러니 세상 만물과 사랑은 젊기만 하지도 않고, 목동의 말은 진실하지도 않다는 것을 이미 전제하고 시작하는군요. 결국 목동의 구애는 "나를 감동" 시키지 못하고, "그대와 함께 살며 그대의 사랑이" 될 수도 없다는 분명한 답을 그냥 첫 마디로 던져버리는군요. 가정법을 사용해서 완곡하게 표현했지만 결국 일언지하 거절이라는 건 명백합니다. 세상 모든 것과 마찬가지로 사랑도 변하는 것이니 그대의 맹세도 변할 뿐이라는 냉정한 판단과 함께 말입니다. 너무 매정한 것 아닐까, 하고 고개를 갸우뚱 하는 분도 계시겠습니다. 까닭이 있겠지요? 롤리의 까닭을 더 들어보기 전에 이 시 전체에 나타난 두드러진 형식적 특징이라고 할 수 있는 '두운법' 사용을 먼저 언급하고 가겠습니다.

영시를 보면 1행의 world, were, 2행의 truth, tongue, 4행의 live, love, 그리고 3행은 pretty pleasures와 might, me, move 이런 단어들은 제일 앞 자음이 같은 자음으로 이루어진 규칙성을 보입니다. 다음 2연에서도 마찬가지이지요. 첫 행의 flocks, from, field, fold는 모두 첫 자음이 f로 시작하는 두운을 이루고 있지요. 게다가 각 연은 aabb의 각운을 유지하고요. 이처럼 '엘리자베스풍의 노래'가 지닌 형식적 깔끔함 또한 이 시의 특별한 점이라도 할 수 있겠어요. 자, 이제 롤리가 그토록 매정하게 거절하는 까닭을 들어보겠습니다.

> 시냇물이 격랑을 일으키고 바위들은 식고
> 나이팅게일이 노래를 그치고
> 시간은 가축 떼를 들판에서 우리로 몰아가요.
> 남은 새들은 다가올 근심을 불평하지요

　목동이 그토록 좋다고 말한 내용을 조목조목 반박하고 있습니다. 햇살 가득한 한낮이 어둡고 추운 저녁이 되고, 봄이 가고 가을, 겨울이 오는 "시간"의 흐름은 우리들에게 더 이상 들판의 시간을 허락하지 않지요. (그들이 앉았던) "바위들은 식고", "흐르는 물소리에 맞춰 노래 부르던" 나이팅게일은 노래를 그치고, "남은 새들은 다가올 근심거리"를 두고 불평합니다. 어디 그뿐인가요.

> 꽃들은 시들고 무성한 들판은
> 변덕스런 겨울에 결산을 넘겨주지요.
> 달콤한 혀, 쓰디쓴 가슴,
> 환상의 봄, 슬픔의 가을.

　그대가 장식해준 침대의 "꽃들은 시들고", 풀이며 나무, 꽃 "무성한 들판은" 빌려 쓰던 시간을 그대로 겨울에게 넘겨주어야 하지요. 이런 개념은 다른 시에서도 몇 번 나왔지요. 계절이건 공간이건 우리는 우리에게 주어진 시간만큼 빌려 쓰는 거라고. 그러니 우리의 시간이 다 되었을 때는 본래 그대로 모습으로 되돌려주어야 한다고. 목동이 그리도 자랑하던 푸르던 초원과 계곡은 겨울의 황량한 풍경으로 바뀌고 마는군요. 그리고 등장하는 절창. 목동의 달콤한 말(에 유혹 당했다 현실을 깨닫게 된) 쓰디쓴 (화자의) 가슴은 "환상 (가득한) 봄"이 "슬픔의 가을"이 되는 것과 같다더군요. "달콤한 혀"와 "환상의 봄날"이 꿈같은 낭만의 시간이라면, "쓰디쓴 가슴"과 "슬픔 가득한 가을"은 냉정한 현실이군요. 낭만과 현실, 이 영원한 저울추는 언제나 멈추려나요. 아니 멈출 수는 있는 걸까요. 우리에게 이 저울추를 제대로 균형 맞출 지혜만 있다면 사실 언제 어느 때건 무슨 문제가 있을까요.

> 그대의 가운, 신, 장미꽃 침대,
> 그대의 모자, 치마, 그리고 그대의 꽃들은
> 이내 쇠잔해지고 시들어 잊히지요.
> 어리석음 속에 성숙하고, 이성 속에 썩어가지요.

아무리 아름답고 예쁜 목동의 장식도 영원할 수 없는 것. 목동이 해 주겠다 약속하고 장담하는 자연의 모든 것은 결국 "쇠잔해지고 시들어 잊혀"집니다. 이상적인 낭만의 모든 꿈들은 "어리석음" 속에 무르익어 가지만, "이성"으로 냉철하게 생각해보면 그저 다 "썩어" 갈 뿐. 그런 냉철한 "이성"의 머리와 가슴을 지닌 이에게 목동의 어떤 유혹이 통할까요. 목동의 어떤 선물도 여인의 마음을 움직이지 못합니다. 목동이 읊은 그대로 하나하나 시들어 사라진다 말하며 돌려주는 이 여인의, 아니 시인 롤리의 이성적이고 냉철한 머리가 서늘합니다.

> 짚과 담쟁이 싹으로 만든 그대의 벨트도,
> 산호 고리와 호박 단추도,
> 그 어느 것도 내가 그대 곁에서 그대의

연인이 되도록 감동시키지 못하는군요.

결국 목동이 주겠다 호언한 자연의 어떤 보석도 여인의 마음을 감동시키지 못합니다. 그러나 여인의 마음을 감동시킬 수 있는 단, 하나의 예외 조건이 있다고 그녀는, 아니 시인 롤리는 말합니다. 그 단 하나의 조건, 그것은 바로 세상 모든 것이 변하지 않고 영원할 수 있다는 조건입니다.

청춘이 영원하고 사랑이 언제나 자라기만 한다면,
즐거움이 끝이 없고 노년에도 사랑의 부족함이 없다면
그렇다면 그 기쁨이 내 마음을 감동시켜
그대와 함께 살며 그대의 연인이 되게 해 줄 수도 있으련만.

지금 (우리의) "이 청춘이 영원"하고, (목동 그대가 말하는) "사랑이 (시들거나 약해지지 않고) 언제나 자라기만 한다면" 여인은 목동의 청을 들어줄 수 있다고 합니다. 하지만 이 또한 가정법으로 되어 있군요. 결국 그리될 수 없다는 것이지요. 청춘은 언젠가 끝이 나고, 그 빛나는 푸른 시간도, 그 속에서 반짝이던 사랑도 결국 변하고 사라지게 마련이고, 즐거움도 어느 순간은 끝이 날 것이며, 나이 들어 노년이 되면 사랑도 즐거움도 결핍의 순간을 맞이하게 되는 것. 그러니 여인은, 그리고 시인 월터 롤리는 이상과 낭만 가득한 목동의 목가적 구애를 냉소적인 현실 인식으로 거부할 뿐 아니라 그의 순진함을 가르치듯 나무라는 것도 같습니다.

밝은 쪽만 바라보는 목동의 낭만적 유혹이 대책 없어 보이기는 합니다만, 그렇다고 지나치게 비관적인 면만 셈하고 있는 여인의 과도

한 현실적 자세도 찬성하기만은 어렵군요. 사실 우리들 대부분은 그 중간 어디쯤에서 살아가는 것일 테니까요. 이쯤에서 궁금하지 않으세요? 두 시를 쓴 크리스토퍼 말로와 월터 롤리, 두 사람은 어떤 사람들이기에 이렇게 상반되는 면을 봤던 것일까요? 두 사람은 영문학 역사에서도 나름의 흥미로운 이야깃거리를 지닌 인물이지요.

먼저, 크리스토퍼 말로. 셰익스피어와 같은 해에 태어난 말로는 젊은 나이에 이미 당대를 대표하는 영국 최고의 극작가의 반열에 올랐다는 평을 받았지요. 불과 세 편의 극작품을 썼을 뿐인데 말입니다. 특히, 극의 대사에도 각운을 맞추어 쓰던 당시의 관습을 깨고 자유로운 대사, 즉 운을 사용하지 않는 '무운시blank verse'를 최초로 사용하는 대담함을 보이기도 했지요. 게다가 그는 엘리자베스 여왕의 총애까지 받으며 여왕의 정치적 스파이 역할을 했다고 합니다. 이 재기발랄한 청년의 이른 성공은 그만큼 이른 그의 죽음의 싹을 품고 있었던 모양입니다. 그는 스물아홉 젊은 나이에 칼에 찔려 생을 마감하고 맙니다.

그의 죽음을 둘러싸고 소문이 무성했지요. 술집에서 술값 외상을 두고 벌어진 다툼 끝에 살해당했다는 이야기가 한동안 설득력 있게 받아들여졌지요. 그러다 최근 발견된 서류를 통해 한 여인의 집에서 함께 있던 남자들과 칼싸움이 있었고 그 과정에서 살해당한 것으로 확인이 되었지요. 참으로 안타까운 죽음입니다. 크리스토퍼 말로가 동갑인 셰익스피어만큼 살았다면 영국의 연극사는 달라졌을지도 모르겠습니다. 어찌 보면 이렇게 젊은 나이에 성공을 맛보고 실패를 몰랐던 말로였으니 저토록 이상적인 낭만적 구애의 시가 가능했으리라 생각해봅니다.

월터 롤리는 어떤 인물일까요. 월터 롤리의 삶을 보면 이보다 극적인 삶이 있을까 싶은 느낌마저 들 정도입니다. 20대에 아일랜드의 봉기를 제압한 공로로 엘리자베스 여왕의 총애를 받으며 아일랜드의 영주가 되고, 기사 작위까지 받았으며, 스페인 무적함대를 물리치는 데 혁혁한 공을 세우고, 아메리카 대륙의 탐험을 공식 허락받은 왕실 특허도 하사받아 영국인들이 정착지를 건설하는 터를 닦기도 했답니다. 이렇게 승승장구하던 그가 몰락한 것은 연애사 때

처형당하기 직전의 롤리 (출처-위키피디아)

문이었으니, 여왕의 허락도 받지 않고 여왕의 시녀와 비밀리에 결혼을 하는 바람에 여왕의 눈 밖에 나 런던탑에 갇힌 것이지요. 나중에 풀려나긴 했지만 권력의 정점에서 한순간에 나락으로 떨어진 이때의 경험을 통해 그는 권력과 현실의 냉혹한 속성을 뼛속 깊이 느끼게 됩니다. 이후로도 제임스 1세에 대한 반란에 연루되었다는 혐의로 다시 한 번 런던탑에 갇히기도 했던 그는 결국 스페인군을 약탈한 사건으로 인해 체포된 뒤 처형당하고 말았지요.

이처럼 천국과 지옥을 오가며 권력의 달콤함과 냉혹함을 모두 경험한 그였으니 말로식의 순진한 낭만적 태도를 받아들일 수 없는 것은 당연한 것 같습니다. 시도 세상을 보는 눈도 결국 자신의 경험의 바탕을 기반으로 나오는 것일 테니까요. 이상 영국 르네상스시기를 대표하던 극작가 말로의 「열정적인 목동이 연인에게」에 대한

풍운아 월터 롤리의 답시, 「요정이 목동에게 하는 답」을 읽어보았습니다.

Nymph's Reply to the Shepherd
Sir Walter Raleigh

If all the world and love were young,
And truth in every shepherd's tongue,
These pretty pleasures might me move
To live with thee and be thy love.

Time drives the flocks from field to fold
When rivers rage and rocks grow cold,
And Philomel becometh dumb;
The rest complains of cares to come.

The flowers do fade, and wanton fields
To wayward winter reckoning yields;
A honey tongue, a heart of gall,
Is fancy's spring, but sorrow's fall.

Thy gowns, thy shoes, thy beds of roses,
Thy cap, thy kirtle, and thy posies
Soon break, soon wither, soon forgotten.

In folly ripe, in reason rotten.

Thy belt of straw and ivy buds,
Thy coral clasps and amber studs,
All these in me no means can move
To come to thee and be thy love.

But could youth last and love still breed,
Had joys no date nor age no need,
Then these delights my mind might move
To live with thee and be thy love.

Sir Walter Raleigh(1552~1618)

- 16세기 영국 르네상스 시대의 정치인, 탐험가, 작가, 시인
- 1552년 영국 데본Devon 출생
- 여러 분야에서 탁월한 업적, 특히 영국 대양 제국의 확장과 대서양 제도의 개척
- 아일랜드 반란 진압 후 토지 소유
- 1584년, 미국 버지니아 지역에 영국 최초의 영지인 로아노크 Roanoke 식민지 설립
- 정치적 부침이 심한 삶을 살다가 1618년, 10월 29일에 런던에서 처형당함
- 크리스토퍼 말로의 시 「열정적인 목동이 그의 연인에게」에 대한 답시 「요정이 목동에게 하는 답」, 「거짓말」 "The Lie", 「궁중이여 안녕」 "Farewell to the Court" 등이 유명.

소네트 18
- 윌리엄 셰익스피어(1564~1616)

그대를 여름날에 비할까요?
그대는 더 사랑스럽고 더 온화해요;
세찬 바람은 오월의 꽃망울을 흔들어대고,
여름이 빌린 날들은 너무나 짧지요.
하늘의 눈동자는 때로 너무 뜨겁게 이글거리고
그 황금빛 얼굴은 종종 흐려지기도 해요.
아무리 아름다운 존재라도 언젠가는 그 아름다움 잃고,
우연이나 자연의 변화하는 흐름 가리지 못해요
하지만 그대의 영원한 여름은 이울지 않아요
그대의 소유인 그 아름다움 잃지도 않아요
죽음은 그대가 자신의 그늘 아래 방황 한다 뽐내지 못할 거예요,
영원한 시 구절 속에서 그대는 시간에 따라 성장해갈 테니까요.
 인간이 숨 쉬고, 눈으로 볼 수 있는 한
 이 시는 살아남아, 이 시가 그대에게 영원한 삶을 부여할 거예요.

3월의 마지막 날, 봄 햇살이 환히 비치는 카페의 창가에서 윌리엄 셰익스피어의 소네트를 읽습니다. 환한 햇살 가득한 창가에서 사람들의 두런두런 소리와 블라인드에 어른거리는 창밖으로 지나가는 이들의 그림자를 느끼면서 셰익스피어의 소네트를 읽는 것보다 봄날 오후를 더 잘 보내는 방법이라면 연록의 나뭇잎과 고요히 흐르는 강물에 떨어지는 빗소리 들으며 좋은 이와 나란히 두물머리 강변 어디쯤 걷는 일 정도일까요. 소로(Henry David Thoreau, 1817~1862)는 "비 내리는 오후를 어찌 보내야 할지 모르는 사람이 어떻게 행복을 이야기 할 수 있을까"라고 했는데, 비가 내리지 않으니 저는 눈부실 만큼 밝고 환한 햇살 가득 비쳐드는 카페 창가 자리에 앉아 셰익스피어의 『소네트』 가운데 18번「그대를 여름날에 비할까요?」를 읽습니다.

  윌리엄 셰익스피어. 두말이 필요 없는 작가지요. 36편의 극작품과 수많은 시, 그리고 154편의 소네트를 묶은 소네트 연작시집인 『소네트』를 남긴 세계 문학사상 최고의 작가입니다. 그는 1564년 영국 워릭셔주의 스트랫퍼드 어폰 에이븐에서 태어나 열여덟 되던 해에 이웃의 앤 해서웨이Anne Hathaway와 결혼하여 세 아이를 낳았지요. 큰 딸과 쌍둥이 남매. 그러나 쌍둥이 가운데 남자아이인 햄넷Hamnet은 열두 살 어린 나이에 세상을 떠나지요. 그는 쌍둥이가 태어난 지 얼마 되지 않아 고향을 떠나 행적이 모호한 '실종의 시기lost years, 1585~1592'를 거쳐 런던에서 극작가로서 놀라운 성공을 거둡니다. 만년에는 다시 고향으로 돌아가 그곳에서 숨을 거두었습니다.

  한 사람의 극작가로서 불가능에 가까울 정도의 놀라운 성취를 이룩한 때문일까요. 그와 관련된 확인되지 않은 이야기들이 그의 신비함을 더하기도 합니다. 행적이 묘연했던 '실종의 시기'에 대해, "고향에서 죄를 짓고 도피했다", "학교 교사로 일했다", "이동극단

Stratford-upon-Avon에 있는 셰익스피어의 생가로 추정되는 곳 (출처-위키피디아)

단원이었다" 등 불확실한 여러 이야기는 물론 그의 작품에 대해서도 "여러 작가들의 집단창작"이라거나 "다른 이의 작품에 셰익스피어의 이름만 붙인 것"이라는 등의 풍문들이 아직까지도 회자되고 있습니다. 그의 이름만 해도 서로 다른 철자로 여든 개가 넘을 정도인데다 그의 무덤에 새겨진 비문은 그의 신비함을 더하는 역할을 하기도 합니다.

    Good friend, for Jesus' sake forbear, / To dig the dust enclosed here. / Blessed be the man that spares these stones, / And cursed be he that moves my bones.

    선한 친구들이여, 제발 / 이곳에 묻힌 유골을 파내려하지 말기를. / 이 묘비를 보호하는 이들에게 축복을, / 유골을 옮기려는 이들에게 저주를.

그러나 셰익스피어를 둘러싼 신비한 이야기며 확인되지 않은 풍문들은 모두 당시의 기록이 정확하지 않은 까닭이 아닌가 생각합니다. 이러한 온갖 소문과 신비화에도 불구하고 "자연의 시인The Poet of Nature"이라는 칭송과 함께 우리 삶을 그대로 무대에서 보여주는 "삶의 거울The Mirror of Life"과 같은 극을 창조해 냈다는 평을 받으며 영국은 물론 세계문학 사상 가장 탁월한 작가로 평가받는 윌리엄 셰익스피어. 그의 연작시집『소네트』중 가장 널리 읽히는 시편 가운데 하나인 18번을 읽습니다.

셰익스피어의『소네트』에는 모두 154편의 작품이 실려 있습니다. 소네트의 기본 소재인 사랑, 삶과 죽음에 대한 명상, 자연에 대한 예찬을 주제로 한 시들이 주를 이룹니다만, 최고의 극작가답게 소네트 또한 극적 구성을 지니고 있는 것으로 유명합니다. 화자와 '아름다운 남자친구', '경쟁 시인', 그리고 화자의 연인인 '피부색 검은 여인' 등 등장인물들을 통해 연인에 대한 사랑, 경쟁 시인을 사랑하는 연인에 대한 질투, 남자친구에 대한 진한 우정의 감정 등 극적 구성을 띤 이야기를 담고 있기도 합니다. 오늘 살펴볼 18번 소네트,「그대를 여름날에 비할까요?」는 시의 화자가 '아름다운 남자친구'의 아름다움을 찬양하면서 변할 수밖에 없는 세상의 유한한 아름다움, 이와 대조되는 변치 않는 친구의 영원한 아름다움, 그리고 예술의 영원성에 대해 언급하는 시입니다. 시대를 초월하여 읽히는 셰익스피어의 소네트 가운데에서

셰익스피어의 무덤과 묘비 (출처-위키피디아)

사랑 Love 97

도 특히 유명한 작품이라고 할 수 있습니다. 시를 읽어보겠습니다.

내 그대를 여름날에 비할까요?
그대는 더 사랑스럽고 더 온화해요;
세찬 바람은 오월의 꽃망울을 흔들어대고
여름이 빌린 날들은 너무나 짧지요.

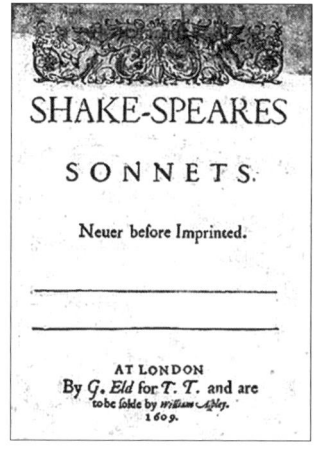

"그대"는 사랑하는 연인이 아니라 앞에서 언급한 '아름다운 남자친구'입니다. 전체 154편의 소네트 가운데 127편까지 이따금 등장하는 찬미의 대상이 되는 존재는 바로 이 '아름다운 남자친구'입니다. "여름날"은 우리가 생각하는 여름과는 조금 다른 계절로, 궂은 날이 많은 영국에서 날씨가 좋은 봄까지도 포함하는 것으로 이해하는 것이 나을 것 같습니다. 어쨌건 "그대"는 그 좋은 날보다 "더 사랑스럽고 온화"하답니다. 계절이 여왕이라는 5월에도 "거친 바람"이 불어 "꽃망울을 흔들"고, 그 좋은 계절은 "너무도 짧"아서 이내 사라지고 만답니다. 이런 언급을 하는 것은 자연의 계절이 보이는 변화의 가능성과 변덕스러움을 "그대"의 한결같음과 비교하기 위함이지요. 4행의 "빌린"이라는 단어를 주목할 만합니다. '상업적 이미지commercial imagery'라고 할 수 있는데요, 셰익스피어의 소네트와 극의 대사에는 이런 상업적 용어의 사용이 두드러집니다. 당시 부

상하던 부르주아 계층과 상업의 중요성에 대한 셰익스피어의 인식을 반영하는 것이라 볼 수 있습니다. 더불어 "빌린" 즉, 차용기간이라는 의미에서, 자연의 시간이라는 것도 그 자체의 것이 아니라 우주의 시간 가운데 잠시 '빌려 쓰는' 것이라는 사실을 강조하고 있다는 것도 알 수 있지요.

> 하늘의 눈동자는 때로 너무 뜨겁게 이글거리고,
> 그 황금빛 얼굴은 종종 흐려지기도 해요.
> 아무리 아름다운 존재라도 언젠가는 그 아름다움 잃고,
> 우연이나 자연의 변화하는 흐름 가리지 못해요

자연의 가변성과 한결같지 못함을 비유하기는 마찬가지이지요. 이번에는 "태양"이군요. "하늘의 눈동자"라는 표현은 태양을 은유하는 것인데, 이런 표현은 아주 오래전, 고대 영시부터 시에 관행적으로 사용된 비유적 표현으로 'kenning(완곡법 혹은 대칭법)'이라고 해요. 예를 들어 일상어인 바다는 '고래의 길the path of whales', 하늘은 '백로의 길the path of white herons'로 표현하는 식이지요. 처음에는 이 표현도 참신했겠지만 한 번 사용한 뒤에는 식상한 표현이 되었을 텐데 그럼에도 불구하고 시어에서 고어 표현의 형태로 반복되어 사용되는 경향을 보입니다.

불변의 상징이랄 수 있는 태양도 구름에 가려 "흐려지기도" 하고, "너무 뜨겁게 이글거리"기도 합니다. 그처럼 모든 "아름다운 존재"는 "언젠가는 그 아름다움을 잃"게 되지요. 미인의 얼굴에 생채기가 날 수도 있고, 장미꽃 봉오리는 돌풍에 떨어지기도 하니까요. 그렇지 않아도 때가 되면 미인의 얼굴에도 주름이 생기고, 장미는 시들

게 되지요. 자연의 법칙이고 순리입니다. 세상 어떤 존재가 이 법칙을 이길 수 있을까요. 아, 요즘 같으면 달리 말할 수도 있을까요? 의술의 발달은 더러 사람들에게 시간을 거스르는 마법을 보여주기도 하니까요. 어쩌면 셰익스피어가 지금 살아있다면 조금 다른 표현을 사용했을 수도 있겠다는 생각이 들기도 하는군요. 이렇게 어쩔 수 없는 변화의 가능성을 언급하는 것은 다음에서 보듯 '남자친구'가 지닌 아름다움의 불변성을 대조적으로 강조하기 위해서이지요.

> 하지만 그대의 영원한 여름은 이울지 않아요;
> 그대의 소유인 그 아름다움 잃지도 않아요;
> 죽음은 그대가 자신의 그늘 아래 방황 한다 뽐내지 못할 거예요,
> 영원한 시 구절 속에서 그대는 시간에 따라 성장해갈 테니까요.
> 인간이 숨 쉬고, 눈으로 볼 수 있는 한
> 이 시는 살아남아, 이 시가 그대에게 영원한 삶을 부여할 거예요.

환하게 빛나는 남자친구의 아름다움을 "영원한 여름"이라는군요. "이울지 않"는답니다. 게다가 그의 "아름다움"은 "잃지도 않"는답니다. 그뿐 아닙니다. 남자친구는 죽음의 세계에서 방황하지도 않을 거랍니다. 죽지 않는다는 말이지요. 그러나 이것은 육신의 죽음이 없다는 말은 아니군요. 단서가 붙어 있어요. "영원한 시 구절 속에서"--물론 이 시 구절은 지금 시인이 쓰고 있는 이 시를 말하는 것이지요-- "시간으로 성장해갈 테니까요." 시인이 남자친구의 아름다움을 찬양하며 쓴 이 시가 영원히 사라지지 않고, 잊히지 않고 남아있는 한 시 속에 묘사된 남자친구의 아름다움은 사라지지 않을 것이며, 세월이 흘러가면서 시가 계속 살아남듯 남자친구의 아름다움

또한 그렇게 살아남아 영원히 시간과 함께, 역사와 함께 존재한다는군요. 인간은 유한하나 예술은 영원하다, 그 말이겠지요. 인간(남자친구)의 아름다움은 예술(이 시) 속에서 영원히 사라지지 않을 불멸성을 성취하는군요. 그러니 인간이 존재하는 한 "이 시는 살아남"을 것이며, 그로써 그대에게 "영원한 삶을 부여"하게 된다는군요.

변치 않는 영원한 아름다움, 영원한 생명, 영원히 잊히지 않는 예술, 이런 것이야말로 모든 예술가의 욕망이 아닐까요. 어디 예술가뿐일까요. 사실 우리 모두는 죽음을 이기기 위해, 죽음을 이기고 살아남기 위해, 더 정확히 말하면 죽음을 이기고 영원히 기억되기 위해 지금을 살아가는 것은 아닌지 모르겠어요. 무언가 대단한 업적을 이룩하려고, 몇 세기를 넘어서까지 기억될 훌륭한 예술작품을 창작하려고 애쓰는 일은 물론 결혼을 하여 아이를 낳고, 또 그 아이가 아이를 낳고 하는 것을 보며 기뻐하고, 누구도 보지 않고 누구에게도 보여주지 못할 일기를 하루하루 빠짐없이 기록하는 일에 이르기까지 우리가 하는 모든 일은 잊히고 싶지 않은, 영원히 기억되고 싶은 욕망의 표현이 아닐까요. 그 욕망의 표현 가운데 예술가가 꿈꾸는 영원성의 욕망만큼 강한 것이 있을까요. 자신의 사랑이, 자신의 작품이 영원히 살아남아 잊히지 않고 기억되기를 바라는 것, 모든 예술가의 마음속 저 바닥에 자리한 깊고 깊은 바람 아닐까요. 셰익스피어는 「소네트 18」에서 사랑하는 이의 아름다움이 불변하기를, 자신의 예술이 영원히 잊히지 않고 살아남아 기억되었으면 하는 욕망을 감춤 없이 드러내고 있습니다.

이 소네트는 형식적인 측면에서도 기억할 만합니다. 앞에서 언급했던 것처럼 이 시는 ababcdcdefefgg의 각운 형식을 띠고 있습니다. 셰익스피어는 전체 154편의 소네트 가운데 3,4편을 제외한 전체 소네트를 이 각운에 맞춰 썼다고 했지요? 한 편의 시를 각운에 맞춰 쓰기도 쉽지 않을 텐데 전체를 동일한 각운으로 쓰다니요! 놀라운 일입니다. 이 각운형식을 '셰익스피어 각운Shakespearean rhyme' 혹은 영국을 대표하는 소네트 각운이라 하여 '영국 소네트 각운England's sonnet rhyme'이라고 하는 까닭도 알 듯합니다. 16세기에 이탈리아에서 유입된 소네트 양식이 엄청난 인기를 얻으면서 당시 거의 모든 시인이 소네트만으로 시집을 묶는 '소네트 연작시집'을 출간했습니다. 그 가운데 소네트 연작시집 전체를 동일한 각운으로 지은 시인이 둘 있는데, 한 사람은 셰익스피어이고 다른 사람은 스펜서 경이었습니다. 스펜서는 자신의 소네트 연작인 『작은 사랑의 시』Amoretti 89편 전체를 ababbcbccdcdee 형태의 각운으로 창작했습니다. 그의 다른 시 작품들 또한 당대를 대표할 만한 작품이었음에는 틀림없으나 셰익스피어의 『소네트』와 다른 작품에는 비할 수가 없다는 것도 사실이지요. 그래서 '영국 소네트 각운'이라는 호칭은 셰익스피어에게 양보해야만 했겠습니다.

18번 소네트의 또 다른 특징은 이탈리아 소네트 양식의 흔적도 보인다는 점입니다. 영국에 소네트를 들여온 사람은 토마스 와이엇 경이었습니다. 그는 이탈리아의 시인인 페트라르크의 소네트를 번역하면서 영국에 소네트를 소개했습니다. 페트라르크의 소네트는 독특한 내적, 외적 형식을 지니고 있었는데, 14행 가운데 전반부 8행(Octave)은 이야기를 전개하고, 후반 6행(Sestet)은 전반부 8행에 대해 반박하면서 시의 주제를 전달하는 방식으로 되어 있습니다. 각운도 전반부는 abba abba 이런 규칙성을 지니고 있고, 후반부는 cde cde 혹은 cdc cdc 각운을 보입니다. 와이엇은 페트라르크의 소네트를 들여오면서 이 형식을 변형시켜 4행씩 세 번으로 의미와 각운을 구분하고 마지막 2행에 강조점을 두도록 하는 형식의 영국식 소네트를 개발합니다. 셰익스피어의 소네트 18편은 외적인 각운 형식에서는 전형적인 영국 소네트 형식을 취하면서 내용면에서는 전반부 8행과 후반부 6행이 대조를 이루는 내적 구조를 이루고 있습니다. 8행까지는 변화하는 자연의 아름다움을 이야기하고, 9행부터는 변치 않는 "그대"의 아름다움에 대해 말하고 있으니까요. 그런 점에서 페트라르크 소네트와 영국 소네트를 절충, 혹은 결합한 형식이라고 볼 수 있습니다. 이런 모습 또한 셰익스피어의 문학적 위대함을 드러내는 것이라 한다면 지나친 칭찬이 될까요. 윌리엄 셰익스피어의 소네트 18번, 「그대를 여름날에 비할까요?」였습니다.

◇

Sonnet 18

William Shakespeare

Shall I compare thee to a summer's day?
Thou art more lovely and more temperate:
Rough winds do shake the darling buds of May,
And summer's lease hath all too short a date:
Sometime too hot the eye of heaven shines,
And often is his gold complexion dimmed;
And every fair from fair sometime declines,
By chance, or nature's changing course, untrimmed:
But thy eternal summer shall not fade,
Nor lose possession of that fair thou ow'st;

Nor shall Death brag thou wander'st in his shade
When in eternal lines to time thou grow'st:
　So long as men can breathe or eyes can see,
　So long lives this, and this gives life to thee.

William Shakespeare(1564~1616)

- 16~17세기 영국의 시인, 극작가
- 1564년, 4월 26일에 영국 스트랫퍼드-어폰-에이번Stratford-upon-Avon 출생
- 18세에 앤 헤서웨이와 결혼
- 1583년 장녀 수재나Susanna 출생
- 1585년, 햄넷Hamnet과 주디스Judith 쌍둥이 출생 후 고향 떠남
- 1594년, <챔벌레인 극단>the Lord Chamberlain's Men 극단 전속작가로 활동. 이 극단은 1599년 <글로브 극장>을 세우고, 1603년 엘리자베스 여왕 서거 이후에는 <국왕의 극단>King's Men으로 명명됨.
- 그의 작품은 현대 영어의 기반을 이루는 데에 큰 영향
- 1616년, 4월 23일에 출생과 동일한 장소에서 사망
- 39편의 극과 154편의 소네트, 시 등
- 비극, 희극, 역사극, 로맨스 등 다양한 장르
- 『로미오와 줄리엣』, 『맥베스』, 『햄릿』, 『오셀로』, 『리어 왕』, 『베니스의 상인』 등의 작품이 있음
- "그는 한 시대가 아니라 모든 시대를 아우르는 인물이다. He is not of an age, but for all time." - 벤 존슨(Ben Jonson, 1572~1637)
- "(그의 극은) 삶을 충실하게 비추는 거울The faithful mirror of life" - 사무엘 존슨(Samuel Johnson, 1709~1784)
- '영국의 국민시인', '에이번의 음유시인The Bard of Avon'
- 세계 문학 역사상 가장 중요하고 영향력 있는 인물

마가렛에게 - 속편
- 매슈 아널드(1822~1888)

그렇다오! 삶의 바다에 섬이 되어,
메아리치는 해협들을 사이에 두고,
해안 없는 물의 광야를 점점이 수놓으며,
우리 수많은 필멸의 존재들은 홀로 살아간다오.
죄어드는 물결을 느낄 때,
섬들은 끝없는 경계선을 알게 된다오.

그러나 골짜기마다 달빛 비치고,
봄의 향기가 온 섬들을 휩쓸고
별 빛나는 밤에 계곡에서,
나이팅게일이 아름답게 노래 부를 때면;
그 아름다운 가락이, 해안에서 해안으로
크고 작은 해협을 가로질러 쏟아질 때면--

오! 그러면 절망 같은 그리움이

섬의 가장 먼 동굴까지 번진다오.
예전에는 틀림없이, 섬들이 느끼듯, 우리가
한 대륙의 일부였으니!
지금 우리 주위엔 물의 평원이 펼쳐져 있다오.
아, 우리의 가장자리가 다시 만날 수 있다면!

누가 명하였던가, 그들의 그리움의 불길이
불붙자마자 곧 식어버리도록?
누가 그들의 깊은 열망을 헛되게 하는가?
운명이, 운명이 그들의 단절을 명하였다네!
그들의 해안 사이에 깊이를 알 수 없는,
짜디짠, 소외의 바다가 놓이도록 명하였다네.

―――――――――――――◇―――――――――――――

　매슈 아널드의 「마가렛에게 - 속편」은 아널드가 스위스를 여행하다 만난 여성 마가렛에게 첫눈에 반해 사랑에 빠졌지만 사랑의 결실을 이루지 못하고 헤어진 후 쓴 8편의 '스위스 시들' 가운데 다섯 번째 시입니다. 시를 다루기에 앞서 매슈 아널드에 대해 몇 가지를 살펴보고 가겠습니다. 시인으로서 뿐 아니라 공교육 매체로서 (영)문학의 중요성을 강조하고 문학비평의 역할을 우리 삶에 대한 전반적인 비평으로 확대했다는 점에서 아널드는 아주 중요한 인물이기 때문입니다.
　영국의 빅토리아 시기(1832~1901)를 대표하는 시인 가운데 한 명인 아널드는, 사립학교인 〈럭비 학교〉 교장이었던 부친 토마스 아널드의 영향으로 어린 시절부터 교육적 환경 속에서 성장했으며, 옥스퍼드 대학교 베일리얼 칼리지에서 수학하고 나중에 옥스퍼드 대학의 시학 교수가 되었으며, 35년 동안 중등학교 장학관을 역임한 교육가이기도 합니다. 특히 삶의 후반기에 들어 비평과 교육 보고서 등에 시간을 할애하면서 시는 거의 쓰지 않게 되었습니다. 그 때문이었을까요. 아널드 자신도 당대의 시인들과 자신을 견주어 이런 말을 하기도 했지요.

"제가 테니슨보다 시적 정서가 부족하고 브라우닝보다 지적 활력과 풍부함이 떨어질 수 있겠지만 그 두 가지 장점을 모두 가지고 있다는 점에서는 둘 중 어느 누구보다 나을 것입니다." (1869년 모친에게 보낸 편지)

아널드는 시인으로서도 당대를 대표할만한 명성을 얻긴 했지만, 더 주목할 만한 업적은 비평과 공교육 분야에서 쌓았다고 할 수 있습니다. 그는 16세기 르네상스 시기 이후 부르주아 계층이 등장과 더불어 심화되다가 산업혁명과 두 차례의 선거법 개정을 거쳐 노동계층이 사회 전면에 등장하면서 '교양culture'은 사라지고 '속물근성 philistinism'[1]이 세상에 만연하기 시작했다고 비판하면서, 문학비평과 공교육의 확대를 통해 사라진 '교양'을 회복하는 동시에 사회의 '속물근성'을 타파하는 데 관심을 두었습니다.

아널드가 말하는 '교양'은 지금 우리에게 익숙한 '문화'의 의미와는 조금 다릅니다. 그는 '교양'이란 "이제까지 세상에서 생각하고 말한 최상의 것the best that has been thought and said in the world"이

---

[1] 이 단어는 서구인들이 갖는 편견을 그대로 담고 있는 단어입니다. 'philistinism'이란 단어는 본래 '팔레스타인 부족인 필리스티아 사람처럼 행동하는 것'이라는 의미를 지닌 말인데, 중동인인 필리스티아 사람들, 나아가 비서구인들의 삶에 대한 서구인들의 왜곡된 편견을 그대로 보여주는 단어입니다. 하지만 아널드가 사용한 원래 의미를 살리기 위해 그대로 사용합니다.

라고 명확하게 정의를 내립니다. 아널드는 특히 호머 이래 쓰인 최고의 문학작품이 '교양'의 핵심적 내용이라고 생각합니다. 훌륭한 문학작품은 단순히 문학작품으로만 의미 있는 것이 아니라 작품 속에 담긴 인물과 사회를 통해 드러나는 삶의 모습을 통해 사람들에게 바람직한 삶에 대해 생각하고 가르칠 수 있다는 의미에서 중요합니다. 그런데 바로 이 '최고의 문학작품'에 무지한 부르주아들과 노동자들이 늘어나면서, 바람직한 삶의 모습이 잊히고 무시되는 것이 사회에 '속물근성'이 만연한 까닭이라고 진단한 것이지요. 문제의식이 명확하니 답도 분명합니다. '교양' 없는 대중들에게 '교양'을 교육받을 기회를 제공하면 될 텐데, 이게 예전처럼 일부 여유 있는 집안의 가정교육만으로는 양적으로도 질적으로도 불가능하다는 것이지요.

그가 생각한 해결책은 두 가지였지요. 하나는 문학비평을 통해 수많은 문학작품들 가운데 훌륭한 문학작품을 제대로 판단하여 최상의 작품들을 선정하는 것, 그리고 그렇게 선정된 작품들을 공교육 제도를 통해 다수의 대중들에게 교육시킴으로써 '교양'을 전파하는 것입니다. 중등학교에서 영어 교육─그들에게는 국어 교육─을 통해 훌륭한 문학작품과 그 속에 담긴 바람직한 삶의 방식, 즉 '교양'을 전파함으로써 그들이 속물로 성장하는 것을 막는 것이 사회의 속물화를 막을 수 있는 길이라고 보았지요. 아널드의 문학비평을 단순한 작품 비평이 아니라 '삶의 비평' 혹은 '인생비평'이라고 하는 까닭이 여기에 있습니다. 종교와 철학이 하던 역할을 문학비평이 수행하는 것, 아널드는 그런 생각을 실천에 옮겼던 것입니다.

옥스퍼드 대학의 시학교수로서, 중등학교 장학관으로서 아널드가 비평과 현장 교육을 통해 선정한 '최고의 작품'들이 나중에 중등학교의 영어 교육과 대학의 영문학 교육 체계에서 가르치고 배우도록 선정되는 작품들이 되고, 그가 제시한 비평의 기준들이 이후 훌륭한 작품을 선정하는 기준 역할을 하게 됩니다. 20세기 중반 이후 대학의 영문학과에서 배우고 가르치는 상당부분의 교육내용이 매슈 아널드의 작업에 기반하고 있다는 사실을 생각하면 그의 작업이 얼마나 큰 의미를 지니고 있는지 짐작하고도 남습니다. 게다가 우리나라 대학의 영문학 교육은 아직 아널드의 영향에서 크게 자유롭지 못한 면이 있습니다. 이전만큼은 못하다 해도 우리나라의 문학계에 큰 영향을 미치고 있는『창작과비평』을 중심으로 한 문학과 비평 또한 아널드의 사고에 그 터를 두고 시작했다고 할 수 있습니다.

아널드 비평의 한 가지 면만을 더 언급하고 시에 대한 이야기를 시작하겠습니다. 그는 인생 비평으로서 문학비평이 지녀야 할 가장 핵심적인 미덕으로 '공평무사함 혹은 사심 없음Dis-interestedness'을 꼽습니다. 글자 그대로 비평을 하는 모든 영역에서 비평의 대상을 실제 있는 그대로 보려고 하는 객관적 태도를 의미합니다. 어느 쪽으로도 치우치지 않는 공명정대한 태도를 의미했으며, 아널드 자신은 물론 모든 비평가가 그런 태도를 견지해야 한다고 믿었습니다. 그러나 이미 우리 모두는 자기 입장에 서 있다는 사실을 외면할 수 없습니다. 완벽한 중앙은 없는 법이지요. 언제나 자기 기준으로 왼쪽 오른쪽이 나뉘는 법이고요. 아널드라고 다르지 않을 것이었지만 그는 그렇게 생각하지 않았습니다.

그가 주장하는 '교양'의 내용도 마찬가지입니다. 아널드 자신은 최상의 것이라고 말했지만 다른 조건과 상황과 맥락에서 보면 다른 의견이 있을 수도 있고, 아예 '교양'의 내용 자체에 대해서도 다른 입장이 있을 수 있겠지요. 노동계층에 대한 그의 적대적 태도 또한 받아들이기 어려운 면이 있습니다. 그는 부르주아의 속물근성도 비판했지만 특히 19세기 초중반 '차티스트 운동Chartist Movement'—법안 만들기 운동으로 노동자들이 자신의 참정권을 법제화하기 위해 했던 일련의 투쟁—을 통해 선거법을 개정시키면서 참정권의 주체로 등장한 노동계층이야말로 사회 내에 무질서를 가져오는 존재들이라 보고 '교양'의 반대편에 '무질서Anarchy'라는 이름으로 노동계층의 삶의 방식을 위치시킬 정도였지요. 그의 대표작이란 할 수 있는 비평서인 『교양과 무질서』는 1867년 2차 선거법 개정을 통해 모든 개별 노동자들이 참정권을 얻게 되는 과정을 지켜본 위기의식에서 나온 것이라 해도 과언이 아닐 정도니까요.

'교양'의 정의에 대해서도 실제로 아널드의 입장처럼 인간의 문화적 산물들 가운데 '최상의 것'만을 교양의 내용으로 보는 입장이 있는가 하면, 그런 차등과 구별 없이 인간들의 삶의 상황 속에서 나온 모든 것, 즉 '인간 삶의 모든 방식the whole way of life'을 'culture'의 내용으로 보아야 한다는 입장도 있습니다. 이때 'culture'는 아널드식의 '교양'이 아니라 보다 넓은 의미의 '문화'라는 의미로 번역됩니다.

1960년대 후반 이후 영국에서 이런 움직임이 생겨 오늘날 '문화연구'라는 나름의 영역과 모양을 가지게 되었습니다. '문화연구'는 아널드식의 협의의 문화 개념을 보다 폭넓게 적용시켜 문학뿐 아니라 문화 전반에서 차별 보다는 차이에 초점을 두고 다양한 사람들의 삶의 방식과 그 결과물들을 인정하는 가운데 가치평가를 하고자 하며, 문학작품들에 대한 평가에서도 마찬가지 태도를 취합니다. 문학이건 문화적 산물이건 '최상의 것'은 불변하는 고정된 가치평가의 결과가 아니라 사회적 상황과 맥락 속에서 언제든 변화할 수 있는 개념이라는 상대적 입장을 취하면서 그동안 가치평가 받지 못하던 '문화', 특히 대중들과 노동계층을 포함한 사회 구성원 전체의 삶의 방식에 공정한 시선을 보내야 한다는 입장도 분명한 장점을 지니고 있습니다.

  제가 영문학에 관심을 가진 데는 아널드의 시와 비평이 큰 영향을 주기도 했습니다. 특히, 처음 접했을 때 '공평무사함'이라는 비평의 개념이 인상적이었습니다. 그러나 대학원에 진학하여 조금씩 더 알아가면서 저는 아널드의 '교양' 개념이 지닌 한계와 '공평무사함'이라는 입장의 오류를 확인하고 그의 주장을 그대로 받아들일 수 없는 제 개인적 맥락을 확인하면서 그에게서 멀어졌다는 사실을 고백합니다. 결국 제가 학위 논문으로 삼은 주제는 아널드의 입장에 대해 비판하면서 보다 넓은 의미의 '문화' 개념을 주장하는 '문화연구'였습니다. 그러나 시인으로서 아널드에 대한 제 애정은 여전합니다. 아니 어쩌면 더 깊어졌는지도 모르겠습니다. 아널드에 대해 조금 장황할 정도로 언급할 까닭도 그런 제 애증 때문인지 모르겠습니다. 자, 이제 시로 들어가 보겠습니다.

> 그렇다오! 삶의 바다에 섬이 되어,
> 메아리치는 해협들을 사이에 두고,
> 끝없는 물의 광야를 점점이 수놓으며,
> 우리 수많은 필멸의 존재들은 홀로 살아간다오.
> 죄어드는 물결을 느낄 때,
> 섬들은 끝없는 경계선을 알게 된다오.

  '그렇다오'라고 시작하는 것은 이 시가 이전에 쓴 「이별—마가렛에게」라는 시에 이어지는 시라는 것을 보여줍니다. 마치 말하듯, 구어체로 시작하는 서두가 자연스럽습니다. 다음에 이어지는 비유는 대단히 인상적입니다. 서로 소외되어 고독하게 살아가는 인간들을 대양 속에 고립된 '섬'으로 비유하고 있습니다. 그 사이에 존재하는 "해협들"이나 "끝없는"이라는 단어가 그들 사이가 얼마나 멀리 떨어져 있는가를 짐작케 합니다. 그렇게 따로 떨어져 고독하게 살아가는 인간들은 "끝없는" 바닷물이 사방에서 자신을 옥죄어 올 때 비로소 알게 되지요. 자기를 구속하고 있는 이 "끝없는" 바다의 경계선을요. 1연에서 반복되는 "끝없는"이라는 단어는 섬, 인간이 처한 가없는 고독을 절절하게 전해줍니다. 참고로, 이 시에 앞선 「이별—마가렛에게」의 마지막 연은 이렇게 끝이 납니다.

> Of happier men--for they, at least,
> Have dreamed two human hearts might blend
> In one, and were through faith released
> From isolation without end
> Prolonged; nor knew, although not less
> Alone than thou, their loneliness.

> 더 행복한 이들 — 그들은 적어도
> 두 사람의 마음이 하나 될 수 있다는
> 그런 꿈을 꾸고, 믿음을 통해서
> 영원히 계속되는 고독에서 해방되었으니.
> 그대 못지않게 고독하면서도,
> 그들은 외로움을 모르니.

그렇게 이별을 모르고 하나 될 수 있다는 꿈을 꾸는 행복한 존재들에게 그들이 모르는 인간의 필연적 고독에 대해 지금 화자는 언급하고 있는 것이지요. 고독한 인간을 섬으로 은유하는 것은 17세기의 존 던도 자주 사용했으며, 우리나라의 조병화 시인은 '섬'이라는 제목으로 연작시집을 내기도 했지요. 그만큼 고독하게 존재하는 인간과 대양 속에 고립된 섬의 이미지는 잘 연상되는 관계를 지니고 있다고 할 수 있지요.

> 그러나 골짜기마다 달빛 비치고,
> 봄의 향기가 온 섬들을 휩쓸고
> 별 빛나는 밤에 계곡에서,
> 나이팅게일이 아름답게 노래 부를 때면;
> 그 아름다운 가락이, 해안에서 해안으로
> 크고 작은 해협을 가로질러 쏟아질 때면--

2연은 낭만적인 정조와 함께 공감각적 이미지가 가득합니다. 홀로 존재하는 고독한 섬들 마다 달빛이 내리비치고(시각), 바다를 건너 온 봄의 향기가 가득 풍겨오고(후각), 반짝이는 별빛 쏟아지는 계곡에서 아름다운 나이팅게일의 노래 부르고(청각), 그 노랫소리 이 섬 저 섬으로 울려 퍼집니다(청각). 자연의 아름다움 속에 인간의 고독은 더욱 또렷하게 상기됩니다. 아널드의 시에서 이와 같은 낭만적 광경은 자주 등장합니다. 까닭이 없지 않습니다. 그가 동경하던 시인은 다름 아닌 대표적인 낭만주의 시인 윌리엄 워즈워스였습니다.

아널드는 워즈워스 같은 시인이 되고자 했습니다. 어린 시절 이웃에서 살면서 워즈워스를 직접 만나기도 했던 아널드는 커서 그런 위대한 시인이 되려는 꿈을 품기도 했습니다. 이 꿈은 그저 어린 시절의 꿈만이 아니었습니다. 실제 이 시는 물론 그의 대표작으로 언급되기도 하는 「도버 해안」을 포함한 많은 시들은 낭만적 묘사로 가득합니다. 뿐만 아니라 워즈워스가 서거한 이후 그의 죽음을 슬퍼하는 「추모시」에서 "이제 유럽은 어디서 워즈워스가 주었던 치유의 힘을 얻을 것인가But where will Europe's latter hour/Again find Wordsworth's healing power?"라며 가득한 슬픔을 쏟아내기도 했지요.

공감각적 요소들이 가득한 2연의 이런 낭만적 아름다움과 극대화된 고독 속에서 타인을 향한 그리움과 갈망이 생겨나는 것은 당연하겠지요.

> 오! 그러면 절망 같은 그리움이
> 섬의 가장 먼 동굴까지 번진다오.
> 예전에는 틀림없이, 섬들이 느끼듯, 우리가
> 한 대륙의 일부였으니!
> 지금 우리 주위엔 물의 평원이 펼쳐져 있다오.
> 아, 우리의 가장자리가 다시 만날 수 있다면!

절대의 고독 속에서 타인을 향한 그리움이 가슴 속 깊이 번져오지만, 그 그리움은 이미 "절망 같은 그리움"이라는군요. "절망 같은 그리움"이라니요! 이미 그 그리움은 채워질 수 없는, 이루어질 수 없는 비극적 절망을 안고 있는 그리움이군요. 그러니 그 아픔은 얼마나 클까요. 게다가 섬들은, 아니 우리 인간들은 – 이 지점에서 이제 화자는 섬이라는 비유를 아예 인간이라고 동일시합니다 – 알고 있습니다. 예전에 우리가 모두 "한 대륙"이었음을. 외롭고 고독한 존재가 아니라 하나로 함께 있는 인간들을 비유하는 "한 대륙"이라는 이 비유는 고독한 인간과 섬의 비유가 그러하듯 적절합니다. 뿐만 아니라 지구가 원래 하나의 거대한 대륙이었다는 것은 과학적 사실이기도 합니다. 이처럼 그 비유가 적절하면서도 과학적 진실과도 부합하는 기발한 비유를 '형이상학적 기상'이라고 했지요. 아널드가 본래 하나였던 인간들이 서로 떨어져 고독하게 홀로 존재하는 것을 커다란 대륙에서 갈라진 섬으로 비유한 것도 그 이미지와 비유하고자 하는 내용이 절묘하게 맞아떨어져 비유의 효과를 더해주지요.

"끝없는 물의 평원"이 사이에 놓인 채 고독 속에서 서로를 그리워하며 다시 만나기를 그리워하는 고독한 인간의 열망은 이루어질 수 없는 가엾은 열망이라는 것은 이 연의 처음에 이미 언급된 "절망 같은 그리움"이란 단어에 고스란히 담겨 있지요. 누구일까요? 무엇 때문일까요? 이 불같은 그리움을 절망으로 만들어 버린 존재는? 답은 바로 이어지는 4연에 있습니다.

> 누가 명하였던가, 그들의 그리움의 불길이
> 불붙자마자 곧 식어버리도록?
> 누가 그들의 깊은 열망을 헛되게 하는가?-
> 운명이, 운명이 그들의 단절을 명하였다네!
> 그들의 해안 사이에 깊이를 알 수 없는,
> 짜디짠, 소외의 바다가 놓이도록 명하였다네.

화자는 묻습니다. 누가 이 불 같은 그리움의 열망을 꺼버린 것일까요? 그 깊은 열망을 헛된 것으로 만들어 버리는 존재는 누구일까요? 그는 스스로 답합니다. "A God"라고요. 두 번이나 반복하는 이 존재의 거대한 필연성이 느껴집니다. 하지만 이 표현은 좀 애매합니다. 기독교에서 말하는 '신'이라면 그냥 'God'라고 했을 겁니다. 그런데 앞에 'A'가 붙어 있어요. 그러니까 기독교의 하느님은 아닌데 '그와 같은 존재'라는 것이지요. 그게 무엇일까요? 신은 아니지만 신과 같은 존재. 그렇습니다. '운명'이라고 할 수 있습니다. 어쩌면 아널드에게 그것은 '순리'인지도 모르겠습니다. 이미 그렇게 정해진 그들의 운명, 함께 있을 수 없도록 결정된 운명, 그것이 바로 우리 인간의 운명이라고 화자는 말합니다. 그렇다면 가슴 아픈 일이군요. 여기에 이 시를 쓴 아널드의 비극이 있습니다.

아널드가 스위스 여행 중 만났다는 여인, 이 시를 쓰게 한 '마가렛'이라 언급된 여인과의 일화를 생각해봅니다. 처음 이 스위스 시편이 나왔을 때 많은 이들은 마가렛이 상상의 여인이라고 여겼습니다. 그러나 아널드가 친구인 클러프Arthur Hugh Clough에게 보낸 편지에서 마가렛에 대한 언급을 하면서 실존 여인으로 밝혀졌지요. 친구와 함께 스위스를 여행 중이었던 아널드는 1847년 혹은 48년 한 호텔에서 프랑스 여인인 마가렛을 만났지요. 그녀는 명랑한 성격에 "아름다운 푸른 눈과 부드러운 갈색 머릿결"을 하고 있었답니다. 아널드를 만나기 전 이미 몇몇 남성들과 연애 경험이 있는 것으로 알려졌지만, 아널드는 그녀와 낭만적인 사랑에 빠진 것으로 보입니다.

정작 문제는 다른 곳에 있었습니다. 그녀는 아널드보다 사회적 신분이 낮은 가정교사였던 것으로 추정됩니다. 이것이 아널드에게는 결혼으로 이르는 길에 장애가 된 것 같습니다. 이미 자신이 헌신하고자 하는 길에 대한 의식이 명확했던 아널드에게 마가렛과의 본격적인 교제는 쉽게 결정할 문제가 아니었습니다. 한 시대의 '교양'을 바로잡을 대학교수이자 비평가로서 도덕적 진지함에 헌신해야 할 자신의 사회적 책무는 물론 자신의 사회적 신분과도 어울리지 않는 그녀 주변의 환경들에 대해 갈등하던 그는 결국 그녀와 결별하기로 결정했습니다. 아널드는 마가렛과의 이 만남과 이별이 소위 말하는 '운명의 장난'이라 여긴 듯합니다. 왜 그녀는 나와 같은 신분의 사람이 아니었을까. 아널드는 그렇게 원망하고 있었던 것일까요? 시 속의 화자, 다시 말해 시인 아널드는 그들 앞에, 아니 우리 앞에 "깊이를 알 수 없는, 짜디 짠 소외의 바다"를 던져둔 것이 거역할 수 없는 하느님과 같은 명령을 하는 '운명'이라는 존재라고 이야기함으로써 시 속의 섬들의 단절과 고독이 필연임을, 피할 수 없는 운명임을 말하고 있습니다. 그처럼 현실의 자신과 마가렛의 이별도 운명이 그렇게 정해둔 것임을, 어쩔 수 없이 받아들여야 하는 것임을 인정하는 듯합니다.

처음 이 시를 읽었을 때 저는 그런 시의 화자가, 그리고 시인 아널드가 가여웠습니다. 불쌍했고 그들을 그렇게 만든 운명이 미웠습니다. 그러나 오랜 시간 이 시를 읽고 또 읽으면서 생각이 바뀌었습니다. 결정은 누가 하는가. 시 속의 화자, 그리고 시인 아널드 자신이 하는 것 아닌가. 운명은 핑계일 뿐 아닌가. 헤어진 뒤에도 그토록 그녀를 잊지 못해 계속 시를 쓰며 그녀와의 이별을 슬퍼하고, 나중에 다른 시들에도 그 미련의 흔적이 남을 정도로 안타까운 마음을 갖게 하는 사람이었다면, 그리고 무엇보다 진정으로 사랑했다면 자신의 소명과 사회적 신분의 제약이 그리 큰 문제가 되어야 했을까? 결국 시의 화자도 현실의 아널드도 그녀에 대한 사랑이 부족했던 것에 대한 핑계를 운명 탓으로 돌리는 것 아닌가. 그런 생각을 하게 되었습니다.

절대 고독이 인간 실존의 필연적 조건이라는 사실이야 인정할 수 있습니다. 그건 사랑과 관계없는 인간 존재의 조건이라 할 수 있으니까요. 이 시에서도 그런 면을 읽을 수 있다는 것도 압니다. 그걸 이야기하는 것이라면 충분히 동의할 수 있습니다. 그러나 이 시의 화자는 마가렛이라는 대상을, 시인인 아널드는 현실의 프랑스 여인을 두고 이야기 하고 있으니 절대 고독과는 또 다른 개인의 선택에 따른 이별의 원인을 '운명'으로 돌리는 둘에게 지금은 온전한 호의적 박수를 보내지 못하는 것도 사실입니다.

그러나 또 마냥 비난하지만 않고 그럴 수도 없습니다. 아널드의 한결같은 삶의 태도가 보여주는 확고함은 대단했습니다. 경제적인 이유라고는 하지만 35년 동안의 장학관 생활 동안 자신의 역할을 충실하게 수행하면서 영국 중등교육의 중요한 자료들을 확보하고 교육 커리큘럼을 확립한 것은 물론, 비평가로서 문학작품에 대한 실제 비평과 이론 비평을 통해 영국사회에 만연한 '속물근성'을 근절하기 위한 '교양' 교육에 헌신한 아널드의 삶은 그 자체로 충분히 존경받을 만한 면이 있다고 생각합니다.

마지막으로 아널드에 대한 사소한 곁가지 이야기를 전해드리며 이 시에 대한 해설을 마치려고 합니다. 제가 강의 시간에 시 외적인 부분을 가지고 이야기를 하는 시인이 몇 있는데, 영국의 낭만주의 시인인 윌리엄 블레이크, 바이런 그리고 20세기의 대시인 엘리엇입니다. 이들의 초상화와 생몰연도 등을 보면서 시인의 생애와 시와 관련된 이야기를 합니다. 아널드도 그런 인물 가운데 하나입니다.

먼저 아널드의 생몰연도를 보시죠. 출생 1822년, 사망 1888년입니다. 66년의 삶을 살았습니다. 특이한 점이 보이시나요? 예. 그렇습니다. 아널드는 생몰연도마저 정확한 균형을 이루고 있습니다. 22년, 88년, 그리고 66년. 기억하시죠? 위에서 아널드가 비평작업에서 가장 중요하게 생각하는 것, 그것이 바로 '공평무사'였다는 사실. 생몰연도마저 놀라운 균형을 이루고 있다니 놀랍지 않나요? 의도했던 걸까요? 아니면 이 또한 운명일까요. 물론 농담입니다. 누가 자기 삶의 시작을 자기 뜻대로 할 수 있겠습니까. 그럴 수 없기에 가끔 어떤 인물들은 사소한 일마저 자신의 삶과 닿아있는 경우가 있는 것 같아 흠칫 놀라기도 합니다. 아널드의 생몰연도처럼요.

아널드의 초상화를 잠깐 볼까요?

저기 저 놀라운 5:5 가르마, 보이시지요? 저 수염은 또 어떤가요? 얼굴 자체가 완전한 대칭과 균형을 이루고 있어요. 아널드의 초상화에서 가장 인상적인 부분은 저 코입니다. 놀랍도록 크고 곧은 코는 거의 미간에서 바로 직립하여 곧바로 우뚝 솟아있습니다. 동양의 이야기이긴 합니다만 관상학적으로 코는, 그렇습니다. 자아ego를 상징하지요. 저런 코를 한 사람과 논쟁해서 그의 뜻을 꺾기는 어려울 것입니다. 아널드는 자신이 세운 결심을 꺾지 않았습니다. 35년 장학관 생활을 한 뒤에 스스로 '비루한' 시간이라고 했습니다만 그 시간 내내 그는 자신의 책무와 역할을 다했습니다. 그런 사람이니 자신이 세운 결심을 흩뜨리는 일은 불가능할 정도일 것이라 봐줄 수도 있습니다.

이 시를 읽을 때마다 저는, 감정적으로 워즈워스를 닮고 싶은 시인이 되고 싶었지만 실제로는 시대가 더 요구하는 대로 또 자신이 소명으로 받아들인 대로 비평가이자 교육가로서 삶을 살아야 했던 시인 아널드, 자신의 소명을 위해 어쩌면 평생의 연인이 될 수도 있었을 여인마저 떠나보낸 인간 아널드의 두 모습이 겹쳐져 자꾸 그의 초상화를 찾아보게 됩니다. 이상 매슈 아널드의 「마가렛에게 – 속편」이었습니다.

To Marguerite-Continued

Matthew Arnold

Yes! in the sea of life enisled,
With echoing straits between us thrown,
Dotting the shoreless watery wild,
We mortal millions live alone.
The islands feel the enclasping flow,
And then their endless bounds they know.

But when the moon their hollows lights,
And they are swept by balms of spring,
And in their glens, on starry nights,
The nightingales divinely sing;
And lovely notes, from shore to shore,
Across the sounds and channels pour--

Oh! then a longing like despair
Is to their farthest caverns sent;
For surely once, they feel, we were
Parts of a single continent!

Now round us spreads the watery plain--
Oh might our marges meet again!

Who order'd, that their longing's fire
Should be, as soon as kindled, cool'd?
Who renders vain their deep desire?--
A God, a God their severance ruled!
And bade betwixt their shores to be
The unplumbed, salt, estranging sea.

Matthew Arnold(1822~1888)
- 19세기 영국 빅토리아 시대의 시인, 비평가, 교육자
- 1822년 12월 24일 영국 런던 출생
- 사회적인 문제와 종교적인 불안, 인간의 존재의 의미 등을 탐구
- 옥스퍼드 대학 시학 교수와 중등학교 장학관
- 공교육을 통한 '교양Culture' 강조 : "교양이란 이제껏 사람들이 말하고 생각해 온 최고의 것The best that has been said and thought." 공교육은 사람들에게 '교양'을 가르침으로써 속물화된 세계를 질서 잡힌 교양 있는 사회로 만드는 것을 목표로 해야한다고 주장.
- 문학 비평가로서 '공평무사함' 강조
- 엘리트주의적 입장에서 대중문화 비판
- 문학이 사회에 미치는 윤리적, 도덕적 발전의 영향력 강조
- 1888년 4월 15일에 리버풀에서 사망
- 『길 잃은 난봉꾼과 다른 시들』The Strayed Reveller and Other Poems, 『에트나의 엠페도클레스와 다른 시들』Empedocles on Etna, and Other Poems, 「학생집시」"The Scholar-Gipsy" 등의 시와 『비평시론집』Essays in Criticism, 『교양과 무질서』Culture and Anarchy, 『문학과 도그마』Literature and Dogma, 『교회·종교론집』 등의 산문 작품이 있음.

소네트 43
- 윌리엄 셰익스피어(1564~1616)

깊은 잠이 들면 내 눈은 가장 잘 본답니다,
하루 종일 대수롭지 않은 것들을 보다가
잠이 들면 꿈속에서 그대를 보니
짙은 어둠 속에 빛나며 더 또렷하게 본답니다.
그대 그림자만으로도 어둠을 환히 밝히는데
그대의 참모습은 얼마나 멋질까요,
보이지 않는 눈에 그리 빛나는 그림자라면
밝은 빛에 비치는 더 밝은 그대 모습 어떨까요?
환한 낮에 그대를 바라보는 내 눈동자
얼마나 큰 축복을 누리는 것일까요?
칠흑 같은 밤 그대의 불완전한 그림자가
깊은 잠 속 볼 수 없는 눈에도 이리 아름다운데?
 낮도 그대를 보기 전엔 내내 깜깜한 밤이요
 꿈에 그대 모습 보는 밤은 온통 대낮이랍니다.

영화 〈아바타〉를 아시나요? 2009년 개봉된 제임스 카메룬의 영화로 전 세계적으로 엄청난 흥행을 기록했던 대작이었지요. 올해 말 시리즈 2편이 개막된다고 하여 벌써부터 많은 사람들이 기다리고 있기도 한 SF 영화의 대표작입니다. 영화 이야기를 하려는 것은 아니고요, 〈아  바타〉 1편에서 인상적인 장면 하나를 이야기하려고 합니다. 판도라의 세계를 파괴로부터 막으려던 주인공 제이크는 나비족의 네이티리와 사랑에 빠지는데, 그가 인간의 몸을 하고 눈을 뜬 직후 네이티리를 보며 말하지요. "I see you." 나비족의 세계에는 '사랑한다' 즉, 'I love you'라는 표현이 없고 대신 사용하는 말이 바로 '본다', 즉 'see'라는 말이었던 것이지요.

"I see you." "나는 당신을 본다." 'see'에는 '본다'는 뜻 외에도 '안다' 혹은 '이해한다'는 의미가 더해 있으니 어찌 그 말이 '사랑'을 대신하는지 짐작할 수도 있을 것 같습니다. 어떤 존재를 제대로 알고, 이해하고, 보는 것. 사랑한다는 것은 그런 것일 테니까요. 그런데 그런 '본다'라는 행위는 육체의 '눈'의 활동만을 의미하는 것은 아닐 것입니다. 눈으로 보는 것만큼이나 마음으로 보는 것, 즉 어떤 존재를 환하게 꿰뚫어 보는, 통찰하는 것이기도 하겠지요. 오늘은 이런 생각을 하게 하는 소네트를 한 편 읽습니다. 윌리엄 셰익스피어의 『소네트 43』입니다.

셰익스피어는 꿈속에 '사랑하는 친구'의 모습을 생생하게 떠올립니다. 실제로 볼 수 없는 꿈속에서도 그리 아름다운 이라면 직접 볼 수 있는 환한 대낮에는 얼마나 아름다울 것인가라며 친구의 아름다움과 그 친구에 대한 마음을 표현합니다.

> 깊은 잠이 들면 내 눈은 가장 잘 본답니다,
> 하루 종일 대수롭지 않은 것들을 보다가
> 잠이 들면 꿈속에서 그대를 보니
> 짙은 어둠 속에 빛나며 더 또렷하게 본답니다.

낮에는 보고 싶지 않거나, 볼 필요가 없는 "대수롭지 않은" 무수한 것들이 내 눈을 어지럽히지만, 잠이 들면, 내 '진심인 마음의 눈'은 오롯하게 보고 싶은 것만 보니 "가장 잘 본답니다." 이 꿈속의 눈은 곧 화자의 욕망을 응시하는 것이라고 해석할 수도 있겠지요. 낮에는 육체의 눈에 드는 것들에 의해 방해받다가 훼방꾼들이 사라진 밤의 잠 속에서야 비로소 눈뜨는 순수한 욕망의 시선. "짙은 어둠 속"에서 "더 또렷하게" 보는 그 눈은 육체의 눈이 아니라 마음의 눈인 것이지요. 욕망이고 상상이며 꿈이기도 한 그 마음의 눈.

우리는 육체의 눈으로 세상을 보지만 사실은 제대로 보지 못하고, 육체의 눈이 사라진 후 혹은 그 기능을 상실한 뒤 비로소 본질과 진실을 제대로 보는 아이러니를 많이 봐왔습니다. 호머와 밀턴은 육체의 눈이 멀어 볼 수 없을 때 영혼의 눈으로 진실을 보고 그들의 대작을 완성했지요. 소포클레스의 희곡 『오이디푸스왕』의 예언자 테이레시아스는 눈이 멀었지만 진실을 보는 예언자였지요. 오이디푸스왕도 눈 뜨고 있을 때는 자신의 비극적 진실을 모르고 자신의 파멸을 가져올 진실을 찾아 나서죠. 눈은 뜨고 있으나 참과 거짓을 구분하지 못했던 리어왕은 어떤가요. 글로스터 백작도 눈을 잃은 뒤에야 비로소 두 아들의 거짓과 진실을 알게 되죠. 이렇듯 육체적으로 눈이 보이지 않는다는 것은 곧 다른 눈, 즉 영혼의 눈이 뜨이는 것임을 아이러니하게 보여주는 예들은 현실에서도 문학작품에서도 얼마든 찾아볼 수 있지요. "잠이 들면 내 눈은 가장 잘 본답니다"라는 구절의 의미가 더욱 분명해집니다.

> 그대 그림자만으로도 어둠을 환히 밝히는데
> 그대의 참모습은 얼마나 멋질까요,
> 보이지 않는 눈에 그리 빛나는 그림자라면
> 밝은 낮에 더 밝은 그대 모습 어떨까요?

그러나 꿈속에서 보는 그대의 모습은 현실의 그대가 아니라 (내가 상상으로 보는) "그대 그림자"일 뿐이기도 합니다. "보이지 않는 눈"에 보이는 그대 모습만으로도 "어둠을 환히 밝히"니 현실의 "밝은 낮에 (어둠 보다) 더 밝은 그대 모습" 얼마나 더 "멋질까" 짐작되고도 남습니다.

다행스러운 일은 이 시의 화자는 '그대'를 꿈속에서도, 현실에서도 볼 수 있다는 사실이군요. 꿈속에서만, 즉 자신의 상상과 욕망으로만 볼 수 있을 뿐 현실에서는 볼 수 없는 대상이라면, 그것은 환상이나 공상의 대상이 될 위험이 있지요. 또 현실에서 보면서도, 있는 그대로 상대방의 모습이 아니라 자신의 환상과 이상, 혹은 욕망으로만 볼 때, 그러다 자신의 생각과 다른 대상의 실제 현실을 마주할 때, 그 대상에 대한 이제까지의 모든 것은 허상이 되어 산산조각 깨어지기도 하지요.

이런 예들이 없지 않겠습니다만 당장 떠오르는 것은 토머스 하디의 『테스』 속 에인절Angel이 바라본 테스의 모습이었지요. 농장에서 만나 서로에게 호감을 키워가며 새벽안개 속에서 데이트할 때 에인절은 테스를 '아르테미스Artemis'—로마의 Diana 신으로 달과 순결의 여신—니 '데메테르Demeter'—농업과 풍요의 여신—니 하는 '여신'과 같은 존재로 봅니다. 그런 에인절에게 테스는 자기는 그 여신들의 이름도 알지 못한다면서 그저 '테스'라고 불러달라고("Call me Tess.") 하지요.

에인절은 있는 그대로의 테스가 아니라 자기가 보고 싶은 테스를 보고 있었던 것이지요. 결혼식을 마친 후 테스는 에인절이 한때 방탕했던 사실을 듣고 용서하면서, 자신이 알렉에게 겁탈 당했던 일과 그로 인해 낳은 아기가 어린 나이에 죽었노라는 사실을 밝히지요. 자신이 용서했듯 에인절 또한 자신을 이해하고 용서해주리라 믿고 말입니다. 그러나 에인절은 그런 테스를 용서하지 않습니다. 자기가 알던 '순결한' 테스가 아니라고 말이지요. 에인절은 있는 그대로의 테스를 본 것이 아니라 자기가 보고 싶고 꿈꾸던 테스만을 보았던 것이었고, 그런 자신의 생각과 다른 모습의 테스를 용납하고 받아들일 수 없었던 것이었지요. 이야기가 옆으로 좀 샜습니다만 우리가 스스로의 미망에 빠져 눈은 있으나 제대로 보지 못하는 것, 어디 저 에인절뿐이겠습니까.

> 환한 낮에 그대를 바라보는 내 눈동자
> 얼마나 큰 축복을 누리는 것일까요?
> 칠흑 같은 밤 그대의 불완전한 그림자
> 깊은 잠 속 볼 수 없는 눈에도 이리 아름다운데?
> 낮도 그대를 보기 전엔 내내 깜깜한 밤이요

꿈에 그대 모습 보는 밤은 온통 대낮이랍니다.

그러니 그런 그대 모습을 "환한 낮에" 볼 수 있는 나는 얼마나 "큰 축복"을 누리고 있는 것일까요. 그대는 그런 존재이기에 아무리 환한 낮이라도 그대 없는 세상은 내게 "깜깜한 밤"이고, 아무리 어두운 밤이라해도 꿈속에서 그대를 보는 밤은 "환한 대낮"과 같은 것이지요. 세상의 밝음과 어둠은 그 자체의 밝음과 어둠이 아니라 그대라는 존재의 있고 없음에 따라 달라지는 것이지요.

낭만주의 시인 윌리엄 워즈워스도 그랬지요. 남들은 이름도 모르고 있는지 없는지도 모르는 산골소녀 루시, 그저 평범하고 평범한 소녀 루시. 그러나 그에게는 그 소녀의 존재가 곧 우주였기에 루시가 있고 없고의 차이는 말로 다 할 수 없는 것이었지요.

> She dwelt among the untrodden ways
>   Beside the springs of Dove;
> A maid whom there were none to praise,
>   And very few to love.
>
> A violet by a mossy stone
>   Half hidden from the eye!
> - Fair as a star, when only one
>   Is shining in the sky.
>
> She lived unknown, and few could know
>   When Lucy ceased to be;

But she is in her grave, and, O,
　　The difference to me!
　　　　– "She Dwelt among the Untrodden Ways"

그녀는 인적 없는 곳에 살았네
　도브 강이 샘솟는 옆에
칭송해주는 이 아무도 없고
　사랑해주는 이 거의 없는

이끼 낀 바위 옆
　사람들 눈에 띄지 않게 숨은 제비꽃처럼!
하늘에 홀로 빛나고 있는 별처럼
　아름답게

그녀는 사람들 모르게 살았고, 그녀가
　죽었을 때도 아는 이 거의 없었다네;
하지만 그녀는 이제 무덤 속에 있으니, 오
　나에게 그 차이란!
　　　– 「그녀는 인적 없는 곳에 살았네」

사랑이란 대저 그런 모양입니다. 사랑하는 존재가 곧 우주가 되는 것. 사랑하는 그 대상으로 인해 세상이 존재하고, 그 대상으로 인해 세상이 사라지는 것 같기도 한 그런 것 말이지요. 셰익스피어의 소네트 154편 가운데 127번까지 등장하는 '사랑하는 존재'는 화자의 '사랑하는 친구'이지요. 그러니 이 43번 소네트의 "그대" 또한 '사랑하는 친구'입니다.

셰익스피어의 소네트 연작인 『소네트』의 전체 시를 ababcdcdefefgg 라는 일관된 각운 체계로 썼다는 점은 앞에서 말씀 드린 바 있지요. '셰익스피어 각운' 혹은 '영국 소네트 각운'이라고 했지요.

이 시에서 또 하나 주목할 사항은 두드러진 두운법의 사용입니다. 예를 들어 4행의 "darkly bright, are bright in dark direct"에서 연속 되는 d, d, d의 두운을 비롯 s, s, f, f 등의 두운이 연이어집니다.

유사 어휘의 반복 사용도 두드러집니다. 4행의 "darkly bright, are bright in dark direct."와 이어지는 "whose shadow shadows doth make bright,/ How would thy shadow's form form happy show"에 서 "darkly-dark", "shadow-shadows", "form-form" 등은 동일한 단어 혹은 동일한 단어의 품사가 다른 점을 활용하여 리듬감과 함께 영어라는 언어 사용의 다양성을 잘 보여주고 있습니다.

보통 짧은 시에서 동일한 단어의 반복은 좋은 효과를 얻기 어렵다 는 이유로 피하는 것이 일반적인 시작법의 관례이기도 합니다만 셰 익스피어에게 그것은 금기가 되지 못하는 것 같습니다. 그는 오히려 동일한 단어를 의도적으로 나열하면서 그 단어의 다양한 의미들을 더욱 두드러지게 보여줌으로써 영어라는 언어의 사용 폭을 넓히고 있는 것 같습니다. 그의 시가 단순히 내용의 완성도만이 아니라 어 휘의 다양한 표현을 가능하게 하는 영어 사용의 모범을 보여준다는 면에서 높은 평가를 받는 것은 이런 까닭 때문이기도 할 것입니다. 윌리엄 셰익스피어의 「소네트 43」이었습니다.

Sonnet 43

William Shakespeare

When do I wink, then do mine eyes best see,
For all the day view things unrespected,
But when I sleep, in dreams they look on thee,
And, darkly bright, are bright in dark direct.
Then thou, whose shadow shadows doth make bright,
How would thy shadow's form form happy show,
To the clear day with thy much clearer light,
When to unseeing eyes thy shade shines so?
How would, I say, mine eyes be blessed made
By looking on thee in the living day,
When in dead night thy fair imperfect shade
Through heavy sleep on sightless eyes doth stay?
   All days are nights to see till I see thee,
   And nights bright days when dreams do show thee me.

헬렌에게
- 에드거 앨런 포(1809~1849)

헬렌, 그대의 아름다움은
　옛날 니케아의 돛단배 같다오,
향기로운 바다 위로 부드러이
　지친 나그네를
고향 기슭으로 인도해 주던.

절망의 바다 위를 헤매던 나를
　그대의 보랏빛 머릿결, 고전적 얼굴
물의 요정 같은 자태는
　그리스의 찬란함과
로마의 장엄함으로 인도해 주었다오.

보라! 저기 빛나는 창-벽감 속에
　조각상처럼 서 있는 그대를,
손에 마노 등잔을 든 채!

아, 신성한 곳에서 온
영혼이여!

――――――――――――――― ◇ ―――――――――――――――

'헤라Hera' '아프로디테Aphrodite' 그리고 '아테나Athena' 이 세 여신의 공통점은? 그렇습니다. 셋 모두 아름다움(美, beauty)에 있어서는 누구에게도 뒤지지 않는, 뒤지고 싶어 하지 않는, 아름다운 여신들이지요. 아름답기만 했으면 좋았을 텐데 질투가 없을 수 없었나 봅니다. 이들이 서로의 미를 두고 다툰 경쟁과 질투가 나중에 트로이 전쟁까지 이어지는 이야기를 우리는 압니다.

바다의 여신 테티스의 결혼식 때 이들은 모두 초대 받았지만, 불화의 여신 '에리스Eris'만 쏙 빠졌어요. 가만있을 리 없지요. 복수를 하는데, 그게 선물을 주는 방식이었네요. '가장 아름다운 자에게'라고 쓰인 황금 사과를 연회석에 던져준 것이죠. 신이나 사람이나 자신이 최고라는 자부심은 마찬가지. 게다가 만인, 아니 만신들 앞에서 '가장 아름다운 자'로 인정받는 것이니 더 그랬겠지요. 신들의 왕 제우스도 판단을 내리기 곤란했지요. 하긴 그 뒤 선택 받지 못한 여신의 후환이 두렵지 않았겠어요. 슬쩍 미루네요. 그 판단을 내리는 행운이자 동시에 독배를 받은 이가 파리스였지요. 트로이의 왕, 프리아모스의 아들이었지만 불운한 예언과 함께 태어나는 바람에 버려져 양치기의 손에 목동으로 자라고 있던 청년.

선택권을 쥐게 된 파리스에게 세 여신은 각각 자신을 선택해 달라고 뇌물을 바칩니다. 헤라는 유럽과 아시아의 지배권을, 아테나는 전쟁에서 승리할 수 있는 기술을, 그리고 아프로디테는 '세상에서 가장 아름다운 여인'을 취할 수 있게 해주겠다 약속합니다. 여신들은 여신들입니다. 셋 다 거절하기 쉽지 않은 유혹입니다. 여러분 같으면 어땠을까요? 어느 여신의 손을 들어주고 싶으신지요? 제 입장에서는 다 좋아 보이지만 사실 어느 것 하나 만족스럽지 않네요. 유럽과 아시아의 지배권을 가졌다고 행복할 것 같지도 않고, 전쟁에서

루벤스의 〈파리스의 선택〉(1636)

승리할 수 있다고 해도 다른 걸 잃으면 무슨 소용이며, '세상에서 가장 아름다운 여인'이 내게도 가장 아름다운 여인이라는 보장이 어디 있겠어요?

파리스의 선택은? 예. 아시는 것처럼 파리스는 아프로디테의 약속, '세상에서 가장 아름다운 여인'을 선택합니다. 여신 아프로디테마저 인정한 '세상에서 가장 아름다운 여인' 누구일까요? 그렇습니다. 바로 '헬렌Helen'입니다. 오늘 시의 주인공이기도 하지요. 그러나 트로이의 왕자 신분으로 스파르타를 방문한 파리스가 헬렌을 만났을 때, 그녀는 이미 스파르타의 왕 메넬라오스의 아내가 되어 있었지요. 그러나 두 사람의 사랑은 이미 예견된 것이어서 파리스는 헬렌을 데리고 트로이로 도망쳐 오고, 결국 트로이 전쟁의 불씨가 되고 말았지요.

시를 읽기도 전에 긴 이야기를 늘어놓았네요. 오늘 읽을 시가 바로 에드거 앨런 포의 「헬렌에게」입니다. 물론, 이 시에서 말하는 헬렌이 트로이 전쟁을 일으켰던 그 헬렌을 직접 언급하는 것은 아니고요, 시인 포 자신이 "내 영혼에 깃든 최초의 순수한 이상적 사랑"이라 했던 스타나드 부인Mrs. Jane Stith Stanard을 은유한 것입니다. 이

여인은 포의 어린 시절 친구의 어머니였다고 합니다. 그런 그녀가 포의 눈에는 '세상에서 가장 아름다운 여인' 헬렌처럼 보인 것이지요. 어떤 남자에게나 자신이 사랑하는 여인은 '세상에서 가장 아름다운 여인'이고 파리스의 헬렌 같은 존재겠지만, 어린 시절, 친구의 어머니에게서 받는 그 느낌은 단순히 남녀의 사랑의 존재와는 다른 무언가가 있을 듯합니다. 그 무언가를 찾아 시를 읽어 보겠습니다.

> 헬렌, 그대의 아름다움은
>   옛날 니케아의 돛단배 같다오,
> 향기로운 바다 위로 부드러이
>   지친 나그네를
> 고향 기슭으로 인도해 주던.

첫 2행에서 시인은 헬렌의 아름다움을 고전적 아름다움의 이미지를 담아 비유합니다. 'Nicaean'에 대해서는 엇갈린 해석이 존재합니다. "존 밀턴의 『실낙원』에서 인용한 것이다."라는 주장이 있습니다. 이때 "Nyseian"은 주신酒神 바커스Bacchus가 어린 시절 숨어 지내던 극락의 섬 '니사Nysa'를 의미하는 말입니다. 그러므로 "니케아의 돛단배"라는 말은 '니사섬에서 만든 배'를 말하며 3행의 "향기로운 바다"는 이 섬을 둘러싼 바다를 일컫는 것입니다. 밀턴의 작품에서 바커스는 동방을 정복한 후 이 섬으로 돌아왔다고 합니다. 따라서 이런 비유에 따르자면, "헬렌(스타나드 부인)의 아름다움은 그 옛날 니사섬의 배가 동방 정복으로 지친 바커스를 고향땅으로 데려다 준 것처럼 그를 마음의 고향인 '영원한 미', '예술적 전통의 세계'로 인도해 준다는 의미로 이해할 수 있다."라고 주장하는 비평가들이 있습니다. 그때 화자이자 시인은 자연스럽게 바커스가 되는 것이지요.

다른 한편, 아주 현실적으로 'Nicaean'은 프랑스 남부의 항구도시 니스Nice를 의미하는 형용사라고, 주장하면서 그 근거로 니스에 조선소가 많았다는 사실과 함께 윌리엄 셰익스피어의 극 『안토니와 클레오파트라』에서 마크 안토니의 배가 건조되었던 곳이 바로 니스라는 점을 듭니다. 따라서 이렇게 해석하면 "니스에서 건조된 튼튼하고 안전한 배가 화자를 안전하게 항해할 수 있게 해준다."라는 비유로 볼 수 있다는 것입니다. 보통 작품에 대한 해석은 왠지 이야기가 풍부할수록 끌리는 법이지요. 하지만 두 이야기의 공통 요소는 있습니다. 그것은 어찌 되었던 헬렌의 아름다움이 화자, 시인의 지친 마음을 고향으로 이끌어 준다는 것입니다. "고향"이라는 말에서 그 아름다움의 정수 가운데 하나는 포근함, 안락함이라는 정서를 포함하고 있음을 짐작하게 됩니다. 어머니의 품 같은 그런 느낌말이지요. 친구 어머니였다는 사실이 주는 미의 느낌이 어떤 것인지 짐작이 됩니다. 자, 그 고향, 어떤 곳일까, 좀 더 들어가 보겠습니다.

절망의 바다 위를 헤매던 나를
　　그대의 보랏빛 머릿결, 고전적 얼굴
물의 요정 같은 자태는
　　그리스의 찬란함과
로마의 장엄함으로 인도해 주었다오.

2연에서 시인은 "절망의 바다 위를 헤매"던 모습으로 드러냅니다. 그 절망 속에서 "(헬렌의) 보랏빛 머릿결, 고전적 얼굴/ 물의 요정 같은 (헬렌의) 자태"를 봅니다. 그 자태가 시인을 이끄는 곳은 "그리스의 찬란함"이요 "로마의 장엄함"이랍니다. 조금 더 분명해집니다. 시인은 진정한 아름다움, 미의 근원을 찾지 못해 절망하고 있었던 모양이지요. 예술가로서 본질적인 고민이라고 할 수 있습니다. 무엇이 아름다운지, 어떤 아름다움을 표현하고 그려야 할지를 찾지 못하는 것만큼 예술가에게 절망적인 일이 있을까요. 바로 그런 절망의 상태에 처해 있던 그때 트로이 전쟁의 불씨를 일으킬 만큼 고전적인 미의 전형이자 '세상에서 가장 아름다운 여인'이라 칭해지던 헬렌 같은 여인이 나타난 것이지요. 완벽한 "고전적" 미의 구현자로서 말이지요. "그리스의 찬란함"과 "로마의 장엄함"은 결국 그가 추구하는 미의 세계를 함축적으로 보여주는 단어라고 할 수 있겠어요.

어디 포뿐인가요. 서구의 거의 모든 예술이 고향으로 삼고 있는 출발지이자 어쩌면 돌아가기를 꿈꾸는 본원의 귀향지, 그곳이 아니던가요. 그들이 '고전시대'라 부르는 바로 그 그리스와 로마의 시대, 그때의 찬란함과 장엄함, 이것이야말로 예술이 궁극적으로 원하는 한 이상이 아닌가요. 지금 시인 포는 바로 그 본질적 아름다움의 찬란함과 장엄함이 자신의 본향이라는 점을 분명하게 인식하게 되었지요. 스타나드 부인을 통해 헬렌을, 헬렌이 상징하는 바로 저 이상적 미의 세계를 분명하게 인지한 포의 마음이 느껴집니다.

> 보라! 저기 빛나는 창-벽감 속에
>   조각상처럼 서 있는 그대를,
> 손에 마노 등잔을 든 채!
>   아, 신성한 곳에서 온
> 영혼이여!

3연에 이르러 시인의 헬렌은 이상적인 예술품의 현현으로 ("statue-like"), "마노 등잔을 든" 존재, 즉 프시케로 비유됩니다. 고대 그리스에서 '헬렌'이라는 이름은 글자 그대로 "햇살, 새벽처럼 빛나는"이라는 의미를 지니고 있었다 합니다.
　신화에서 인간 프시케는 사랑의 신 큐피드가 사랑에 빠진 여인으로 등장하지요. 이 이야기도 재미나지요. 신화 속 많은 사랑 이야기가 비극으로 끝나는 경우가 많은데 큐피드와 프시케의 사랑은 우여곡절은 겪지만 마지막은 해피 엔드라는 점이 참 좋지요. 알고 계시는 이야기겠지만 간단하게… 오늘은 신화 이야기가 많네요. 시가 그렇다 보니.
　프시케는 왕의 세 딸 가운데 막내였는데 얼마나 아름다운지 사람들이 미의 여신 아프로디테보다 더 아름답다 여길 정도가 되었지요. 이 사실을 알게 된 미의 여신 아프로디테—맞아요, 여신들 가운데 제일 아름다운 여신이라는 타이틀을 가진 바로 그 아프로디테—가 그만 화가 났어요. 아들 큐피드에게 가서 혼내 달라 하죠. 큐피드가 혼내는 게 별게 있나요. 사랑의 화살을 쏘아 엉뚱한 녀석에게 사랑에 빠지게 해달라는 것이었지요. 그런데 프시케가 좀 예뻐야지요. 큐피드가 덜컥 반하고 만 거예요. 사랑의 화살은 큐피드 자신이 맞고 프시케에게 사랑이 빠지고 말았네요.
　한편, 아프로디테의 미움을 샀다는 소문이 난 프시케에는 구혼자가 없네요. 결국 신탁을 받았더니 괴물 같은 존재에게 시집을 가야 한다는 신탁과 함께 산 속에 버려지게 되었지요. 그런 프시케를 서풍이 한 성에 데려다 놓았는데, 그 성으로 밤에 찾아온 남편과 부부의 연을 맺지요. 그런데 남편은 밤이면 찾아와 사랑을 나누고 낮이면 사라지네요. 자기를 알려고 하지 말라는 부탁과 함께요. 사실 이 남편이 바로 큐피드였던 거지요. 엄마도 속이고 프시케도 얻고, 일

안토니오 카노바의 〈큐피드의 입맞춤으로 되살아나는 프시케〉 (출처-위키피디아)

석이조의 꾀를 낸 것이었는데, 꾀돌이 큐피드가 제대로 자기 꾀를 쓴 것이지요. 그렇게 지내는 프시케를 보고 두 언니가 이간질을 합니다. 밤마다 찾아오는 신랑이 틀림없이 괴물일 테니 정체를 확인하라고요. 언니들의 꾐에 넘어간 프시케가 등불을 밝혀 밤에 잠든 큐피드의 얼굴에 확인합니다. 화들짝 놀란 큐피드는 떠나면서 이 지경을 만들도록 부추긴 두 언니의 목숨도 함께 거둬가지요. 여기서 끝나면 두 연인의 사랑은 비극으로 마무리 되었겠지만, 이제부터는 프시케가 남편 큐피드를 얻기 위한 노력을 하지요. 시어머니 아프로디테에게까지 가 그녀가 낸 시험을 모두 통과한 프시케는 결국 하늘로 올라가 큐피드를 만나 딸까지 낳고 잘 살았다는 뭐 그런 해피 엔드지요. 길었네요. 뭐, 이렇게도 한 번 다시 보는 거지요. 재밌는 신화이야기.

시로 돌아와서, 그러니 3행의 "마노 등잔을 든 프시케"는 바로 저 신화 속에서 큐피드의 정체를 확인하는 프시케를 말하는 것이라 할 수 있지요. 신화 속에서는 그 자체로 비극이지만, 사실 프시케로서는 남편이 누군지도 모르다가 비로소 진실을 알게 되는 순간이잖아요. 그처럼 저 구절을 긍정적으로 해석하면, (프시케도, 시인인 포도) '진실을 깨닫는 순간'이라 볼 수 있지요. 시인 포는, 어떤 미를 구현할지 방황하다가 프시케가 남편의 존재를 알게 되는 진실의 순간을 대면한 것처럼 자신도 헬렌에게서 자신이 추구해야 할 아름다움의 본질을 확인하게 된 것이 지요. 그러니 말합니다. 헬렌은 프시케처럼 "신성한 곳에서 온 영혼"이라고. 그리고 그 "신성한 곳"이란 프시케와 헬렌의 신화가 살아 숨 쉬던 그리스와 로마라는 것은 분명해 보입니다. 아름다움이란 무엇이며, 어떤 형태이고 어떤 모습으로 구현될까 알 수 없어 절망하던 시인 포는 친구의 모친인 스타나드 부인에게서 헬렌을, 프시케를, 나아가 그들이 존재하던 그리스, 로마의 세계가 품었던 미의 원형을 찾았던 것이었지요.

루벤스, 〈잠든 에로스를 지켜보는 프시케〉

포에게 시의 가장 중요한 주제는 '아름다움'이었습니다. 포가 이 시를 처음 쓴 후 12년 동안이나 다듬고 다듬었던 까닭을 알 수 있을 것 같습니다. 이 시는 단순히 한 여인의 아름다움에 대한 찬양으로 그치는 것이 아니라 "온전한 예술적 아름다움을 찬양"하는 시이기도 한 것입니다. 에드거 앨런 포의 『헬렌에게』입니다.

◇

To Helen
  Edgar A. Poe

Helen, thy beauty is to me
 Like those Nicaean barks of yore,

That gently, o'er a perfumed sea,
  The weary, way-worn wanderer bore
To his own native shore.

On desperate seas long wont to roam,
  Thy hyacinth hair, thy classic face,
Thy Naiad airs have brought me home
  To the glory that was Greece,
And the grandeur that was Rome.

Lo! in yon brilliant window-niche
  How statue-like I see thee stand,
The agate lamp within thy hand!
  Ah, Psyche, from the regions which
Are Holy-Land!

Edgar Allan Poe(1809~1849)

- 미국의 19세기 시인, 소설가, 비평가
- 1809년 1월 19일 매사추세츠주 보스턴 출생
- 부친의 가출과 모친의 죽음으로 어린 시절부터 떠돌이 생활
- 버지니아 대학 재학 중 도박으로 퇴학
- 웨스트포인트 입학 했으나 역시 술과 도박 문제로 퇴학
- 알코올 중독은 마지막까지 포를 따라다니며 괴롭힘
- 27세 때 13세인 사촌 버지니아 클램과 결혼
- 1847년 버지니아 클램의 사망 후 방황하다 1849년 볼티모어의 한 술집 앞에서 의식불명 상태로 발견되었으나 사흘 후 사망
- 현대 단편소설의 대표적인 작가이자 이론가
- 「모르그 가의 살인 사건」"The Murders in the Rue Morgue", 「어셔가의 몰락」"The Fall of the House of Usher", 「검은 고양이」"The Black Cat", 「도둑맞은 편지」"The Purloined Letter" 등의 단편소설과 시집 『태멀레인』*Tamerlane*, 『알 아라프』*Al Aaraaf*, 유명한 시 「갈가마귀」"The Raven", 「애너벨 리」"Annabel Lee" 등의 작품이 있음.

나 당신 마음 품고 다닙니다
(당신 마음 내 마음에)
- 에드워드 에슬린 커밍스(1894~1962)

나 당신 마음 품고 다닙니다 (당신 마음 내 마음에
품고 다닙니다) 언제나 그렇답니다 (그대여, 나 가는 곳 어디건
그대 함께 하며, 나 홀로 하는 모든 일,
그대의 것이랍니다)

                                                  나는
운명을 두려워하지 않습니다 (그대여, 그대가 내 운명이기에) 나는
세상도 원치 않습니다 (진실한 이여, 아름다운 그대가 내 세상이니)
달이 늘 품은 의미가 그대이며
태양이 언제나 노래 부르는 이 또한 그대랍니다

바로 여기에 아무도 모르는 심오한 비밀이 있고
(여기에 생명이라 부르는 나무의 참다운 뿌리이자
꽃봉오리 중의 꽃봉오리, 진정한 천국이 있어,
영혼이 희망하고 정신이 숨길 수 있는 것보다 더 크게 자란답니다)

이것이 별들이 서로 떨어져 있게 하는 경이로움이랍니다

나 당신 마음 품고 다닙니다 (당신 마음 내 마음에 품고 다닙니다)

―――――◇―――――

　커밍스는 미국인들에게 가장 인기 있는 현대 시인 가운데 한 명이지요. 해체와 다다이즘의 영향을 받았고, 독특한 시행과 소문자 사용 등 일종의 형태 파괴 기법을 보이면서도 대중들에게 쉽게 다가갈 수 있는 시를 쓰기로 정평이 나 있는 작가, 커밍스. 시뿐 아니라 극작, 소설, 에세이 등 다양한 장르의 글을 통해 대중들과 만난 그의 대표작 가운데 한 편인 「나 당신 마음 품고 다닙니다(당신 마음 내 마음에)」를 읽습니다.
　화자의 마음속 또 다른 화자가 맞장구치듯 응답하거나, 혹은 화자의 독백에 상대편이 대꾸하는 듯한 형식을 취하는 이 시는 화자인 '나'를 소문자 'i'로 표현하는 것도 독특합니다. 영어에서 고유명사는 문장의 어디에 오건 언제나 대문자로 시작합니다만, 고유명사 말고 그렇게 사용되는 단어가 둘 있지요. 하나는 기독교 신앙의 창조신인 하느님을 의미하는 'God'이고, 다른 하나는 말하는 주체를 의미하는 'I'입니다. 이는 영어를 모국어로 사용하는 사람들의 종교관과 함께 자기 혹은 자아중심적인 그들의 세계관을 반영하는 것으로 볼 수 있습니다. 그러나 이 같은 그들의 (자기의) '신중심주의'와 '자기/자아 중심주의'는 타자에 대한 경시를 담고 있다는 비판을 받기도 했습니다. 실제 타민족을 정복하고 개종시키기 위한 근대의 식민주의 세계관은 이와 같은 서구 주체들의 자기/자아 중심적인 세계관에서 기인했다는 것을 부인하기 어려운 것도 사실입니다. 그런 면에서 보자면, 커밍스가 자신, 자아를 낮추기 위해 발화 주체를 '(대문자) I'대신 '(소문자) i'로 표기하는 것은 나름의 충분한 의미를 지닙니다. 그 점을 염두에 두고 시를 읽어가 보겠습니다.

> 나 당신 마음 품고 다닙니다 (당신 마음 내 마음에
> 품고 다닙니다) 언제나 그렇답니다 (그대여, 나 가는 곳 어디건
> 그대 함께 하며, 나 홀로 하는 모든 일,
> 그대의 것이랍니다)

시의 내용은 어렵지 않습니다. 첫 4행은 화자가 사랑하는 이의 "마음을 품고 다"닌다고 말합니다. "어디를 가건" 사랑하는 이의 마음이 함께 하고, "나 홀로 하는 모든 일" 다 그대가 하는 일입니다. 함께 있으니까요. 특징적인 것은 화자의 진술에 바로 뒤이어 마치 강조하듯 괄호 안의 진술이 따라 나온다는 것입니다. 앞에서 말씀드린 것처럼, 화자의 속마음이라고 할 수도 있고, 화자의 말을 받은 상대방의 맞장구처럼 읽을 수도 있습니다. 하지만, 대체적으로 화자가 행한 앞의 진술을 스스로 보다 구체적으로 설명하는 경우로 해석하는 것이 더 나을 듯합니다.

> 나는
> 운명을 두려워하지 않습니다 (그대여, 그대가 내 운명이기에) 나는
> 세상도 원치 않습니다 (진실한 이여, 아름다운 그대가 내 세상이니)
> 달이 늘 품은 의미가 그대이며
> 태양이 언제나 노래 부르는 이 또한 그대랍니다

사랑하는 그대 마음을 품고 다니니 "운명"조차 "두려워하지 않"게 됩니다. 심지어 "세상도" 필요 없답니다. "아름다운 그대가 내 세상이니" 말이지요. 존 던은 사랑하는 이와 함께 하면 그 사랑이 "좁은 공간을 온 세상이 되게 한다.one little room an everywhere."고 했는데, 그렇지요. 사랑하는 사람과 있는 거기가 곧 온 우주요, 전 세계지요. 달은 그대를 품고, 태양은 그대를 노래 부른다니 사랑의 힘은, 사랑하는 이의 마음은 가히 한이 없군요. 이런 마음, 알 것도 같고, 또 부럽기도 합니다.

> 바로 여기에 아무도 모르는 심오한 비밀이 있고
> (여기에 생명이라 부르는 나무의 참다운 뿌리이자
> 꽃봉오리 중의 꽃봉오리, 진정한 천국이 있어,
> 영혼이 희망하고 정신이 숨길 수 있는 것보다 더 크게 자란답니다)
> 이것이 별들이 서로 떨어져 있게 하는 경이로움이랍니다

사랑하는 이를 마음에 품은 채 하나 된 화자의 비밀, 아무도 모르는 그 비밀의 보다 구체적인 내용은 다음과 같아서, 사랑하는 이의 마음을 품고 다니는 것은 "생명이라 부르는 나무"의 진정한 뿌리고, 꽃봉오리며, 천국이지요. 그 비밀은 또한 하늘의 "별들이 서로 떨어져 있게" 할 만큼 경이롭지요. "별들이 서로 떨어져 있"다는 비유는 누군가를 생각나게 합니다. D. H. 로렌스입니다.

그는 사랑하는 사이는 서로가 서로를 구속하거나 억압하는 것이 아니라 평등한 관계로 존재해야 한다며 그 비유로 '별들의 균형Star Equilibrium'을 언급한 바 있지요. 하늘의 별들은 각자의 빛을 내지만 다른 별의 빛을 잠식하거나 희미하게 할 만큼 지나치게 가까이 있지

않고 적정한 거리를 두고 있듯이, 사랑하는 사이는 서로 간에 적정한 거리를 두고 있어서 자신의 빛으로 타인의 빛을 가리지 않고 스스로도 방해받지 않으면서 온전히 빛을 발하여야 한다는 것이지요. 이것은 곧 사랑이라는 이름으로 타인을 구속하거나 타인의 존재를 억압하지 않고, 상대방이 오롯이 자신 그대로 존재할 수 있도록 할 수 있는 상태를 의미하는 것 같습니다.

"별들이 서로 떨어져 (온전한 한 존재로) 있게 하는" 경이로움이야말로 사랑하는 이의 마음을 품은 사랑의 비밀이라고 묘사하는 커밍스의 비유가 로렌스의 비유와 닿는 지점이라는 생각이 듭니다. 차이가 있다면, 로렌스는 사랑하는 사이에서마저 개별성을 강조하는 반면, 커밍스는 사랑하는 존재와 나의 합일unity에 더 방점을 두는 것 같습니다. 나는 사랑하는 이의 마음을 내 마음에 품은 것처럼 그와 온전한 하나로 존재합니다. 물론 그것이 사랑하는 대상이 자신의 개별성을 잃고 내게로 속박되는 것을 의미하지는 않을 것입니다. 뿐만 아니라 실제 연인의 마음을 화자 마음속에 '지니고' 다닐 수도 없는 것입니다. 이 비유는 말 그대로 비유적인 측면이 있습니다. 존 던이 사랑하는 두 연인을 하나이며 둘이자 둘이며 하나인 컴퍼스의 다리에 비유한 것처럼 커밍스의 사랑하는 연인들도 "둘이지만 하나"이고 "하나이면서 둘"인 그런 완벽한 합일의 상태에 있다고 보는 것이 더 옳지 않을까 생각해봅니다. 그렇기 때문에 마지막에 반복되는 첫 행은 온전히 하나로 결합된 완벽한 연인, 완벽한 사랑의 비유라고 할 수 있겠지요.

나 당신 마음 품고 다닙니다 (당신 마음 내 마음에 품고 다닙니다)

나는 당신 마음을 품고 다니지만, 그것이 속박이나 구속이 아니지요. 화자는 사랑하는 연인의 진심을 자신의 마음에 언제나 품고 다닌다며, 사랑하는 이와 하나 된 자신의 마음을 표현합니다. 우리 모두 생의 어느 한때 이런 마음으로 순간순간을 지나온 적이 있지요. 그리운 순간이기도 합니다.

이 시는 각운을 일치시키거나 하지는 않는 불규칙 형이긴 하지만 외형적으로는 14행의 변형된 소네트 형식을 취하고 있습니다. 주제 또한 소네트의 주제에 어울리는 사랑입니다. 처음에도 말씀드렸습니다만 소문자 'i'의 사용과 괄호를 사용한 것도 두드러져 보입니다. 특히 괄호는 "당신 마음 품고 다"니는 화자처럼 연인이 화자의 품에 안긴 것 같은 이미지를 전달합니다.

여담을 덧붙이자면, 이 시는 2006년에 개봉한 커티스 핸슨 감독의 영화 〈당신이 그녀라면In Her Shoes〉에 인용되어 많은 사람들에게 알려지기도 했습니다. 토니 콜렛(로즈)과 카메론 디아즈(매기)가 서로 다른 자매로 등장한 이 영화에서, 언니 로즈와 소원한 관계로 서먹했던 동생 매기가 로즈의 결혼식에서 이 시를 읽어주며 자신의 마음을 전하지요. 사랑이 어디 남녀 간의 사랑만 있나요. 이토록 진실한 마음으로 서로를 위하는 어떤 사이에서라도 커밍스의 이 시, 「나 당신 마음 품고 다닙니다」는 큰 울림을 줄 것입니다.

◇

i carry your heart with me (i carry it in)
Edward E. Cummings

i carry your heart with me (i carry it in

my heart) i am never without it (anywhere

i go you go, my dear; and whatever is done

by only me is your doing, my darling)

                                                    i fear

no fate (for you are my fate, my sweet) i want

no world (for beautiful you are my world, my true)

and it's you are whatever a moon has always meant

and whatever a sun will always sing is you

here is the deepest secret nobody knows

(here is the root of the root and the bud of the bud

and the sky of the sky of a tree call life; which grows

higher than soul can hope or mind can hide)

and this is the wonder that's keeping the stars apart

i carry your heart (i carry it in my heart)

Edward E. Cummings(1894~1962)

- 20세기 미국의 시인
- 1894년 10월 미국 매사추세츠 출생
- 대표적인 실험파 시인.
- 하버드 대학을 졸업 후 제1차 세계대전 참전
- 스파이 혐의로 프랑스 감옥에 구속되었던 경험을 전쟁소설 『거대한 방』에 묘사
- 독창적이고 기이한 제목의 시집, 특이하고 색다른 활자의 사용, 소문자의 빈번한 사용 등 형식적인 실험성이 두드러지지만 시의 내용에는 서정적인 측면이 강한 시들이 주를 이룬다.
- 1962년 9월 미국 뉴햄프셔에서 사망
- 『튤립과 굴뚝』Tulips and Chimneys, 『비바』ViVa, 『노 생큐』No Thanks 등 20여 권의 시집과 희곡, 산문집 등이 있음.

PART

2

자연
Nature

Nature
자연

한 조각 구름처럼 외로이 나는 헤맸다네

- 윌리엄 워즈워스(1770~1850)

계곡과 산 위로 높이 떠다니는
한 조각 구름처럼 외로이 나는 헤맸다네.
그때 문득 한 무리의,
아니, 무수한 황금빛 수선화를 보았다네.
호숫가 나무 아래
미풍에 나부끼며 춤추고 있는.

은하수에서 빛나고 반짝이는
별들처럼 연이어,
수선화들은 만灣의 가장자리를 따라
끝없이 펼쳐져 있었다네.
한눈에 보아도 일만 송이나 되는 수선화들이
활기차게 춤추며 머리를 까닥이고 있었다네.

수선화들 곁 물결도 춤추었다네. 하지만

수선화들은 반짝이는 물결보다 더 큰 환희에 차 있었다네
이런 유쾌한 무리 속에서
시인이 어찌 즐겁지 않을 수 있을까.
나는 보고, 또 보았다네. 하지만
그 광경이 내게 가져다 준 행복은 생각지도 못했다네.

종종, 내가 멍하니 혹은 사색의 분위기에 잠겨
침상에 누워 있을 때면,
수선화들은 고독의 황홀경이 허락하는
마음의 눈心眼에 반짝이기 때문이라네.
그러면 내 가슴은 즐거움으로 가득 차,
수선화와 함께 춤을 춘다네.

―――――――――――――――◇―――――――――――――――

영국 낭만주의를 대표하는 시인 윌리엄 워즈워스의 「한 조각 구름처럼 외로이 나는 헤맸다네」를 소개합니다. 흔히 「수선화」라고 알려진 시이지요. 시를 소개하기에 앞서 윌리엄 워즈워스가 1798년 동료 시인인 윌리엄 콜리지와 함께 발간하여 낭만주의 시의 본격적인 등장을 알린 『서정담시집』*Lyrically Ballads*에 실린 「서문」에 나타난 그의 시론에 대하여 간략하게 언급하는 것이 좋겠습니다.

직전 신고전주의 시대와 완전히 다른 예술적 입장을 선언한 이 「서문」은 낭만주의 시의 예술적 선언문이라 할 수 있습니다. 시란 (시인의) "강력한 감정이 자발적으로 흘러넘치는 것the spontaneous overflow of powerful feelings"이라는 유명한 정의는 아리스토텔레스 이후 예술의 중심을 차지하고 있던 모방, 재현의 예술론에 시인의 감정 표현

을 중시하는 표현의 예술론을 더해줍니다.

워즈워스는 「서문」에서 자연과 접하고 사는 '평범한 사람들과 그들의 삶'이 시의 주제와 소재가 되어야 하며, 그들이 사용하는 '평범한 일상 언어'를 시어로 사용해야 한다고 주장했지요. '시어는 일상 언어와 달라야 한다'는 당시의 시 작법에 일대 혁신을 가져온 이러한 주장에 대해 환호와 함께 반발도 심해 호불호가 극명하게 갈렸지요.

워즈워스는 시인이 부여받은 가장 중요한 능력은 상상력imagination이라며, 상상력을 통한 '자연과의 합일Unity with Nature' 속에서 인간 본연의 순수한 심성을 찾고자 했지요. 워즈워스의 시를 이해하는 데 몹시 중요한 이 부분에 대해서 조금 더 살펴보고 가겠습니다. 인간과 자연의 관계에 대해 잘 보여주는 그의 시 「송시: 어린 시절을 회상하며 깨닫는 영혼 불멸에 대한 암시」에 따르면, 육신의 상태로 태어나기 전 전생에서 인간은 변화와 소멸이 존재하지 않는 '순수하고 완전한 영혼'의 상태로 존재했답니다. 그러나 육신의 형상을 하고 이 세상에 태어나면서 인간은 현실의 삶 속에서 죽음을 향한 변화를 피할 수 없게 된 것이지요. 문제는 육신과 함께 우리 내면에 존재하는 영혼 또한 본래의 순수함과 완전함을 잃어 간다는 것입니다. 순수함과 완전함을 잃고 소멸과 죽음으로 여행을 해야만 하는 인간! 낭만주의 세계관에 슬픔이 깃들어 있는 까닭이 바로 이 때문이기도 하지요. 사실 이러한 생각은 워즈워스의 독창적인 생각이 아니라 3, 4세기 경 등장했던 신플라톤주의 입장에 영향을 받은 것이었지요. 신플라톤주의에 대해서는 언젠가 관련된 시를 다루면서 언급한 기회가 있을 것입니다.

한편, 같은 인간이라고 해도 현실에 머문 시간이 짧고 소멸과 변화를 덜 겪은 어린아이의 영혼이 성인의 영혼보다 훨씬 순수하고 완전하다 할 수 있는데, 워즈워스가 「하늘의 무지개를 볼 때면」이라는 시에서 "아이는 어른의 아버지the Child is father of the Man"라고 한 것도 그 때문이지요. 보다 순수하고 온전한 영혼을 지니고 있기에 어른보다 완전한 인간 존재인 아이!

워즈워스는 우리가 이 '순수하고 완전한 영혼'을 되찾아야 한다고 생각합니다. 번잡하고 비루한 일상의 무게에 짓눌린 상태에서 벗어나 자신의 영혼을, 자신의 내면을 오롯하게 응시하는 것, 나는 어떤 존재인가를 찾아 '명상'하는 것, 그것이 바로 '순수하고 완전한 영혼'을 되찾는 길이며, 이는 소란스러운 인위의 세계보다는 고요한 자연 속에서 더 가능한 일이라 생각했지요. 인간 본연의 영혼을 찾기 위해 자연 속에서 명상하는 일! 시는 바로 거기서 솟아납니다. 따라서 중요한 것은 자연 자체가 아니라 자연을 매개로 한 인간 자신의 명상이며, 이때 가장 중요한 정신작용이 바로 '상상력'인 것입니다. 자연을 소재로 한 그의 시들을 '자연시'가 아니라 '명상시'라 칭하는 까닭도 그 때문입니다.

워즈워스는 '상상력'을 통한 명상 속에서 시가 태어나는 과정을 "고요함 가운데 회상된 정서emotion recollected in tranquility"라는 표현으로 설명합니다. 오늘 우리가 보게 될 시「한 조각 구름처럼 외로이 나는 헤맸다네」는 워즈워스가 1802년경 누이 도로시Dorothy와 레이크 디스트릭트Lake District를 산책하다가 수선화 무리를 보고 영감을 얻어 1804년경 완성한 시로 워즈워스의 시 이론, 나아가 낭만주의 시 이론을 잘 보여주고 있다는 점에서 더욱 의미가 있는 시랍니다. 이제 시를 보겠습니다.

> 계곡과 산 위로 높이 떠다니는
> 한 조각 구름처럼 외로이 나는 헤맸다네.
> 그때 문득 한 무리의,

아니, 무수한 황금빛 수선화를 보았다네.
호숫가 나무 아래
미풍에 나부끼며 춤추고 있는.

어떠세요? 1연에 가득한 모든 이미지들은 낭만주의의 정서를 그대로 반영하는 단어들이지요. "외로이", "헤맸다네"와 같은 표현과 다양한 자연의 대상들(cloud, hills, bales, lake, tree, breeze)을 떠올리며 눈을 감고 시의 이미지들로 그림을 잠깐 그려보세요. 수선화 가득한 호숫가, 하늘 위 한 조각의 구름. 그리고 대지와 시인(인간), 이 모두가 한 화면에 가득 잡히지 않나요? '천지인天地人의 결합'이라고 할까요. 위에서 언급한 워즈워스의 이상인 '자연과의 합일'이 그대로 형상화되어 있습니다.

2연에서는 상상력을 통해 자연이 무한 확장됩니다.

은하수에서 빛나고 반짝이는
별들처럼 연이어,
수선화들은 만灣의 가장자리를 따라
끝없이 펼쳐져 있었다네.
한눈에 보아도 일만 송이나 되는 수선화들이
활기차게 춤추며 머리를 까닥이고 있었다네.

자연은 호수에서 이제 은하수, 별의 우주로 확장됩니다. 거기에 더해 "반짝이는", "활기차게", "고개를 까닥이며", "춤추는" 등의 생생한 감각 이미지들이 자연과 하나 된 시인의 영혼을 반영하듯 가볍고 밝고 경쾌합니다. 이 모두는 '수선화'라는 한 대상으로 응집되면

자연 Nature　157

레이크 디스트릭트 주변 풍경

서 수선화는 시인과 자연의 합일을 강화시키는 매개물이 됩니다. 시인의 명상은 여기서 멈추지는 않습니다.

> 수선화들 곁 물결도 춤추었다네. 하지만
> 수선화들은 반짝이는 물결보다 더 큰 환희에 차 있었다네
> 이런 유쾌한 무리 속에서
> 시인이 어찌 즐겁지 않을 수 있을까.
> 나는 보고, 또 보았다네. 하지만
> 그 광경이 내게 가져다 준 행복은 생각지도 못했다네.

"물결도 춤추었"지만 "수선화가 더 환희에 차 있었다." 의인화를 통해 바람에 일렁이는 호수의 물결과 바람에 날리는 수선화의 움직

임을 모두 환희와 기쁨의 표현으로 바라본 시인은 바람에 더 많이 흔들리는 수선화가 더 큰 기쁨과 환희를 느낀다고 생각합니다. 이런 기쁨과 환희의 광경을 목격한 시인이 기쁨을 느끼는 것은 당연합니다. 하지만 그것으로 끝이 아니라는 것이 이 시의, 워즈워스 명상의 핵심입니다. 그는 아직 모르는 것이 있었다고 합니다. 시인도 그 당시에는 몰랐다는 수선화의 춤, "그 광경이 가져다 준 행복"은 무엇일까요? 마지막 연에서 시인을 그 행복에 대해 이야기 합니다.

> 종종, 내가 멍하니 혹은 사색의 분위기에 잠겨
> 침상에 누워 있을 때면,
> 수선화들은 고독의 황홀경이 허락하는
> 마음의 눈에 반짝이기 때문이라네.
> 그러면 내 가슴은 즐거움으로 가득 차,
> 수선화와 함께 춤을 춘다네.

그렇군요. "그 광경이 가져다 준 행복"은 그 한순간의 행복으로 끝나는 것이 아니라 이후에도 지속된 행복을 가져다준다는 것이지요. 그러나 주목할 것은 그 행복이 아무 때나 아무 곳에나 나타나지는 않는다는 것입니다. "멍하게" 혹은 "사색의 분위기"에 잠겨있을 때, 그 "고독의 황홀경" 속에 있을 때만 볼 수 있는 "마음의 눈"에 나타난답니다. 고독한 사색 혹은 명상에 잠길 바로 그때 시인의 '상상력' 속에 수선화들이 떠오르고 그때 시인은 '상상' 속에서 수선화들과 하나 되어 춤을 추는 것이지요.

여기서 잠깐. 그렇다면 이런 명상의 순간은 한 번이면 될까요? 그 한 번이면 시인은 자신이 수선화를 처음 보았을 때의 기쁨을 시로 표현할 수 있는 걸까요? 그럴 수 있다면 사실 우리 모두는 시인이 될 수 있을 것입니다. 우리도 저리 아름다운 수선화를 본다면 기쁨과 환희를 느끼는 것이야 당연하니까요. 그런데, 여기서 시인과 보통 사람이 달라집니다. 적어도 워즈워스의 이론에 따르자면요.

앞에서 언급한 것처럼 워즈워스는 시란 "강력한 감정이 자연스럽게 흘러넘치는 것"이라고 정의했지요. 이때 '감정feeling'은 '정서emotion'와는 구분되는 것으로, 위험을 무릅쓰고 단순하게 말하자면 '정서의 총합', '객관화된 정서'라고 할 수 있을 겁니다. 우리 모두가 아름다운 수선화를 보고 느끼는 첫 느낌은 '아름답다, 기쁘다'라는 하나의 정서라 할 수 있습니다. 그 느낌, 그 정서만으로는 시가 되지 않는다는 것이 워즈워스의 주장이지요. 그건 그냥 자기 혼자의 주관적 느낌일 뿐이니까요. 그 '주관적 느낌'이 모두에게, 적어도 일부의 타인에게라도 공감되는 '객관적 느낌'이 되려면 어떤 과정이 필요하다고 합니다. 일종의 감정적 숙성 과정이랄까요. 워즈워스는 그 과정을 "고요함 속에 회상된 정서"라는 말로 표현합니다.

예를 들어 위 시에서 시인이 처음 호숫가에서 수선화를 보았을 때 느꼈던 '환희a glee'는 하나의 정서an emotion라고 할 수 있겠지요. 그리고 호숫가를 떠나 명상에 잠겨있을 때, 또 홀로 있을 때 수선화를 생각하며 느끼는 '즐거움'은 또 다른 정서이지요. 실제 수선화를 보며 느끼는 것이 아니라 '상상' 속의 수선화를 통해 느끼는 정서 말입니다. 상상을 통해 수선화를 떠올리며 느끼게 되는 이런 기쁨과 즐거움이 계속 반복되어 숙성되는 과정, 이 과정이 곧 시인이 명상을 하는 과정이며, 이러한 과정은 시인의 '상상력'을 통해 이루어집니다. 수선화를 보지 않으면서도 마치 보는 것과 같은 강렬한 느낌을 갖게 되는 것, 이것을 가능하게 하는 것이 바로 시인의 '상상력'이며, 보통 사람들에게는 부족한 것이라고 워즈워스는 말합니다. 이런 상상을 통해 마치 실제로 수선화를 보는 것과 같은 강렬한 감정과 느낌이 여러 번 반복, 숙성되는 과정, 다시 말해 시인의 명상 과정이 반복되다가 마침내 참을 수 없을 만큼 강렬한 '환희Glee'라는 하나의 감정으로 승화되는 순간이 오게 되지요. 바로 그 순간 그 강렬한 감정은 더 이상 억제할 수 없이 '자발적으로' 흘러넘치게 되며, 이것이 바로 시가 되는 것이지요.

'자발적spontaneous'이라는 말은 생각해 볼 필요가 있습니다. '스스로 유발되고 발생한다' 정도의 의미겠는데, 보다 간결한 설명이 가능하다고 생각합니다. 포도주잔이나 막걸리잔을 생각해보시면 되겠습니다. 포도주나 막걸리를 잔에 따르다보면 어느 순간 잔이 가득 차는 때가 옵니다. 그 상태에서 조금 더 따르면 표면장력에 의해 술잔 위로 봉긋 술이 솟게 되지요. 그러다 어느 한 순간 한 방울을 더 따르면 술이 주르륵 잔을 흘러넘치지요. 이 상태가 워즈워스가 말하는 '자발적'인 순간이라 할 수 있습니다. 감정이 가슴속에 가득 차 더 이상 담겨있지 못하고 흘러넘치는 바로 그 순간 말이지요. "고요함 속에 회상된 정서"의 '자발적인 흘러넘침'이란 바로 이런 의미이지요. 이 '자발적인 순간'을 거쳐 흘러넘친 시에 표현된 '환희'라는 감정은 이제 시인 자신의 주관적 정서를 넘어 모든 인간들의 감정에 호소력을 지니는 '객관적, 보편적 감정'으로 변화하는 것입니다.

낭만주의 시인들이 평범한 사람들이 사용하는 언어로 평범한 소재를 선택해서 시를 쓰지만 그 시가 그저 시인 자신만의 감정을 표현하는 것에 머물지 않고 인간 본연의 보편적, 객관적 감정으로 승화된다고 말할 수 있는 근거는 바로 시인이 지닌 고유한 특성이자 능력인 명상 능력, 즉 '상상력'때문이지요. 낭만주의 시가 단순한 자연시에 머물지 않고 명상시가 될 수 있는 이유도 바로 여기에 있지요. 평범한 자연 대상에 불과한 수선화를 보고 시인 워즈워스가 처음 느낀 '환희'라는 정서가 상상력을 통한 명상 과정이라는 긴 숙고의 과정을 거친 다음 마침내 자발적으로 터져 나올 때 그때 '환희'는 시인 개인의 정서가 아니라 수선화를 보는 누구라도 그렇게 느낄 수밖에 없는 인간 보편의 '환희'라는 감정으로 변한 것이지요. 시인과 보통 사람을 구분하는 것, 그것은 바로 이 명상과 숙고를 할 수 있는 상상력이 있는가 없는가의 차이라고 워즈워스는 말합니다. 그가 처음 호숫가의 수선화를 보고 이 시를 쓰게 될 때까지 걸린 시간이 1년 반에서 2년 정도 되었다고 합니다. 처음 수선화를 보고 시가 흘러나올 그 시간까지 워즈워스는 자신만의 '고독한 명상' 속에서 수선화를 '상상'한 것이지요.

이러한 낭만주의 시론, 특히 워즈워스의 시론은 나중에 T. S. 엘리엇에 의해서 철저하게 부정됩니다. 낭만주의의 반대편에 있는 고전적 문학이론을 보여주는 엘리엇이 워즈워스, 나아가 낭만주의 문학론을 비판하는 것은 다음 기회에 살펴보겠습니다. 지금까지 낭만주의, 특히 워즈워스의 시론을 잘 담은 시, 「한 조각 구름처럼 외로이 나는 헤맸다네」였습니다.

I Wandered Lonely As a Cloud

William Wordsworth

I wandered lonely as a cloud
That floats on high o'er vales and hills,
When all at once I saw crowd,

A host, of golden daffodils;
Beside the lake, beneath the trees,
Fluttering and dancing in the breeze.

Continuous as the stars that shine
And twinkle on the milky way,
They stretched in never-ending line
Along the margin of a bay:
Ten thousand saw I at a glance,
Tossing their heads in sprightly dance.

The waves beside them danced; but they
Outdid the sparkling waves in glee
A poet could not but be gay,
In such a jocund company;
I gazed—and gazed—but little thought
What wealth the show to me had brought:

For oft, when on my couch I lie
In vacant or in pensive mood,
They flash upon that inward eye
Which is the bliss of solitude;
And then my heart with pleasure fills,
And dances with the daffodils.

William Wordsworth(1770~1850)

- 19세기 영국 낭만주의의 대표 시인
- 1770년 4월 7일 잉글랜드 호수 지방 코커머스Cockermouth 출생
- 1843년부터 1850년 사망할 때까지 영국의 계관시인
- 어린 시절 자연 속에서 자라, 후에 전원시를 쓰는 데 많은 도움이 되었다.
- 1787년 케임브리지 대학의 세인트존스 칼리지 입학
- 1790년 프랑스 여행 중 아네트 발롱을 만나 1792년 딸 출산
- 아네트와 결혼하지 않았으나 끝까지 그녀와 딸을 지원
- 1798년 콜리지Samuel Taylor Coleridge와 함께 『서정 담시집』Lyrical Ballads 출간
- 콜리지, 사우드Robert Southey와 함께 '호수파 시인The Lake Poets' – 자연의 미묘한 아름다움을 깊이 관찰하고 사랑과 고요함을 노래한 시인들
- 1850년 4월 23일 자신의 저택 라이덜 마운트Rydel Mount에서 사망, 그라스미어의 성 오스왈드 교회St Oswald's Church에 안장
- 『서정담시집』Lyrical Ballads, with Other Poems, 『시집』Poems, in Two Volumes, 『프랑스 혁명』French Revolution, 『호수 안내서』Guide to the Lakes 등의 시집과 『소풍』"The Excursion", 『라오다미아』"Laodamia", 『피터 벨』"Peter Bell", 『서곡』"The Prelude" 등의 작품이 있음.

나무 중 가장 아름다운, 벚나무는 지금
- 알프레드 E. 하우스먼(1859~1936)

나무 중 가장 아름다운, 벚나무는 지금
가지마다 활짝 꽃을 피운 채
숲길에 늘어서 있다네
부활절을 맞아 희디흰 옷으로 갈아입고.

내 일흔 해의 삶 가운데
스물은 다시 오지 않으리니
일흔 봄에서 스무 해를 빼면
남은 것은 오직 쉰뿐

활짝 핀 벚꽃을 보기엔
쉰 봄도 너무 짧기에
숲길을 따라 나는 가리라
눈송이처럼 피어난 벚꽃을 보러.

봄, 하면 떠오르는 꽃, 무엇일까요? 진달래, 개나리, 목련 다 있지만 그래도 봄 하면 벚꽃 아닐까요. 봄, 그 화려한 날의 전령으로 벚꽃만큼 어울리는 꽃 있을까요. 벚꽃의 엄청난 '화해花海전술'때문 만은 아니지요. 차갑고 무거웠던 겨울 보내고 환하게 빛나는 가벼운 봄 햇살 아래 하늘을 가득 덮는 하얀 꽃잎 피운 벚꽃 그늘을 걷는 사람들의 설렘 가득한 발걸음과 바람에 날리는 눈꽃 같은 벚꽃의 낙화는 봄의 증명사진 같아요.

꽃의 느낌도 그래요. 개나리, 진달래는 샛노랗고 붉은 꽃무리가 아름다워도 왠지 쓰다듬어 주고 싶은 마음이 드는 뽐내는 개구쟁이 아이나 서투른 화장 처음 배운 한껏 치장한 중학생 소녀 같고, 우아함과 화려함으로야 제일이라 할 수 있는 목련은 어쩐지 한 걸음쯤 뒤에서 가만히 바라보며 연모하는 누이나 이모 같지요.

벚꽃은 어떤가요. 봄의 시작과 함께 어디에서나 만날 수 있는 벚꽃은 눈이 부시게 밝고 환하면서도 감출 수 없는 명랑한 우아함에 귀티까지 풍기지요. 다가가 가만히 들여다보면 햇살 받고 투명하게 비치는 옅은 분홍을 띤 꽃잎은 설레는 마음으로 조심조심 다가가 수줍게 입 맞추고 싶은 첫사랑 소녀의 볼 같다가 발갛게 홍조 띤 얼굴로 수줍은 듯하면서도 외면하지 않고 눈 마주보며 미소 짓는 아가씨 같기도 하지요. 그래서일까요. 살구 분홍빛 홍조를 띤 벚꽃, 어디서나 흔히 보이는 듯해도 만날 때마다 반갑지요. 머리 위에서 하늘을 가득 덮고 눈처럼 날리는 벚꽃 잎의 낙화는 목련의 낙화처럼 처연하지 않고 개나리나 진달래의 그것처럼 무명無名이지도 않아요. 봄은 벚꽃이고, 벚꽃은 봄이에요.

제게도 봄은 중랑천변 둑길의 벚나무와 함께 오지요. 베란다에서 보이는 벚나무들이 하나씩 하얀 몽우리를 피워 올릴 때 봄은 이미

이만큼 다가와 제 손을 잡고 더 자주 그 길로 저를 데려가지요. 올봄은 아쉽게도 천변의 그 벚꽃을 제대로 만나지 못하고 가버렸지요. 그렇게 제 생애 단 한번밖에 만날 수 없었던 올해의 봄과 봄의 벚꽃을 영원히 잃었지요. 뒤늦게 웬 벚꽃 타령으로 유난이냐 타박하실 것 같은데, 올봄 그 봄과 벚꽃을 제대로 만나지 못하고 보내버린 제 안타까움이겠거니 이해해 주시길 바랍니다만, 오늘 읽을 시를 보시면 제 유난은 유난도 아니라 생각하시게 될지도 모르겠어요. 알프레드 에드워드 하우스먼의 「나무 중 가장 아름다운, 벚나무는 지금」입니다.

 이 시는 1896년 출간된 그의 시집 『슈롭셔의 젊은이』에 실려 있는데, 시의 화자는 스무 살 젊은이로 상정하고 있습니다. 봄의 벚나무를 보면서 찰나처럼 지나가는 인생의 시간에 대한 소중함과 아쉬움을 동시에 전하는 이 시의 느낌이 더 강렬하게 다가오는 이유입니다. 같이 읽어보겠습니다.

> 나무 중 가장 아름다운, 벚나무는 지금
> 가지마다 활짝 꽃을 피운 채
> 숲길에 늘어서 있다네
> 부활절을 맞아 희디흰 옷으로 갈아입고.

 벚나무가 "가장 아름다운 나무"라는 화자의 칭송에 대해 '아니야'라고 거부하지는 않겠습니다. 다만, '가장'이라는 부사를 딱 벚꽃에게만 붙이는 화자의 단호함이 부러우면서도 저는 살짝 주저합니다. 앞에서 봄은 벚꽃이라 말했지만 그건 가장 아름답다는 것과는 조금 다른 것이라는 것, 이해해주시겠지요? 벚꽃에게 "가장 아름다운"이라는 최상급을 붙이면 다른 꽃들과 풀들은 어떡해요. (사실 여러분께만 살짝 말씀 드리자면 저는 천변을 산책하면서 장미에게도, 금계국에게도, 민들레에게도, 억새에게도, 찔레장미에게도, 해바라기에게도, 백합에게도, 배롱나무에게도, 백일홍에게도, 그리고 이름도 모를 많은 풀들에게도 그들 귀에다 대고 "네가 가장 아름다워" 한답니다. 자기들 귀에만 대고 말하는 제 마음을 그 풀과 꽃들도 다 알아들어요.)

화자에게는 "가장 아름다운 나무"인 벚나무가 "활짝 꽃을 피운 채 / 늘어선" 숲길, 상상이 되시죠? 아니, 상상이 아니라 매년 봄 여러분과 제가 보는 모습이지요. 제게는 봄의 천변, 일상이고요. 집 앞을 나서 횡단보도만 건너면 수령 50년도 넘은 벚나무들이 양옆으로 도열해 하늘을 가득 메운 채 하얀 꽃 대궐을 만드는 중랑천변을 걷는 일은 제가 누리는 가장 행복한 일이기도 하니까요. 그리고 그 행복한 시간이 얼마나 순간인가 하는 것도 늘 경험하지요.

어느 해 봄이었어요. 아침 산책길에 꽃 가득한 벚나무의 한 가지에 막 맺힌 꽃망울부터 만개한 벚꽃이 함께 나란한 모습을 보았지요. 카메라에 담고 싶었으나 빈손이었던 터라 강의 다녀온 후 다시 카메라를 들고 그 나무를 찾았지요. 그러니까 대여섯 시간쯤 흘렀나 봐요. 그러나 다시 찾은 그 나뭇가지의 벚꽃들은 이미 모습이 달라져 있었어요. 몽우리는 꽃을 펼쳤고 활짝 폈던 꽃은 아침의 그 싱싱함을 잃고 바깥 잎이 처지고 있었어요. 아침의 그 모습을 보려면 다시 일 년을 기다려야 했지요. 사실 그 이후 봄마다 저는 그 모습을 찾아 고개를 들고 머리 위 천변 벚나무들을 보며 걷지요. 시의 묘사 속에 그런 제 모습이 그대로 담겨 있네요.

"부활절을 맞아 희디흰 옷"을 입은, 하늘 가득 덮을 만큼 **빼곡하게**

꽃 피운 벚나무는 마치 예수의 부활을 기다리는 천사들 같은 이미지군요. 긴 겨울을 이기고 환한 봄을 알리며 다시 핀 벚꽃과 죽음을 이기고 부활한 예수 그리스도, 두 이미지가 겹쳐지면서 봄과 부활의 의미가 더해지네요.

벚꽃과 부활절. 그래요. 시기가 닿아 있지요. 부활절은 예수 그리스도가 십자가에 못 박혀 죽은 지 삼일째 되는 날 다시 살아난 것을 기념하는 날이죠. 언제라고 딱 날짜가 정해진 것이 아니라 325년 니케아공의회에서 춘분 이후 첫 보름이 지난 일요일로 한다고 정한 이래 그대로 지켜오고 있다지요. 첫 번째 보름이 일요일이라면 그 다음 주로 미뤄 지키고요. 그 부활절 기간이 대체로 3월 22일부터 4월 26일 사이가 된다고 해요. 벚꽃이 피는 시기와 겹치지요. 올해 서울의 벚꽃은 4월 2일이 만개한 날짜라 하고 부활절은 4월 17일이었지요.

> 내 일흔 해의 삶 가운데
> 스물은 다시 오지 않으리니
> 일흔 봄에서 스무 해를 **빼면**
> 남은 봄은 오직 쉰뿐

화자는 자신의 인생을 70년으로 셈하는군요. 시인은 일흔일곱까지 살았으니 당시로서는 장수한 셈인데, 그 얘기를 하자는 건 아니고요. 그 다음 행을 보시지요. "일흔 해의 삶 가운데/ 스물(이라는 나이)은 다시 오지 않"는다 합니다. 스무 살의 젊은이가 "일흔 (번의) 봄에서 (지나간) 스무 해를 빼면/ (내 인생에) 남은 봄은 오직 쉰뿐"이라며 아쉬워합니다. 흠. 아무리 그때의 나이와 지금의 나이가 다르다 하더라도 이건 좀 심하다 싶지 않나요. 스무 살 청년이 그렇게 지나간 봄을 이토록 아쉬워한다니요!

하지만 이해가 안 되는 것도 아닙니다. 우리는 모두 스무 살을 지나왔지만 다 같은 마음으로 지나온 것은 아니며, 개인의 사고와 경험이 물리적 시간과 정비례 하는 것만도 아닐 테니까요. 어찌 표현하건 화자가 말하고자 하는 것은 지나간 20년, 그리고 남은 50년이라는 시간의 소중함이겠지요. 하지만 사실, 약간의 엄살과 과장이 느껴지는 것도 사실이기는 하죠? 그래서 어떤 이들은 이 시가 얼마간 비관주의의 색채를 띠고 있다고 보기도 해요. 포도주 병에 포도주가 반 밖에 안 남았네, 와 아직 반이나 남았네, 사이에서 어느 쪽을 택할까 하는 문제와 꼭 같을 수는 없겠지만 이 시의 화자가 전자쪽으로 심각하게 기울어 있는 것은 부인하기 어려워 보이기도 해요. 그런 생각을 하니 단 한순간이라도 지체할 수 없겠지요.

> 활짝 핀 벚꽃을 보기엔
> 쉰 봄도 너무 짧기에
> 숲길을 따라 나는 가리라
> 눈송이처럼 피어난 벚꽃을 보러.

앞으로 그에게 남은 '불과' 쉰 번의 봄, 그 가운데 하나인 지금 이 봄은 얼마나 소중하고 귀한 순간일까요. 지금 가면 다시는 볼 수 없는 봄이니까요. 이 시를 읽을 때마다 생각나는 장면이 있어요. 몇 년 전, 흑석동 제가 강의 나가는 학교 바로 맞은편 산책길에서 만났던 순간이지요. 개나리, 벚꽃 흐드러진 어느 봄날, 강의를 마치고 카메라를 들고 벚나무 터널 길 아래 한참을 앉아 있었던 적이 있었지요. 유치원 아이들, 학생들, 데이트 하는 청춘들, 중년의 남녀들과 많은 사람들이 벚꽃과 개나리길 따라 오가는 모습을 구경하고 있었지요.

얼마나 그렇게 앉아 있었을까요. 많던 사람들 거의 사라진 그 벚나무 아래, 개나리 핀 길에 어르신 한 분이 왔지요. 뷰파인더로 보니 일흔은 족히 넘은 것 같았어요. 어르신은 한동안 길옆의 벚꽃과 개나리를 보시더니 손전화기를 꺼내 개나리와 벚나무를 배경으로 셀카를 찍기 시작했어요. 자그마한 폴더폰이었는데, 찍고 보고 다시 찍고 또 보고. 마음에 들지 않았는지 그러길 몇 번. 마침내 뷰 파인더로 조그맣게 보이는 어르신의 얼굴에 웃음이 피어났지요. 그 표정이 너무 인상적이어서 멀리서 카메라에 담았지요. 그 분은 사진을 어디론가 보내는 듯 한참 더 폰을 만지더니 자리를 떴습니다.

저는 어르신이 자리를 떠난 뒤에도 한참을 앉아 사진으로 남은 어르신의 모습을 보며 궁금했습니다. 그때 어르신의 마음에 무슨 생각이 스쳤을까. 그걸 제가 어찌 알겠습니까만 뷰 파인더 속에 비친 어르신의 그 천진난만한 미소는 세상 그 어떤 미소보다 순수하고 아름답고 환했습니다. 어느 때건 수업시간에 이 시를 읽을 때마다 저는 학생들에게 그 어르신 이야기를 들려줍니다. "활짝 핀 벚꽃을 보기엔 / 쉰 봄도 너무 짧"다 말하는 시인의 마음과 함께. 그리고 대충 이런 취지의 말을 덧붙이곤 합니다.

여러분들은 여러분 각자가 꽃이라 굳이 자연의 꽃을 보지 않아도 될지 몰라. 친구들이 다 꽃이거든. 게다가 앞으로 살아갈 인생을 준비하는 일로 분주한 마음에 자연을 보며 한갓지게 보낼 시간도 쉽사리 나지 않는 것도 현실일 테고. 또 계절 따라 벚꽃이 피고 지고, 장미도 피고 지고, 해바라기, 코스모스 피고 지는 것이 당연하게 보이거나 아니면 특별한 관심 가지기에는 너무나 자연스러운 일처럼 느껴지기도 할 거야. 그러나 말이지 사실 당연한 건 아무것도 없다는 것, 그게 우리 삶이 우리에게 잘 말해주지 않는 비밀이라네.

우리 주변에서 너무도 당연한 것처럼 보이는 많은 것들은 그래 보일 뿐, 혹은 그렇게 우리가 느낄 뿐 실은 전혀 당연하지 않은 것들이지. 우리가 아침에 눈을 뜨고 일어나는 일에서부터 함께 하는 이들과 함께 밥을 먹을 수 있는 일, 일하러 공부하러 나갔다 저녁이면 다시 만나는 일, 여러분과 내가 이 강의실에서 이렇게 이야기를 나눌 수 있는 지금 이 순간까지, 이 모든 평범해 보이는 시간들이 얼마나 귀하고 소중한 시간인지를 우리는 제대로 깨닫고 사는 걸까.

학생들이 무슨 생각을 하는지는 정확하게 알 수 없지만 적어도 제가 저 말을 하는 의도는 충분히 짐작하리라 믿습니다. 손톤 와일더의 『우리 읍내』라는 극에서 죽은 후 자신의 생일날 하루를 다시 살아본 에밀리는 너무도 무심하게 살아가고 있는 사람들을 보고 실망하고 가슴 아파하며 절규하듯 이렇게 말하지요.

안녕, 이승이여, 안녕. 우리 읍내도 잘 있어. 엄마, 아빠, 안녕히 계세요. 째깍거리는 시계도, 해바라기도 잘 있어. 맛있는 음식도, 커피도, 새 옷도, 따뜻한 목욕탕도, 잠자고 깨는 것도. 아, 너무나 아름다워 그 진가를 몰랐던 이승이여, 안녕…살면서 자기 삶의 모든 순간을 제대로 깨닫는 인간이 있을까요? 매 순간마다요?

지금 당장 일어나 (오늘이 지나면 일 년 뒤에나 다시 볼 수 있는) "눈송이처럼 피어난 벚꽃을 보러" 숲길로 떠나는 화자는 바로 이 "너무나 아름다"운 삶의 "진가"를 제대로 느끼며 살고 싶은 거겠지요. 이제 겨우 스무 살일 뿐인데, 지나간 스무 해를 아쉬워하며 자신에게 남겨진 봄이 겨우 50년 밖에 안 된다고 서러워하는 화자의 야단스러움이 이해가 되기도 해요.

우리 모두는 같은 시간을 살지만 그것은 물리적인 시간일 뿐 각자가 경험하는 시간은 철저하게 주관적인 개개의 시간일 겁니다. 각자에게 각인되는 시간의 나이테는 그의 몸과 마음이 세상을 경험하는 깊이와 의미만큼 넓거나 혹은 조밀할 거고요. 한 이틀 쏟아진 폭우로 불어난 중랑천의 흙탕물이 범람해 다 쓸고 간 자리에 짙은 향 가득 풍기며 밤을 환하게 밝혀주던 백합꽃 사라지고 꺾이고 굽고 쓰러진 대궁들만 가득합니다. 내년 이맘때나 되어야 밤마다 눈 맞추던 백합꽃 다시 만나겠지요. 백합 사라진 지금은 장미의 계절. 쉰다섯 번의 봄이 사라진 내게 남은 봄 얼마인가 셈하며 천변의 그 장미들 보러 나섭니다.

하우스먼은 시인으로서도 충분한 명성을 얻었지만 라틴어 학자로서 그의 명성은 훨씬 더 널리 인정받고 있습니다. 런던대학과 케임브리지 대학 라틴어 교수였고, 1911년 케임브리지 대학의 트리니티 칼리지의 케네디 교수에 임용되어 평생 재직했던 그는 호라티우스, 오비드, 아이스퀼로스, 소포클레스 등에 대한 독자적인 라틴어 연구를 수행하며 논문을 집필했지요. 자신의 작업에 얼마나 대단한 자신감을 가지고 있었는지는 당대 학자들에 대한 다음과 같은 신랄한 비판을 통해서 짐작할 수 있습니다.

멍청하고 게으르고, 소용도 없는 일이나 하는 (학자들). 아는 것, 좋다. 방법, 훌륭하다. 하지만 그 모든 것보다 중요한 한 가지가 있는데, 그건 어깨 위에 얹혀있어야 할 것이 호박덩어리가 아니라 머리여야 하고, 머릿속에는 푸딩이 아니라 뇌가 들어 있어야 한다는 것이다.

유니버시티 칼리지의 고전학 교수인 굴드G. P. Goold의 언급은 라틴-고전 연구에 미친 하우스먼의 영향력을 단적으로 보여줍니다.

하우스먼의 학문적 유산은 영원한 가치를 지니고 있다. 겉으로 드러나는 명백한 업적보다 연구 작업을 수행하면서 그가 보여준 놀라운 정신적 명민함이 더욱 빛난다. (그는) 우리 시대의 마지막 위대한 텍스트 비평가일 수도 있다.

셰익스피어의 노래와 스코틀랜드 변경의 발라드, 그리고 하이네의 시에 많은 영향을 받았다고 스스로 언급한 바 있는 하우스먼의 시는 짧고 서정적인 특징으로 인해 특히 노래로 많이 작곡되어 불린 것으로 유명합니다. 현재까지 그의 시 187편의 작품을 노래한 615곡의 목록이 존재하는 것으로 파악되고 있다고 합니다. 오늘 우리가 읽었던 시 또한 aabb의 각운을 가진 4행연으로 이루어진 짧은 노래로 약강4보격의 음보를 지니고 있군요. 여러 버전의 노래도 불리고 있기도 한 하우스먼의 「나무 중 가장 아름다운, 벚나무는 지금」이었습니다.

Loveliest of Trees, the Cherry Now
Alfred Edward Housman

Loveliest of trees, the cherry now
Is hung with bloom along the bough,
And stands about the woodland ride
Wearing white for Eastertide.

Now, of my threescore years and ten,
Twenty will not come again,
And take from seventy springs a score,
It only leaves me fifty more.

And since to look at things in bloom
Fifty springs are little room,
About the woodlands I will go
To see the cherry hung with snow.

Alfred Edward Housman (1859~1936)

- 19~20세기 초반 영국
- 1859년 3월 26일 영국 우스터셔Worcestershire의 타운하우스 Townhouse 출생
- 대표작은 『슈롭셔의 청년』A Shropshire Lad
- 1896년에 출판, 청년의 소외, 사랑의 실패, 죽음의 테마
- 간결하고 직설적인 언어, 애절한 감정, 음악적인 언어와 잘 다듬어진 구조의 시
- 인간의 삶과 무의미성, 시간의 흐름 노래
- 고전학자로 유명, 런던 대학University College London과 케임브리지 대학교the University of Cambridge에서 라틴어 교수를 역임하고, 케임브리지 트리니티 칼리지Trinity College, Cambridge에서 라틴어 교수로 평생 봉직
- 1936년 4월 30일 영국 케임브리지에서 사망
- 『마지막 시』Last Poems, 『그 밖의 시』More Poems 등 다수의 작품이 있음.

쿨 호숫가의 백조들
– 윌리엄 버틀러 예이츠(1865~1939)

나무들은 아름다운 가을 색으로 물들고
숲 속 오솔길은 메말랐는데
시월의 황혼 아래 호수는
고요한 하늘을 비추고 있다.
바위 사이 찰랑이는 물결 위에
쉰아홉 마리의 백조들.

내가 처음 백조들을 헤아린 이후
열아홉 번의 가을이 지나갔다.
다 헤아리기도 전에 나는 보았다
모두들 갑자기 솟아오르며
요란스러운 날갯짓을 하며
엄청나게 커다란 부서진 원 모양으로 선회하며 흩어져 날아가는 것을.

저 빛나는 새들을 바라봐 왔는데
지금 내 가슴은 쓰리다.
모든 것이 변했다, 내가, 황혼 무렵에
맨 처음 이 호숫가에서
내 머리 위로 날던 저 새들의 종소리 같은 날갯짓 소리 들으며
한결 가벼운 걸음으로 걷던 그때 이후.

여전히 지치지 않고, 사랑하는 짝과 나란히
백조들은 서늘하고 다정한 물결 속에서
헤엄치거나 하늘을 난다.
그들의 마음은 늙지 않았다.
열정이나 사랑의 성취는, 그들이 어디를 헤매든
언제나 그들과 함께 있다.

하지만 지금 백조들은 고요한 호수 위에 떠서 흐르고 있다,
신비하고도 아름답게.
어느 골풀 사이에 둥지를 틀고
어느 호숫가 혹은 어느 연못가에서
사람들의 눈을 기쁘게 할까 언젠가 내가 일어나
그들이 날아가 버린 것을 발견하게 될 때는?

―――――――――――――― ◇ ――――――――――――――

　예술가와 그/그녀의 연인의 사랑이야기는 그 자체로 한 편의 시, 소설로 기억되지요. 엘리자베스 배럿과 브라우닝, 키츠와 브론, 존 던과 앤 모어는 물론 단테와 베아트리체, 에드거 앨런 포와 버지니

아 클렘, 로댕과 까미유 클로델, 피카소와 도라마르, 테드 휴즈와 실비아 플래스 등이 얼른 떠오르지요. 다들 나름의 아름답고 아픈 사랑의 이야기들을 담고 있지만 거기에 예이츠와 모드 곤을 빼놓으면 섭섭하겠지요. 열렬한 아일랜드 독립운동과 문화운동 활동가인 동시에 배우였던 모드 곤을 향한 예이츠의 사랑은 수많은 그의 시를 낳은 대표적인 문학적 영감의 원천으로 문학사에 기억됩니다. 하지만 끝내 이루어지지 못한 가슴 아픈 사연이기도 하고, 나중에는 추문을 동반한 씁쓸한 신파류의 끝을 보여주기도 하지요.

오늘은 1923년 노벨상 수상자이자 아일랜드는 물론 현대 영시를 대표하는 시인 윌리엄 버틀러 예이츠의 「쿨 호숫가의 백조들」을 읽으면서 긴 세월에 걸친 모드 곤에 대한 그의 사랑과 두 사람이 함께 참여했던 '아일랜드 문예부흥'에 대해서도 이야기해 보도록 하겠습니다. 이 시에는 모드 곤에 대한 예이츠의 사랑과 좌절의 시간이 담겨 있을 뿐 아니라 두 사람의 이야기를 통해 '아일랜드 문예부흥' 나아가 아일랜드 독립운동과도 닿아있기 때문입니다.

그럼, 시의 1연부터 보겠습니다.

> 나무들은 아름다운 가을 색으로 물들고
> 숲 속 오솔길은 메말랐는데
> 시월의 황혼 아래 호수는
> 고요한 하늘을 비추고 있다.
> 바위 사이 찰랑이는 물결 위에
> 쉰아홉 마리의 백조들.

'말로 된 그림'이라는 서정시의 특징이 생생하게 드러나는 묘사가 인상적입니다. 자연 묘사가 특징적이었던 윌리엄 워즈워스나 로버트 프로스트 시의 일부라 해도 이상하지 않을 정도입니다. 시월 황혼 무렵 호숫가의 풍경이 그대로 떠오릅니다. 특히 "가을"이라는 배경과 "메말랐"다는 표현에서 느껴지는 쇠락의 분위기와 "아름다운", "고요한", "찰랑이는" 등의 이미지에서 나타나는 생기 있고 아름다운 분위기의 공존이 인상적입니다. 이 상반되는 분위기와 정조야말로 이 시 전체를 아우르는 정조이자 이 시의 화자와 1연의 마지막에 등장하는 "백조들"이 보이는 차이이기도 합니다. 형식적으로는 전체 시가 abcbdd 각운으로 되어 있습니다.

시의 배경이 되는 '쿨Coole' 지방은 아일랜드 서부 골웨이Galway에 있는 지역으로, 예이츠의 친구이자 아일랜드 문예부흥에도 함께 참여했던 그레고리 부인Lady Gregory의 집이 자리했던 곳입니다. 예이츠는 1897년 처음 이곳을 방문한 이후 대부분의 여름을 이곳에서 보냈다고 하는데 1연은 그런 쿨 호숫가의 풍경을 그림처럼 보여주고 있습니다.

마지막 행의 "쉰아홉 마리"라는 구체적인 숫자가 눈에 띕니다. 시에서 저런 숫자들이 나오면 가끔 궁금해집니다. 저 숫자는 무얼 상징하는 것일까? 무슨 의미가 있는 것일까? 어떤 중요한 의미를 담을 수 있으니까요. 완벽을 의미하는 숫자 3, 충만을 의미하는 9, 각각 행운과 불행의 상징인 7과 6, 혹은 무한과 공을 의미하는 0에 이르기까지. 왜 59였을까요? 쉰하나인 예이츠의 나이도 아니고, 특별한 상징을 담은 것 같지도 않고. 예이츠가 말해주지 않으니 정확히 알 수는 없습니다만 한 가지는 분명히 알 수 있습니다. 예이츠가 얼마나 정성들여 호숫가의 백조들을 보고 또 보고했는가를 말이지요. 한 해 한 해 올 때마다 가는 해를 헤아리듯 호숫가의 백조들을 세며

응답받지 못한 자신의 사랑을 아프게 되새겼을 시인의 모습이 보입니다. 그것도 19년 동안이나 말입니다.

> 내가 처음 백조들을 헤아린 이후
> 열아홉 번의 가을이 지나갔다.
> 다 헤아리기도 전에 나는 보았다
> 모두들 갑자기 솟아오르며
> 요란스러운 날갯짓을 하며
> 엄청나게 커다란 부서진 원 모양으로 선회하며 흩어져 날아가는 것을.

이 시는 1916년에서 1917년 사이에 쓴 것으로 알려져 있습니다. "처음 백조들을 헤아린 이후 열아홉 번의 가을이 지났다"라는 1~2행이 그 사실을 알려주고 있기도 합니다. 이때 예이츠의 나이 마흔다섯이었는데요, 이 시와 관련하여 더 중요한 사실은 이 시를 쓰기 직전 예이츠는 모드 곤에게 다섯 번째 청혼을 했다가 거절당했다는 사실입니다. 한 사람에게 다섯 번의 청혼을 했다? 이전의 청혼이 모두 거절당했으니 다섯 번까지 했을 텐데, 청혼한 사람도 거절한 사람도 모두 대단합니다. 아니 그럴 수 있는 그 '마음'이 대단하다는 생각도 하게 됩니다.

예이츠가 모드 곤을 처음 만난 것은 1889년이었습니다. 첫눈에 그녀에게 폭 빠져버리고 만 예이츠는 2년 뒤인 1891년 그녀에게 청혼을 했지만 거절당하고 맙니다. 예이츠 자신도 나중에 시인한 것처럼 모드 곤의 거절은 예이츠에게 큰 상처로 남게 됩니다. 당연하겠지요. 어떻게 안 그럴 수 있겠어요. 그래서였을까요. 첫 번째 거절을

자연 Nature

1900년 경의 모드 곤 (출처-위키피디아)

당한 후에도 예이츠는 포기하지 않고 모드 곤에게 세 번이나 더 청혼을 합니다. 하지만 그녀는 이를 모두 거절하고 1903년 아일랜드 민족주의자였던 군지도자 존 맥브라이드John Macbride와 결혼을 함으로써 예이츠에게 더 큰 좌절과 불행을 안깁니다.

모드 곤이 예이츠의 청혼을 받아들이지 않은 데는 몇 가지 이유가 있습니다. 열렬한 가톨릭 신자였던 모드 곤의 권유에도 불구하고 예이츠는 가톨릭으로 개종하는 것을 거부했지요. 더 큰 이유는 아일랜드 독립운동에 대한 예이츠와 모드 곤의 입장 차이였습니다. 아일랜드의 독립을 위한 열렬한 민족주의 운동가였던 모드 곤은 상대적으로 이 같은 정치적 운동에 소극적이었던 예이츠의 태도에 찬성할 수 없었습니다.

예이츠도 아일랜드 민족주의자의 면모를 지니고 있었던 것은 분명합니다. 그러나 모드 곤과는 달리 그는 '아일랜드 문예부흥 운동'을 통한 아일랜드의 문화적 정체성 회복에 더욱 많은 관심을 쏟았습니다. 그레고리 부인 등과 함께 〈아일랜드 문예극장〉을 창설하고, 나중에는 〈아일랜드 민족극 협회〉를 출범시켜 영국의 영향에서 벗어난 아일랜드 고유 언어로 된 아일랜드 연극을 상연하는 노력을 경주합니다. 하지만 1916년 부활절 봉기 이후 무력투쟁을 통한 독립운동과 선을 긋고 개인주의와 정치적 자유주의에 대한 적대적 태도를 갖게 됩니다. 뿐만 아니라 민주주의를 사회질서의 유지에 반하는 것으로 생각하고 권위주의적이고 파시스트적인 입장을 옹호하는 태도를 보이기도 합니다. 이런 예이츠의 정치적 태도는 모드 곤의 그것과는 다를 수밖에 없었습니다.

그러나 사랑을 해 본 이라면 누구라도 짐작하듯 두 사람이 정말 서로를 사랑했다면 이런 차이까지도 넘어설 수 있었을 것입니다. 모드 곤에 대한 예이츠의 사랑은 사실 처음부터 짝사랑에 가까웠고, 모드 곤은 시인 예이츠가 품은 그런 사랑의 본질을 처음부터 정확하게 파악하고 있었던 것 같습니다. 그녀가 자신의 청혼을 받아주지 않고 그녀가 곁에 없어 불행하다고 토로하는 예이츠에게 모드 곤은 이렇게 답했다고 합니다.

아, 물론 그렇겠지요. 당신은 당신이 불행이라 부르는 것으로부터 아름다운 시를 짓고 거기서 행복을 느끼니까요. 결혼은 그런 바보 같은 짓일 거예요. 시인들은 절대 결혼을 해서는 안 된답니다. 제가 당신과 결혼하지 않은 것에 대해 세상은 제게 감사해야만 해요.

그러니 모드 곤이 예이츠의 청혼을 받아들이지 않은 것은 당연해 보입니다. 어쨌든 모드 곤이 이미 결혼을 했는데 1916년 예이츠가 다시 청혼한 까닭은 무엇일까요? 시작할 때부터 예이츠는 물론 주변의 반대가 심했던 존 맥브라이드와 모드 곤의 결혼은 순탄치 못했다고 합니다. 그러다 불과 2년 뒤인 1905년 둘은 맥브라이드가 모드 곤이 전 애인인 밀레보이에Millevoye 사이에 낳은 이줄트Iseult를 성적으로 학대했다는 불미스러운 소문과 함께 별거를 시작합니다. 이혼은 하지 못한 채 별거 상태로 있던 두 사람의 관계는 1916년 4월 부활절 기간에 아일랜드 독립을 쟁취하기 위한 일어난 부활절 봉기와 연루되어 체포된 맥브라이드가 5월에 사형을 당함으로써 완전히 끝이 나게 됩니다. 그러자 기다렸다는 듯 그해 말쯤 예이츠는 다시 모드 곤에게 다섯 번째 청혼을 했던 것이지요. 물론 모드 곤은 또 거절을 했고요. 이쯤 되면 모드 곤에 대한 예이츠의 사랑은 사랑인지 집착인지 조금 구분이 안 되기도 합니다. 시의 5행에서 백조들이 그리는 "커다란 부서진 원"이라는 이미지 속에는 바로 이 무수한 사실이 상징적으로 담겨있는 것 같기도 합니다. 'rings'는 '원'이기도 하지만 '반지'이기도 하니까요. 다섯 번에 걸쳐 거절당한 그 완성되지 못한 '청혼의 반지' 말이지요.

저 빛나는 새들을 바라봐 왔는데
지금 내 가슴은 쓰리다.
모든 것이 변했다, 내가, 황혼 무렵에
맨 처음 이 호숫가에서
내 머리 위로 날던 저 새들의 종소리 같은 날갯짓 소리 들으며
한결 가벼운 걸음으로 걷던 그때 이후.

19년 동안 보아온 "빛나는" 백조들. 그런데 올해 유독 그 백조들을 바라보는 시인의 마음이 쓰린 까닭은 아마 그 청혼이 거절당한 것이 큰 이유일 것입니다. 하지만 더 큰 까닭이 있음을 시인은 숨기지 않습니다. "모든 것이 변했"기 때문입니다. 19년 전 처음 이 호숫가에서 빛나던 백조들을 보았을 때 그는 "한결 가벼운 걸음"을 걷던 청년이었지만, 지금 시인은 쉰을 넘은 중년의 사내가 되어 있고, 다섯 번이나 거절당한 사랑의 상처로 인해 마음은 어쩌면 "황혼"에 가까운 상태일 테니까요. 자연의 한결같음과 인간의 변화와 쇠퇴라는 불변의 진리 앞에 시인은 변화하는 존재로서 자신, 나아가 인간의 한계

를 가슴 쓰리게 느끼는 것 같습니다. 그런 시인의 심정은 4연에서 숨김없이 드러납니다.

> 여전히 지치지 않고, 사랑하는 짝과 나란히
> 백조들은 서늘하고 다정한 물결 속에서
> 헤엄치거나 하늘을 난다.
> 그들의 마음은 늙지 않았다.
> 열정이나 사랑의 성취는, 그들이 어디를 헤매든
> 언제나 그들과 함께 있다.

  19년의 세월이 흐르는 동안 빛나는 백조들은 "지치지 않고" "헤엄치거나" 날고 있습니다. 그것도 사랑하는 짝과 나란히 말이죠. 끊임없이 사랑을 거절당한 자신과 비교하면 얼마나 부러운 모습이었을까요. 게다가 더욱 중요한 사실, "그들의 마음은 늙지 않았다"는 것입니다. 이 말은 곧 시인 자신의 마음은 이제 늙어버렸다는 것을 토로하는 것입니다. 백조들은 어디에 있건 "열정이나 사랑의 성취"를 이뤄냅니다. 그것이 부럽다는 것은 또한 "열정"도 "사랑의 성취"도 예전처럼 자신에게 남아있지 않음을 인정하며 보여주는 것이겠지요. 불타던 열정이 사라진 지금의 자신과 달리 여전한 열정으로 빛나는 백조들이 얼마나 부러울까요. 충분히 이해할 만합니다.
  "conquest"란 표현에 특히 주목합니다. "열정"이야 사랑의 기본적인 감정일 테니까요. 'conquest'라는 단어는 '정복'을 기본 뜻으로 하고 있습니다. 거기에 '(이성의) 애정을 얻는 것, 그렇게 얻은 애정의 대상'이라는 의미도 있습니다. 여기서는 '정복'보다는 후자의 뜻으로 이해하는 것이 적절해보입니다. 그런데 이 단어의 기본 의미인 '정복'이 모드 곤에 대한 예이츠의 사랑의 한 핵심을 보여주는 것 같기도 합니다. 사랑하는 대상을 얻고 싶은 것, 그 대상의 마음을 얻고 싶은 것이야 사랑에 빠진 이의 당연한 욕망이겠지요. 하지만 그 정도를 넘어 마음을 주고 싶어 하지 않는 대상을 '정복'하려는, 정복하고야 말겠다는 과도한 욕망이 될 때, 그것은 집착이 될 수도 있겠지요. 자신의 사랑을 이미 네 번이나 거절하고 다른 남자와 결혼한 여성에게 그 남자의 남편이 죽고 일 년도 지나지 않아 다시 청혼하는 예이츠의 사랑도 그와 같아서 사랑이라기보다는 가질 수 없는 대상을 소유하고야 말겠다는 집착이 되어버린 것 아니었을까요. 그런 집착은 어떤 왜곡된 결과라도 충분히 낳을 수 있으리라 또한 짐작할 수도 있습니다. 그랬을 것이라는 가능성이 커 보이는 두 사람의 긴 이야기의 결말은 마지막에 확인하기로 하고 시의 마지막 연을 보겠습니다.

> 하지만 지금 백조들은 고요한 호수 위에 떠서 흐르고 있다,
> 신비하고도 아름답게.
> 어느 골풀 사이에 둥지를 틀고
> 어느 호숫가 혹은 어느 연못가에서
> 사람들의 눈을 기쁘게 할까 언젠가 내가 일어나
> 그들이 날아가 버린 것을 발견하게 될 때는?

변해버린 자신과 달리 한결같은 백조들은 변함없이 아름답고 신비한 모습입니다. 지난 19년 동안 그랬던 것처럼 어느 날 시인이 아침에 깨어 백조들을 찾을 때 백조들은 날아가고 없겠지요. 짐작하시겠지만 이 백조들은 모드 곤과 또 한 사람의 모드 곤, 즉 모드 곤의 수

양딸 이줄트를 가리키고 있습니다. 이제 자신의 곁을 완전히 떠나 다른 이들의 눈에 "신비하고" "아름답게" 보일 그 두 사람! 그와 동시에 이 마지막 연이야말로 이 시가 시인 예이츠만의 개인 감정의 토로를 넘어 '미학적 거리Aesthetic Distance'를 획득하고 보편적 인간 정서로 가 닿는 지점이라고 할 수도 있습니다.

그를 떠난 백조들은 "어느 골풀 사이" 혹은 "어느 호숫가, 혹은 어느 연못가"이건 그곳에서 변함없는 "열정"과 "사랑의 성취" 가득한 모습을 하고 "사랑하는 짝과 나란히" "신비하고도 아름답게" 유영하겠지요. 시인처럼 변하고 쇠약해가며 마음의 열정도 잃어가는 인간들은 그런 백조들을 보며 부러워하고 기뻐하겠지요.

예이츠와 모드 곤은 이렇게 끝나고 말았을까요? 사실 이 다음의 이야기를 하는 것은 조금 저어됩니다. 지난 번 키츠를 읽을 때 말씀드렸듯, 과도한 진실은 대부분 아픈 법이라 말입니다. 모드 곤에게 다섯 번째의 청혼마저 거절당한 예이츠는 앞에서 언급한 바 있는 모드 곤의 딸 이줄트에게 청혼을 합니다! 이 시는 그 청혼까지 거절당한 뒤에 쓴 것이지요. 예이츠는 이줄트가 아기였을 때부터 봐왔을 뿐 아니라 적잖은 사람들은 이줄트가 그와 모드 곤 사이의 딸이라고까지 생각하기도 했었지요. 그런 이줄트에게 모드 곤에게 다섯 번째 청혼을 거절당하자마자 청혼을 했다는 건 어떻게 설명해도 이해하기 어렵습니다. 사랑에서 나온 행동이 아님은 누구라도 알 수 있겠지요. 당연히 이줄트는 거절했고요. 아무리 사람의 마음을 알 수 없다고는 하지만 예이츠의 집착이 어느 정도였을지 짐작이 되기도 합니다.

두 사람의 이야기가 이게 완전한 끝이 아니라는 게 함정입니다. 마지막 다섯 번째 청혼에 앞서 1908년 맥브라이드와 별거 중이던 모드 곤과 예이츠는 파리에서 만나 육체적 사랑을 나눕니다. 예이츠의

지인 가운데 한 사람은 이를 두고 "(예이츠의) 한결같은 기나긴 구애가 마침내 보상받았다."고 썼다지만, 정작 예이츠와 모드 곤, 두 사람의 반응은 달랐습니다.

예이츠는 "영원한 영혼의 순결이 비극적인 육체의 결합이 되고 말았구나."라고 했답니다. "영혼의 순수함으로 유지하던 사랑이 끔찍한 육체적 결합으로 인해 깨어지고 말았다"라는 의미로 한 말인 듯합니다. 자신이 그토록 순수한 영혼으로 갈구하던 모드 곤과의 육체적 사랑이 그 자신이 원하던 만큼 아름답지 않았던 것일까요. 말의 내용도 내용이지만 이걸 우리가 알 수 있도록 그가 입을 열었다는 게 더 끔찍한 일 같습니다. 반면, 모드 곤의 말은 이렇습니다.

> 당신을 사랑하지만, 내 사랑에서 모든 육체적 욕망이 사라지기를 얼마나 기도하고 또 기도했는지 모릅니다. 지금까지도 그랬고 지금 이 순간도 여전히 기도하고 있습니다. 나에 대한 육체적 욕망이 당신에게서 사라지기를.

두 사람이 서로 얼마나 다른 마음이었는지 느껴집니다. 모드 곤은 예이츠를 정확하게 알고 있었던 것 같습니다. 이래놓고도 예이츠는 맥브라이드가 처형당하자 기다렸다는 듯 청혼을 했다니! 그것도 모자라 그녀의 딸에게까지!

위대한 예술가들이 사생활에서는 얼마나 '찌질'해지기도 하는지 지금도 우리는 종종 보고 있습니다만 웬만해서는 예이츠에 비하기가 쉽지 않을 듯합니다. 그러나 이런 비난마저 조심스럽기는 합니다. 모드 곤에 대한 예이츠의 '사랑'이 자신도 어쩔 수 없을 만큼 강렬하게, 마치 본능처럼 그의 의식과 무의식의 기저에 자리 잡고 있어서, 세상의 어떤 비난에도 아랑곳 하지 않을 정도였다고 하는 입장도 있을 수 있을 테니까요. 소설 속 인물이긴 하지만 우리는 히스클리프도, 안나 카레니나도, 그리고 테스를 파멸로 몰아가는 알렉의 '어쩔 수 없는 본능'도 알고 있으니까요. 결국 또 판단은 우리 각자의 몫이 되겠군요.

앞에서 모드 곤이 정확하게 인식했던 것처럼 현실의 이야기야 어떻든 모드 곤이 예이츠 예술의 영원한 뮤즈였던 것은 분명합니다. 예이츠는 수많은 시들을 모드 곤을 모델로 하고 썼습니다. 「레다와 백조」를 비롯, 파리에서 있었던 두 사람의 이야기를 직접 언급한 「청년일 때와 노인일 때」를 포함한 무수한 시에서 모드 곤은 미의 상징인 '장미'나 트로이 전쟁의 원인이 되는 미녀의 대명사인 '헬렌Helen'으로 등장합니다. 모드 곤은 충분히 그럴만한 여인이었습니다.

그녀는 첫 번째 연인이자 독립 운동가였던 밀레보이에와 함께 적극적인 아일랜드 독립운동에 참여한 행동가였습니다. 그녀는 〈아일랜드 연맹〉이라는 독립운동기구를 결성했으며, 영국의 문화적 영향이 아일랜드를 잠식하는 것을 막기 위해 투쟁하는 급진적 민족주의 단체도 결성하고 독립운동에 앞장섰습니다. 파리에서는 『아일랜드 해방』이라는 프랑스어 신문을 발행했고, 아일랜드에 돌아온 뒤에는 〈여성평화위원회〉를 주도적으로 이끌며, 빈번한 투옥과 감금에도 굴하지 않고 아일랜드 독립을 위해 투쟁했습니다. 1938년 출간한 자서전, 『여왕의 하인』에서 그녀는 이렇게 말했습니다.

> 나는 언제나 전쟁을 증오하고 천성상 평화주의자이지만, 우리에게 전쟁을 강요한 것은 영국이었다. 전쟁의 제1원칙은 적을 죽이는 것이다.

얼마나 강인한 여성이었을지 짐작이 됩니다. 그녀는 여든 여섯까지 살다가 세상을 떠나 더블린 〈글래스네빈 공동묘지〉에 묻혔습니다.

하나 더. 그녀가 맥브라이드와 낳은 아들 션 맥브라이드Seán MacBride 또한 유엔에서 활동한 아일랜드의 정치가였을 뿐 아니라 〈국제사면위원회〉의 창립 멤버이자 의장이었으며, 아일랜드 외교장관을 역임했고, 1974년에는 노벨 평화상을 수상했습니다. 애초 모드 곤은 예이츠가 품을 수 있는 사람이 아니었고, 그의 수많은 시를 가능하게 했던 뮤즈가 되어준 것만으로도 감사해야 하지 않을까 생각될 정도입니다. 마지막으로 그녀에게 바친 예이츠의 유명한 시 한 편을 함께 읽습니다.

He Wishes for the Clothes of Heaven

Had I the heaven's embroidered clothes
Enwrought with golden and silver light
The blue and the dim and the dark clothes
Of night and light and the half-light,
I would spread the cloths under your feet:
But I, being poor, have only my dreams;
I have spread my dreams under your feet;
Tread softly because you tread on my dreams.

천상의 천이 있다면

나에게 금빛 은빛으로 짠

천상의 천이 있다면,
어둠과 빛과 어스름으로 수놓인
파란 천 희뿌연 천 검은 천이 있다면
그 천을 그대 발아래 펼쳐드리련만.
나, 가난하여, 가진 것 꿈뿐이라
내 꿈을 그대 발아래 펼쳐드립니다.
사뿐히 밟으소서, 그대 밟는 것 내 꿈이리니.

오전부터 시작한 원고를 마감하는 지금 이 순간, 3월 1일 오후 6시 15분, 102주년 3·1절 저녁입니다. 밖에는 하루 종일 내리던 비에 눈발이 섞이고 있습니다. 유관순 열사와 조국의 독립을 위해 목숨을 바친 우리의 순국선열들을 생각하며 묵념을 올립니다. 윌리엄 버틀러 예이츠의 「쿨 호숫가의 백조들」이었습니다.

―――――――――― ◇ ――――――――――

The Wild Swans at Coole
William Butler Yeats

The trees are in their autumn beauty,
The woodland paths are dry,
Under the October twilight the water
Mirrors a still sky;
Upon the brimming water among the stones
Are nine-and-fifty swans.

The nineteenth autumn has come upon me
Since I first made my count;
I saw, before I had well finished,
All suddenly mount
And scatter wheeling in great broken rings
Upon their clamorous wings.

I have looked upon those brilliant creatures,
And now my heart is sore.
All's changed since I, hearing at twilight,
The first time on this shore,
The bell-beat of their wings above my head,
Trod with a lighter tread.

Unwearied still, lover by lover,
They paddle in the cold
Companionable streams or climb the air;
Their hearts have not grown old;
Passion or conquest, wander where they will,
Attend upon them still.

But now they drift on the still water,
Mysterious, beautiful;
Among what rushes will they build,
By what lake's edge or pool

Delight men's eyes when I awake some day
To find they have flown away?

William Butler Yeats(1865~1939)
- 20세기 초반 아일랜드의 시인, 비평가, 극작가
- 1865년 6월 13일 아일랜드 더블린 출생
- 아일랜드 문학, 아일랜드 역사, 영적인 주제, 사랑, 신비주의에 매료
- 어린 시절을 보낸 슬라이고Sligo는 그의 마음속 고향("The Lake Isle of Innisfree")
- 1890년 런던에서 시인들의 모임인 <시인 클럽>(the Rhymers' Club) 창립 후 본격적인 시운동
- 24살 되던 1889년, 평생의 연인 모드 곤과 만남
- 아일랜드의 문화와 정체성을 지키기 위해 노력: 아일랜드 문예부흥 운동
- 1923년 노벨 문학상 수상
- 1939년 1월 28일 프랑스 맹통Menton의 호텔에서 사망
- 『오이진의 방랑 외』The Wanderings of Oisin and Other Poems, 『캐서린 백작부인 외 여러 전설과 시』The Countess Kathleen and Various Legends and Lyrics, 『일곱 숲에서』In the Seven Woods, 『쿨 호숫가의 백조들』The Wild Swans at Coole, 『나선형 계단 외』The Winding Stair and Other Poems 외 다수의 작품이 있음.

눈 내리는 저녁 숲 가에 서서
- 로버트 프로스트(1874~1963)

이 숲이 누구의 숲인지 알 것 같네
그의 집 마을에 있어도.
그는 모를 것이네, 나 여기 멈춰 서
그의 숲에 눈 쌓이는 것 보고 있음을.

내 작은 말은 이상하게 생각하는 게 틀림없네
한해의 가장 어두운 이때
근처에 농가 하나 없는 숲과
얼어붙은 호수 사이에 멈춰 서 있음을.

무슨 착오가 있는지 묻기라도 하듯
그는 마구를 흔들어 종을 울리네
달리 들려오는 건 부드러운 바람과
솜털 같은 눈송이 나리는 소리뿐.

숲은 아름답고, 어둡고, 깊네
하지만 내게는 지켜야 할 약속이 있네
잠들기 전 가야 할 몇 마일의 길이 있네
잠들기 전 가야 할 몇 마일의 길이 있네.

─────────────── ◇ ───────────────

 이번 작품은 미국을 대표하는 시인 가운데 한 명이라 할 수 있는 로버트 프로스트의 「눈 내리는 저녁 숲 가에 서서」입니다. 대중적으로 널리 알려진 이 시를 선택한 데는 까닭이 있습니다. 물론 가장 큰 이유는 시 자체가 좋아서이고 제가 이 시를 좋아하기 때문이기도 합니다. 하지만 그것만은 아닙니다. 이 시를 통해 같이 생각해 볼 수 있는 세 가지 이유가 있기 때문이기도 합니다.
 첫 번째는 똑같이 자연을 시의 소재로 삼았지만, '자연과의 합일'을 강조했던 윌리엄 워즈워스와는 완연히 다른 프로스트의 자연에 대한 시선, 나아가 유럽의 시인과는 다르게 자연을 바라보는 미국 시인의 태도에 대해 이야기해보려고 합니다. 다음은 시의 내용과 형식의 조화 문제에 대해 간략하게 살펴보려고 합니다. 특히, 이 시를 통해 정형률을 갖춘 영시가 내용 전달을 강화하는 한 방법을 볼 수 있습니다. 마지막으로 한 편의 시가 갖는 서로 다른 의미 해석의 가능성에 대해, 즉 시를 쓴 시인과 그 시를 읽는 독자–비평가가 한 편의 시에 대해 서로 다른 의미부여를 하는 것에 관에 이야기해보려 합니다. 그러나 이 모든 것보다 우선하는 것은 먼저 한 편의 시를 제대로 느끼는 것일 겁니다. 우선, 1연을 보겠습니다.

   이 숲이 누구의 숲인지 알 것 같네

그의 집 마을에 있어도.
그는 모를 것이네, 나 여기 멈춰 서
그의 숲에 눈 쌓이는 것 보고 있음을.

로버트 프로스트의 많은 시가 그림 같지요. 이 시도 그렇습니다. 읽고 들으면 풍경이 환하게 떠오르지요. 시를 '말로 된 그림'이라 한다면 이 시야말로 그 말에 가장 가깝다 할 것입니다. 그러나 그런 그림만으로 끝나지 않는다는 데 이 시의, 나아가 프로스트 시의 힘이 있습니다.

1연에서 시 속의 화자는 지금 어딘가 다녀오던 중 마을에서 가까운 숲에 잠시 멈춰 있습니다. 나는 이 숲의 주인이 누구인지 알지만 정작 숲의 주인은 내가 여기 멈춰선 줄 모릅니다. 뿐만 아니라 숲을 '소유한' 주인인 그는 눈 쌓인 숲의 아름다움을 모릅니다. 그 숲의 아름다움을 제대로 보고 느끼는 이는 정작 숲의 주인이 아니라 화자이지요. 숲을 경제적으로, 물질적으로 소유하고 있는 이가 주인이라면, 숲의 아름다움을 향유하고 있는 이는 화자입니다. 이를 '미적 소유aesthetic possession'라고 할 수 있을까요? 아니 그저 숲과 화자의 '미적 교감aesthetic communion'이라 해도 무방하겠습니다. 뭐라 말하건 중요한 건 화자는 이 숲의 진정한 아름다움을, 적어도 그 아름다움의 한 면을 제대로 보고 느끼고 알고 있다는 것입니다.

조금 옆길로 새볼까요? 예로부터 인생의 시간이나 자연은 애초 '우리 것'이 아니라 주어진 시간동안 우리가 '빌려 쓰는 것'이라는 생각이 있었지요. 때가 되면 우리가 받았던 대로 돌려주고 가야 하는 것이라고 말이지요. 삶의 시간도 우리가 몸담고 있던 자연도. 그렇기에 소유에 집착하기보다는 우리에게 주어진 시간과 자연의 진정한 가치를 제대로 느끼고 누리는 것, 그리고 그 모습 그대로 보존하여 다음 세대에게 물려주는 것이 중요하겠지요. 최근 환경과 생태학적 보존의 필요성이 더욱 대두되는 까닭 또한 그 때문일 것입니다.

다시 시로 돌아갑니다. 2연에서는 시간과 공간이 보다 구체적으로 묘사됩니다.

> 내 작은 말은 이상하게 생각하는 게 틀림없네
> 한해의 가장 어두운 이때
> 근처에 농가 하나 없는 숲과
> 얼어붙은 호수 사이에 멈춰 서 있음을.

"한 해의 가장 어두운 때"라는 시간을 기억할 필요가 있습니다. 시기적으로 12월쯤이라 생각해도 되겠지요. 절기라면 동지가 있는 그런 어느 때쯤, 한 해가 끝나가는 때. "근처엔 농가 하나 없는 숲과/ 얼어붙은 호수 사이" 고즈넉한 곳입니다. 화자에게는 일행이 있습니다. '작은 말'입니다. 그런데 이 말은 눈 내리는 숲에 멈춰 선 화자를 이해하지 못합니다. 야생말이 아닌 이 말은 자연의 세계가 아니라 인간 세계에 속한 존재이지요. 그는 이런 낯선 곳에 멈춰 선 주인이 분명 뭔가 착오를 일으켰다고 "이상하게 생각"한 모양입니다.

> 무슨 착오가 있는지 묻기라도 하듯
> 그는 마구를 흔들어 종을 울리네
> 달리 들려오는 건 부드러운 바람과
> 솜털 같은 눈송이 나리는 소리뿐.

결국 그는 "마구를 흔들어 종을 울"립니다. 말은 어쩌면 두려웠던 것일까요? 그에게 익숙한 왁자한 인간 세상과는 다른 이 고요한 숲의 적막이. 말이 울리는 종소리 말고 달리 들리는 소리는 "고요한 바람과 솜털 같은 눈송이 나리는 소리"뿐 숲은 고요합니다. 이렇게 3연까지 마치 한 폭의 풍경화처럼 고요한 겨울 숲 속의 풍경을 그대로 전해주던 시는 마지막 4연에 이르러 돌연 풍성한 의미로 출렁입니다.

> 숲은 아름답고, 어둡고, 깊네
> 하지만 내게는 지켜야 할 약속이 있네
> 잠들기 전 가야 할 몇 마일의 길이 있네
> 잠들기 전 가야 할 몇 마일의 길이 있네

숲은 "아름답"지만, 한편 "어둡고 깊"습니다. 숲은 서로 상반된 두 느낌을 동시에 화자에게 부여합니다. 아무리 눈 내리는 풍경이 아름답다 한들 아무도 없는 겨울 숲이니 그럴 수도 있겠다싶습니다. 그러나 만약 저 화자가 윌리엄 워즈워스의 화자였다면 어땠을까요? 그도 이 숲에서 저 화자처럼 어둡고 깊은 두려움을 느꼈을까요? 그래서 숲에 머무르기보다 "약속을 지키기 위해" 그 숲을 떠났을까요? 아닙니다. 워즈워스의 화자였다면 그는 이 고요한 숲속에서 더 깊은 명상으로 빠져들었을 것입니다. 저 한없는 숲속의 고요함 속에서 화자와 말은 자연과 하나 되는 '자연과의 합일'의 경지에 까지 이를 것입니다. 적어도 그러기를 욕망할 것입니다. 하지만 프로스트의 시에서 화자는 숲 속에 머무르지 않습니다. 아무리 아름답고 고요한 숲이라 하더라도 말입니다. 그에게는 다른 '약속'이 있습니다. "잠들기 전 가야할 몇 마일의 길"이 있습니다. 이 '약속'은 무엇일까요? "몇 마일의 길"은 어디로 가는 길일까요? 자, 이제 우리는 처음 이 글을 시작할 때 던졌던 질문들에 대해 생각해봐야 할 시점에 이르렀습니다. 우선, 첫 번째 프로스트의 화자와 워즈워스의 화자, 나아가 신세계인 미국 시인 프로스트와 영국 시인 워즈워스가 자연을 대하는 차이는 무엇 때문일까요?

자연과 인간에 관한한 워즈워스와 프로스트, 영국과 미국 두 세계 사이에는 결정적으로 다른 점이 있었습니다. 워즈워스가 활동하던 낭만주의 시기의 유럽은 오랜 시간 인간과 자연이 공존해 온 역사가 있습니다. 유럽의 거의 모든 자연 공간에 인간의 발길이 닿았으며, 19세기 무렵에 이르러서는 산업혁명과 더불어 도시가 급속하게 늘어나고 성장하면서 자연은 더 이상 신비하거나 낯설고 두려운 대상이 아니었지요. 친숙한 공간이자 휴식과 안식의 공간, 심지어 여행의 공간이 되었으며, 마지막 남은 오지까지 정복의 대상이 되기 시작했지요. 이 무렵 알프스행 관광산업이 유행하기 시작했다는 사실은 이런 점을 잘 보여준다고 하겠습니다.

반면, 미국은 달랐습니다. 1620년 첫 정착민들이 발 디딘 이후 프로스트가 태어나 활동하던 시기까지 250년이 넘는 시간이 지났지만 북미 대륙의 많은 곳은 아직 그들의 발길이 닿지 않은 두렵고 낯선 미지의 공간이었던 것이지요. 이 무렵쯤에 이르러서야 미국인들은 미국의 자연을 처음으로 제대로 접하기 시작합니다. 이러한 사실을 상징적으로 보여주는 것이 마크 트웨인의 소설 『톰 소여의 모험』(1876)과 『허클베리 핀의 모험』(1885)입니다. 미국을 남북으로 가로지르는 미시시피강을 오르내리는 모험을 하는 두 작품 각각의 주인공인 톰 소여와 허클베리 핀은 '미국의 아담American Adam'이라 불리기도 합니다. 미국의 온전한 자연을 어린 시절부터 몸으로 만나는 첫 미국인이라는 점을 상징하기 때문이라고 할 수 있습니다.

이처럼 워즈워스의, 영국의 자연과는 달리 프로스트의 자연, 미국의 자연은 미국인들에게 여전히 낯설고 두려운 공간이었지요. 그렇기에 프로스트의 대부분의 시에서 있는 그대로의 자연은 어떤 경우에도 인간이 머물 공간이 아닌 두려운 공간으로, 때로는 적대적이기까지 한 공간으로 그려집니다. 그의 시에서 자연은 인간이 행하는 노동의 과정을 거쳐야, 인간의 손때가 묻어야 비로소 인간이 거주할 수 있는 자연이 됩니다. 이 시의 화자가 숲의 아름다움을 분명하게 인식하면서도 동시에 갖는 "어둡고, 깊은" 느낌, 그것은 바로 이런 점을 반영하는 것이라 할 수 있습니다. "아름답지"만 "어둡고 깊은" 그 자연 속에 자리한 알 수 없는 낯섦과 두려움은 그도, 그의 말도 똑같이 느끼는 것이지요. 바로 이 점이 워즈워스와 프로스트, 오랜 역사의 유럽과 신세계 미국의 시인이 자연을 대하는 차이를 보여줍니다.

두 번째, 내용과 형식의 문제입니다. 이 부분은 약간 생소할 수도 있습니다만 앞으로 간혹 나올 영시의 형식을 이해하는 데는 꼭 필요한 부분이라 최대한 간략하게 잠시 말씀드리고 가겠습니다. 영시에는 각운이 있습니다. 정형시의 특징을 이루는 것이지요. 각운이란 매 시행의 마지막 음절의 발음을 동일하게 배열함으로써 정형률을 유지하는 것인데, 이 시도 각운을 지닌 정형시입니다. (각운은 영시에만 있는 것은 아닙니다. 잘 아시는 것처럼 한시에도 각운은 아주 중요한 정형률의 규칙으로 사용됩니다. 다음은 『춘향전』의 유명한 어사출또 장면입니다.

金樽美酒 千人血(금준미주 천인혈)
玉盤佳肴 萬姓膏(옥반가효 만성고)
燭淚落時 民淚落(촉루락시 민루락)

歌聲高處 怨聲高(가성고처 원성고)

금잔의 향기로운 술은 천 사람의 피요
옥쟁반 위 맛 좋은 안주는 만백성의 기름이라
촛대에 흐르는 촛농은 백성들이 흘리는 눈물이니
노래 소리 큰 곳에 백성들의 원성 또한 크더라

여기서도 2연의 '기름질 고膏'와 4연의 '높을 고高'는 같은 음을 하고 있어서 둘은 각운을 이루고 있지요.)

다시 프로스트의 시로 돌아가 보겠습니다. 1연의 경우, 각 행의 끝 단어는 know, though, here, snow이지요. 각각의 발음은 [nou], [ðou], [hiər], [snou]고요. 이때 3행의 here를 제외한 세 단어는 마지막 밑줄 친 부분의 발음이 [ou]로 같은 것이 보이시지요? 이럴 때 영시에서는 '각운을 이룬다'고 합니다. 그래서 1연은 편의상 표기하면 aaba라는 각운을 지녔다고 하지요. 2연도, 3연도 마찬가지입니다. 모두 1,2,4행은 발음이 같고 3행만 다른 각운 구조를 지니고 있어요.

그런데 또 가만히 보면 1연의 3행 발음이 2연의 1,2,4행의 발음과 같고, 2연의 3행 발음이 3연의 1,2,4행 발음과 같은 것을 알 수 있을 것입니다. 그래서 각운은 이렇게 되지요. aaba bbcb ccdc. 그리고 다음에 볼 마지막 4연은 특이하게 deep, keep, sleep, sleep 네 단어 모두 똑같은 [i:p] 발음으로 끝납니다. 3연의 3행 발음과 같지요. 즉, dddd로 끝나는 겁니다. 이렇게 표시된 전체 각운을 시행에 따라 세로로 배열해보면 더 뚜렷해질 것입니다. 저 아래 전체 시의 옆에 있는 기호를 봐주세요. 어떠신지요? aaba bbcb ccdc dddd 이렇게 나란히 서 있지요? 왜 그랬을까요? 왜 저런 식으로 각운을 맞추었을까요? 그렇습니다. 이 시가 '눈 내리는' 숲의 풍경을 다루고 있잖아요. 시인은 눈이 내리는 광경을 저렇게 줄처럼 늘어선 각운을 통해 시각적으로 표현한 것입니다! 기발하지 않나요? 시에서 형식과 내용은 언제나 일치하지는 않을 겁니다. 그러나 이처럼 형식을 통해 내용을 더 구체적으로 표현하고자 하는 시도는 현대시에서도 가능하고 또 시도도 하고 있습니다.

마지막 세 번째, 의미와 관련된 부분입니다. 이 시는 표면적으로는 마을을 떠났던 화자가 다시 마을로 돌아오는 도중에 마을 근처 눈 내리는 숲 속에 잠깐 멈춰 섰다가 "지켜야 할 약속"이 있어서 다시 "몇 마일의 길"을 더 가야겠다고 하는 이야기입니다. 하지만 그것으로 충분할까요? 마지막 연에서 화자가 말하는 "지켜야 할 약속"과 "잠들기 전에 가야 할 몇 마일의 길"은 무엇을 의미하는 것일까요? 표면적으로 보이는 것처럼 그저 평범한 약속일까요? 아니면 다른 무엇일 수 있을까요?

해석은 갈립니다. 앞에서 말했던 것처럼 화자는 지금 어딘가를 갔다가 다시 마을로 돌아가는 길입니다. '여행'에서 돌아오는 것이지요. '여행'은 시에서 많은 것을 상징할 수 있습니다. 보통은 '인생', '삶'을 의미할 때가 많지요. '잠'은 또 어떤가요? '잠'은 시에서 '죽음'의 은유로 자주 사용됩니다. 그 유명한 독백에서 햄릿도 말했잖아요. "죽는다는 건 잠드는 것, 그 이상은 아니다To die, to sleep, no more". 이처럼 시에서 잠은 죽음의 은유로 흔하게 쓰입니다. 그래서 이 시의 마지막 구절은 삶의 여정을 다 마쳐가는 여행객인 화자가 마지막 잠, 즉 죽음을 앞두고(앞에서 기억해주시라 했던 "한 해의 가장 어두운 때"란 시간은, 따라서 인생의 말년으로 해석하는 것이 가능해집니다.) 잠시 멈춰 선 인생의 마지막 순간을 의미하는 것으로 볼 수 있습니다.

여행의 출발지였던 그가 다시 돌아가야 할 '마을'은 기독교적 사고에 따르면 고향, 즉 신의 품이라고 해석 할 수도 있습니다. 그렇다면 이 시는 단순한 귀향이 아니라 '인생이라는 여행을 마치고 신의 품으로 돌아가는 길'을 의미하는 것이 되겠지요. 이런 맥락에서 본다면 그 '약속'이란 무엇일까요? 인간으로서 신과의 약속, 신에게 제대로 갈 수 있기 위한 마지막 인간적 도리의 수행을 의미하는 것일 수 있습니다. "가야 할 몇 마일의 길"은 단순한 여행길이 아니라 인간적 도리를 다 마치기 위한 여정, 즉 신에게 올바로 귀의하기 위한 마지막 인간적 도리의 수행이라고 볼 수 있지요. 시의 해석은 이렇게 달라질 수 있습니다.

사실 이 시에 대해서는 후자의 해석이 훨씬 일반적입니다. 많은 비평가들은 이 화자의 여행을 단순한 여행이 아니라 우리 삶의 여정을 은유한 것으로 이해합니다. 그러나 정작 시인인 프로스트는 그런 해석에 동의하지 않았습니다. 프로스트는 이 시에서 잠이 의미하는 바는 '죽음'이 아니라 그저 '몽롱한 상태의 잠'이라고 말한 바 있습니다. 화자의 여정도 거창한 인생 여정이 아니라 그냥 마을을 벗어났다 온 단순한 여행에 대한 회상이라는 것입니다. 그러니 복잡하게 삶이 어떻고 그렇게 해석하는 것은 시인의 의도와는 다른 과잉해석이 되겠지요. 이런 예가 또 있습니다. 프로스트의 또 다른 유명한 시, 「선택하지 않은 길」"The Road Not Taken"에 대해서도 프로스트와 비평가들 사이에 서로 의견이 갈립니다. 비평가들은 시에서 "두 갈래 길" 가운데 한 길을 선택하는 것을 우리가 인생의 어떤 중요한 고비마다 행하는 의미 있는 선택으로 해석합니다.

정작 프로스트는 전혀 다른 말을 합니다. 1912년부터 3년 정도 영국을 방문했을 때 친구인 작가 에드워드 토머스Edward Thomas와 자주 산책을 했는데, 갈림길 마다 고민을 하는 토머스를 보고 미국에 돌아온 뒤 써 보낸 시라고 합니다. 갈림길을 만나면 너무 심각하게 고민하지 말고 선택을 하라고 말입니다. 그런데 이 시를 받은 토머스는 프로스트의 의도와는 달리 이 시를 진지하게 받아들여 참전을 결정하게 되고 2년 뒤 안타깝게도 전사하게 되었다고 합니다. 비평가에게도 토머스에게도 프로스트가 의도한 대로 받아들여지지 않은 것 같습니다.

자, 다시 돌아와서, 이제 어떻게 해야 할까요? 우리는 어떤 입장을 취할까요? 예전에는 시인이 시의 의미를 결정한다고 생각했지요. 그가 쓰는 것이니 일견 당연해 보입니다. 그러나 시인의 의도에 매몰되어서는 안 된다는, 즉 시인이 주장하는 바를 그대로 믿는 '의도의 오류intentional fallacy'에 빠져서는 안 된다는 주장이 힘을 얻게 되고, 언어가 위치한 상황이나 맥락을 통해 해석해야 한다는 입장이 점점 더 확산되면서 현재는 상대적으로 비평가-독자의 해석이 힘을 더 얻게 된 것이 사실입니다. 이런 관점에서 보면 시인의 생각이 시어에 정확하게 담겨 전달되는 것도 아니기 때문에 시인의 말이 꼭 옳은 것도 아니게 되지요. 게다가 시는 언어로 되어 있으며, 언어는 이미 자기 나름의 복합적인 의미를 지니고 있으니 언어들이 어떻게 결합하는가에 따라, 즉 언어가 놓인 상황과 맥락에 따라 다른 의미를 생산하게 된다는 생각도 틀린 생각은 아닌 것이지요.

간단한 예를 들어 보겠습니다. "나는 그에게 사과를 주었다"라는 문장이 있습니다. 이때 이 문장의 의미는 무엇일까요? 그러려면 '사과'는 무엇인지, '나'는 누구인지 정확하게 아는 것이 필요하겠지요? '사과'만 보겠습니다. '사과'는 무엇을 의미할까요? 그렇습니다. 우선 당연하게도 과일인 사과일 수 있습니다. 그러나 그렇기만 할까요?

백설 공주 이야기를 떠올린 분은 '사과'가 '죽음'을 의미한다는 생각을 할 것이며, 성서 속 아담과 이브의 이야기를 떠올린 사람은 '죄'를 떠올릴 것입니다. 애플 전화기나 노트북을 떠올리는 분도 있겠지요. 그렇습니다. 언어는 이처럼 그 언어 속에 다양한 의미를 내포하고 있습니다. 그러니 어떤 단어를 모두 같은 뜻으로 이해한다는 생각은 위험해 보일 수도 있겠습니다.

그런 이유로 프로스트가 단순한 '잠'이라고 의도한 '잠'이라는 단어는 '죽음'으로 해석하는 것이 가능하며 '길'도 마찬가지입니다. 따라서 프로스트 자신은 단순하게 '잠'과 '길'을 의미했더라도 다르게 '죽음'과 '신에게로의 귀의'로 볼 수 있고, 또 그렇게 보는 것이 시의 의미를 더 확장시킬 수 있다는 것이 비평가들의 주장이기도 합니다.

관련하여 허쉬E. D. Hirsch라는 비평가의 논의가 흥미롭습니다. 그는 작가가 작품에 담으려는 '의미meaning'와 독자-비평가들이 해석하는 '의의significance'를 구분하는데, 이는 작가와 독자의 의미부여 어느 하나를 배제하지 않고 둘 모두를 고려할 수 있다는 점에서 유용한 면이 있습니다. 작가가 작품에 부여하려는 '의미'와 독자가 작품을 읽으며 부여하는 '의의'가 일치할 때 작품 읽기는 '행복한 책 읽기'일 수 있겠지요? 그러나 400년 전의 셰익스피어가 부여한 작품의 '의미'가 지금에 와서도 똑같을 수는 없겠지요. 지금 그 작품을 읽는 독자가 부여하는 '의의'가 중요한 까닭입니다. 마찬가지로 이 시의 마지막 연의 '잠'과 '길'이 무엇을 의미하는가는 시인인 프로스트와 독자인 우리들이 서로 다르게 해석할 수 있을 것입니다. 같은 독자라도 상황에 따라 달리 보이기도 하겠고요. 그래서 같은 시, 같은 문학작품을 여러 사람이 읽어도 다른 느낌과 의미를 받게 되는 것은 어쩌면 당연할 수 있겠습니다.

결국 이 문제에 대한 결론은 여러분이 내리셔야 합니다. 이 시의 마지막 연을 어떻게 이해할 것인가 또한 이 시를 읽는 여러분의 판단에 달려 있습니다. 프로스트의 의견을 따라 단순한 잠과 여행으로 볼 것인지, 아니면 어떤 비평가들처럼 '죽음'과 '삶의 여정'으로 볼 것인지 말입니다.

다만, 한마디 사족처럼 덧붙이자면 어떤 해석이건 시를 이해하고 감상하는 데 더 도움이 되는 것이 무엇일까를 고민하는 것이 필요하다고 생각합니다. 시의 의미를 한두 가지 일정한 해석으로 좁혀 고정시키는 것이 나을 것인가 아니면 살아있는 언어의 의미생산성과 독자 해석의 다양성과 자율성을 고려하여 가능한 다양한 해석의 여지를 남기는 것이 좋을 것인가? 이 가운데 여러분들은 어떤 선택을 하실지요?

분명한 것은 이제 시의 주인은 시를 쓰고 사라진 시인도 자신의 관점으로 시를 읽는 비평가도 아니라는 점입니다. 시의 주인은 바로 이 시를 읽는 독자 여러분이며, 또 끊임없이 변화하는 언어를 통해 시를 읽어갈 우리들 각자입니다. 시대가 변하고 언어의 쓰임새가 변하고 시를 읽는 주체들이 변화하면 같은 시라도 얼마든지 다른 의미를 지닌 것으로 읽힐 수 있는 까닭도 바로 그 때문이겠지요. 자, 여러분은 이제 로버트 프로스트의 시 「눈 내리는 저녁 숲 가에 서서」를 어떻게 읽으실지요?

―――――――――――◇―――――――――――

Stopping by Woods on a Snowy Evening
Robert Frost

Whose woods these are I think I know	a
His house is in the village, though;	a
He will not see me stopping here	b
To watch his woods fill up with snow.	a
My little horse must think it's queer	b
To stop without a farmhouse near	b
Between the woods and frozen lake	c
The darkest evening of the year.	b
He gives his harness bells a shake	c
To ask if there's some mistake.	c
The only other sound's the sweep	d
Of easy wind and downy flake.	c
The woods are lovely, dark, and deep,	d
But I have promises to keep,	d
And miles to go before I sleep,	d
And miles to go before I sleep.	d

Robert Frost(1874~1963)

- 20세기 미국 시인
- 1874년 3월 26일에 미국 매사추세츠주 출생
- 자연과 인간의 관계, 삶의 복잡성, 도덕적인 선택 등을 간결하고 의미심장한 문체로 표현
- 비평가와 대중 모두의 사랑을 받음
- 4번의 퓰리처상 수상. 그 중 두 번은 시집 『뉴햄프셔』New Hampshire와 『시 선집』Collected Poems으로 수상
- 뉴햄프셔 농장 경험을 바탕으로 자연의 아름다움과 인간의 존재에 대한 명상을 정갈하고 쉬운 언어로 표현하면서 깊은 의미를 담아냄
- "시는 우리가 알고 있는 줄 모르는 것을 기억하게 해준다."(프로스트)
- 1963년 1월 29일에 미국 버몬트주 사망
- 「선택하지 않은 길」, 「눈 내리는 저녁 숲 가에 서서」, 「담 고치기」"Mending Wall", 「자작나무」"Birches" 등의 시와 『소년의 의지』A Boy's Will, 『보스턴의 북쪽』North of Boston, 『짧은 시들』Several Short Poems, 『눈에서 눈으로』From Snow to Snow, 『개간지에서』In the Clearing 등의 시집을 포함, 다수의 희곡이 있음.

선택하지 않은 길
- 로버트 프로스트(1874~1963)

노란 숲 속에 두 길이 갈라져 있었지,
나는 두 길을 다 갈 수 없는
한 여행자임을 아쉬워하며, 오랫동안 서서
한 길이 덤불 속으로 굽이지는 데까지
끝없이 바라보고 있었지;

그러다 나는 다른 길을 택했지, 똑같이 아름답지만
풀이 우거지고 발길에 닳지 않아
더 나아보이는 길을;
내가 그 길을 지남으로써
그 길도 똑같이 닳은 셈이 되었지만.

그날 아침 두 길은 모두
아무도 밟고 지나지 않은 채 낙엽에 덮여 있었지.
아, 나는 처음 길은 다른 날로 미루어 두었지!

그러나 길은 길로 잇닿아 있는 법이라
내가 돌아올 수 있을지는 알 수 없었지.

아주 오랜 시간이 흐른 먼 훗날
나는 어딘가에서 한숨 쉬며 말하게 되겠지;
숲 속에 두 길이 갈라져 있었고, 나는-
나는 사람들이 덜 다닌 길을 선택했다고,
이 모든 차이는 바로 그 결과라고.

――――――――――――◇――――――――――――

 시간의 걸음은 조금도 멈춤이 없이 제 걸음으로 가는데 어떤 때는 빠르고 어떤 때는 더딥니다. 다 우리 마음 탓이겠지요. 제 삶의 시간도 어느덧 생의 절반을 훌쩍 넘겼습니다. 무수한 선택의 순간들이 있었습니다. 알고도 선택하고 모르고도 걷고, 아쉬워하며 손을 놓기도 하고 무리인 줄 알면서 고집하던 일들을 걸어 이제까지 왔습니다.
 가끔 남은 시간들을 생각하고, 지나온 시간들을 떠올려 봅니다. 강의 시간에도 "내가…" 하고 이야기를 시작할 때가 있습니다. 세월의 힘을 느끼는 순간이지요. 무엇이건 할 수 있을 것 같았지만 동시에 다가올 미래의 불확실함으로 인해 언제나 암중모색하는 것 같던 어느 한순간 이후 한 걸음 한 걸음 걸어왔던 길과 그 길을 걷느라 희미하게 멀어져 가는 모습을 보며 궁금하고 안타깝기도 했던 다른 길도 종종 생각합니다. 무엇보다 아직 걸어가야 할 남은 시간과 그 시간이 보여 주거나 감추고 있을 알 수 없는 길에 대해서도 가늠해 봅니다. 시간과 함께 내가 이루었으면 하는 새로운 계획도 세우고, 두 손에 들 수 있는 것처럼 보이지만 아쉬운 마음으로 슬그머니 내려놓

아야만 하는 일도 셈해 봅니다. 남은 길, 다시 무엇을 선택하고 무엇을 선택할 수 없을까요. 삶은 어디로 나를 데려갈까요. 아니, 다시 내 앞에 놓인 길 가운데 나는 어떤 길을 선택할까요. 그 마음으로 읽습니다. 로버트 프로스트의「선택하지 않은 길」입니다.

    노란 숲속에 두 길이 갈라져 있었지,
    나는 두 길을 다 갈 수 없는
    한 여행자임을 아쉬워하며, 오랫동안 서서
    한 길이 덤불 속으로 굽이지는 데까지
    끝없이 바라보고 있었지;

  숲속의 두 갈래 길. 망설임은 언제나 갈라짐에서 오지요. 둘 다를 선택할 수 있다면 망설임도 아쉬움도 없을 테지만 우리의 시간은 유한하고, 몸은 하나라 한 길을 걷고 돌아와 다른 길을 걸을 시간이 없으니 말이지요. 어느 한 길을 선택하면 다른 길은 선택할 수 없음을 아는 화자는 그 다른 길을 멀리 바라볼 뿐입니다. "덤불 속으로 굽이"져 어떤 길로 이어질지에 대한 궁금함을 안은 채. 이 순간 이미 화자는 자신이 선택할 길과 그렇지 못할 길을 알고 있을 테지요. 선택은 본능적으로 오는 것이기도 하니까요.

    그러다 나는 다른 길을 택했지, 똑같이 아름답지만
    풀이 우거지고 발길에 닳지 않아
    더 나아보이는 길을;
    내가 그 길을 지남으로써
    그 길도 똑같이 닳은 셈이 되었지만.

화자가 택한 길은 덤불숲으로 굽이진 길이 아니라 다른 길이라는 군요. 아름답기야 같지만 사람들의 걸음에 닿지 않고 풀 우거진 길, 곧 다른 사람들이 잘 다니지 않은 길이군요. 그러니 그때는 더 나아 보이겠지요. 우리는 무엇인가를 선택할 때 그 선택이 좋은 선택이기를 바랍니다. 그러리라 믿기도 하고요. 어떤 것이 더 좋은 것인가에 대한 기준은 다르겠지요. 두 길 가운데 사람들이 더 많이 간 길, 그래서 풀은 더 누워있고, 더 닳은 편안한 길을 선호할 것인가, 아니면 사람들 발길 덜 닿아 풀 우거지고 내 발걸음 흔적 더 또렷한 길을 선호할 것인가. 전자는 안전하겠지만 새로움은 덜할 것이고, 후자는 새롭긴 하겠지만 낯선 길을 가는 두려움이 있겠지요. 낯익고 익숙하게 걸어온 길과 무언가 새로운 방향으로 나아가는 도전 사이, 선택은 쉽지는 않습니다.

고등학교를 졸업하고 POSCO에서 시작한 직장 생활 내내 5년(제게는 7년이 되었지요.)의 의무 근무만 끝마치고 자립할 준비만 확실하게 하면, 그 다음은 공부를 하겠다는 것이 제 계획이었지요. 7년 8개월을 근무했지요. 내내 처음 먹었던 마음 변한 적 없이 다음에 할 공부를 준비하는 기간이었고요. 열심히 했지요. 그 사이『소리』라는 포항 청소년 문화소식지를 매월 만들어 자비로 찍어 무가지로 배포하고, 포항문협을 통해 등단한 후 문협활동도 시작했지요. 그러나 언제나 중심은 의무 근무 기간이 끝난 후 새롭게 시작할 공부를 준비하는 것이었지요. 근무, 잠, 학교로 반복되는 참 단순한 반복의 시간이었지요. 꿈꾸는 미래는 불확실한 시간이었고요. 하지만 단순한 생활이 주는 충만한 행복함을 알게 된 때이기도 했지요. 그렇게 보낸 7년 8개월이 지나고 마침내 회사를 그만둘 수 있는 때가 되었을 때, 아주 잠깐 생각하는 시간을 갖게 되었지요. 어느덧 익숙하게 된

직장 생활이 주는 여러 가지 안락함과 그 자리를 계속 지킬 경우 이후 누리거나 얻게 될 삶의 모습이 보였지요. 똑같은 길을 걸으며 같은 삶을 살고 있는 많은 선배들의 모습이 거기 있었으니까요. 한편, 내가 다시 시작하고자 하는 길은 전혀 새로운 길이었지요. 낯선 곳에서 (그동안 준비해 왔기에 자신은 있었지만) 공부도 일도 다시 시작해야 하는 것에 대한 기대가 더 크긴 했지만 모르는 길에 대한 생소함이 주는 걱정이 없지 않았지요. 시 속에 30년 전 그때, 그 두 갈래 길 앞에 서 있던 제 모습이 보입니다.

> 그날 아침 두 길은 모두
> 아무도 밟고 지나지 않은 채 낙엽에 덮여 있었지.
> 아, 나는 처음 길은 다른 날로 미루어 두었지!
> 그러나 길은 길로 잇닿아 있는 법이라
> 내가 돌아올 수 있을지는 알 수 없었지.

인생은 "탄생Birth과 죽음Death 사이의 선택Choice"이라는 말을 하지요. 태어난 순간 이후 우리의 삶은 매 순간의 선택으로 점철되어 왔지요. 낙엽에 덮인 채 눈앞에 놓인 두 길을 두고 선택해야 하는 화자처럼 말이지요. 두 길은 같아 보입니다. 그러나 둘 다 동시에 걸을 수는 없는 것이 인생. 화자는 결국 두 번째 길, 즉 사람들이 덜 다닌 길을 선택합니다. 다른 길은 "다른 날로 미루어 두"지만, 자신도 알지요. 한번 접어든 길은 계속 이어지는 또 다른 길을 만나게 된다는 것을. 그러니 다시 돌아와 처음 그 길을 걸을 수 없다는 것을. 흘러간 물은 거꾸로 흐를 수 없고, 지난 시간은 되돌릴 수 없듯, 우리 삶의 선택도 그런 것 같아요. 하고 나면 그뿐, 다음은 그 선택의 결과를 따를 뿐인 것이지요. 그렇기에 매 순간 우리의 선택은 중요하고, 또 선택한 이후 그 길에서 최선을 다하는 마음을 갖게 되는 것이겠지요. 돌아갈 수도, 다시 시작할 수도 없는 것이 바로 인생의 그 선택이니까요. 그렇게 시간이 흐르고 난 먼 훗날 어느 때쯤 우리는 걸어온 길을 뒤돌아보게 되겠지요.

> 아주 오랜 시간이 흐른 먼 훗날
> 나는 어딘가에서 한숨 쉬며 말하게 되겠지;
> 숲 속에 두 길이 갈라져 있었고, 나는-
> 나는 사람들이 덜 다닌 길을 선택했다고,
> 이 모든 차이는 바로 그 결과라고.

한순간의 선택의 결과, 인생은 그 선택의 연속으로 이루어진 것은 분명해 보입니다. 아직 "한숨 쉬며 말하게 되"는 나이까지는 아니라 할지라도 제가 선택한 한 인생의 길을 30년 넘게 걸어온 지금, 분명하게 알게 된 것은 있습니다. 제가 선택했던 길과 제가 걷지 않았으나 제가 걸을 수 있었던 길, 그 두 길의 차이를 말이지요. 모든 길은 다 나름의 길로서 그 가치가 충분하고 각자에게는 각자의 길이 있으니 각각의 길은 다른 길일 뿐 어느 길이 더 좋고 나쁜 길은 아닐 것입니다. 그러니 어느 길이 더 나은 길인가 묻는 것은 부질없는 일이지요. 각자가 선택한 길에서 최선을 다해 잘 걸어왔다면 말이지요. 그럼에도 "사람들이 덜 다닌 길을 선택"한 결과로 보이는 "모든 차이"가 한편에서는 아쉬움을 다른 한편에서는 안도감을 줄 수는 있을 것이지요. 어쩔 수 없는 인간이기에 말입니다. 세상에 태어나 모든 일을 제 의지로 선택하고 살 수야 없겠지만 어느 순간 오롯이 제 의지로 선택하고 살아왔다고 느꼈던 시간을 지나, 이제 다시 한 번 세 번째 삶의 갈림길 앞에 서 있는 느낌을 갖습니다. 앞으로 제가 걸어가야 할 30년의 삶 앞에는 어떤 길이 이어지고 이어질까요. 다시 노란 숲속에 선 저 시 속의 화자가 되어 제 앞의 두 갈래 길을 보고 있습니다.

로버트 프로스트의 시는 쉽고 소박한 표현 속에 삶의 철학과 진실을 담아내는 것으로 정평이 나 있지요. 비평가들은 물론 대중들에게 사랑받은 까닭이기도 합니다. 그러나 혹은 그래서일까요, 간혹 그의 시는 시인이 의도한 내용과 달리 읽히기도 합니다. 비평가들에게도 대중들에게도 말이지요. 이 시도 그렇답니다. 이 시에서 언급된 주제와 관련하여 비평가들은 "길"이란 인생의 여정에 대한 은유로 이해하며, "가지 않은 길"이란 시 속의 화자가 선택하지 않은 다른 삶의 여정을 말하는 것으로 받아들이지요. 대부분의 독자들도 그렇게 받아들이는 것이 사실이기도 합니다. 하지만 정작 프로스트는 이 시에 그런 깊은 의미를 담아 쓴 것이 아니라는 입장을 분명하게 밝혔지요. 프로스트와 토머스의 이야기는 앞에서 한 적이 있지요? 바로 그 이야기랍니다.

시에 대해 시인과 비평가—독자의 해석이 이렇게 다를 때 독자는 어떤 입장을 취해야 할까요? 분명하게 딱 잘라 말하기는 어렵지만, 근대 이후 시(문학, 예술) 영역의 전반적인 경향은 비평가와 독자의 자유로운 해석을 인정하는 쪽으로 변해온 것이 일반적인 흐름이지요. 게다가 이 시는 작가 자신의 입장보다 비평가와 독자들의 시선이 작품을 훨씬 더 풍성하게 이해할 수 있게 해주는 것도 사실입니다. 그러니 시는 일단 쓰고 나면 그 시에 대한 평가와 비판은 시인의 손을 떠나 독자의 손에 달렸다고 보는 시각도 생겨나는 것이지요.

로버트 프로스트의 「선택하지 않은 길」입니다.

The Road Not Taken
Robert Frost

Two roads diverged in a yellow wood,
And sorry I could not travel both
And be one traveler, long I stood
And looked down one as far as I could
To where it bent in the undergrowth;

Then took the other, as just as fair,
And having perhaps the better claim,
Because it was grassy and wanted wear;
Though as for that the passing there
Had worn them really about the same,

And both that morning equally lay
In leaves no step had trodden black.
Oh, I kept the first for another day!
Yet knowing how way leads on to way,
I doubted if I should ever come back.

I shall be telling this with a sigh
Somewhere ages and ages hence:
Two roads diverged in a wood, and I-
I took the one less traveled by,
And that had made all the difference.

PART

3

사회
Society

사회
Society

파기
- 셰이머스 히니(1939~2013)

내 손가락과 엄지 사이에
몽당연필이 놓여 있다. 총처럼 편안하게.

창 아래 명료하게 들리는 쇳소리
자갈밭을 파고드는 삽이 내는 소리.
아버지가 땅을 파고 있다. 나는 내려다본다

화단 사이로 용을 쓰는 아버지의 엉덩이가
낮게 구부린 채 파고 있던 감자 이랑 사이로
장단 맞춰 웅크리며 이십 년의 세월
저편에서 올라올 때까지.

거친 장화는 삽 끝에 착 올리고
삽자루는 무릎 안쪽에 견고하게 받쳐져 있다.
아버지는 큰 줄기를 모두 뽑고, 반짝이는

삽날을 깊숙이 박아 넣어 햇감자를 캐 올렸다
우리 손에 들린 차갑고 단단한 감자의 느낌이 좋았다.

아버지는 정말 삽을 잘 다루셨다.
아버지의 아버지가 그러하셨듯이.

할아버지는 토너 습지의 그 누구보다
토탄을 많이 캐셨다.
언젠가 할아버지께 엉성하게 종이마개를 한
우윳병을 가져다 드렸다. 할아버지는 허리를 펴고
우유를 들이키더니 곧장
금을 긋고 깔끔하게 잘라낸 토탄을
어깨 위로 들어 던지고는 깊이깊이
좋은 토탄을 찾아 땅을 파들어 갔다.

차가운 감자 흙냄새, 젖은 토탄 덩어리가
철벅거리는 소리, 싱싱한 뿌리들을 뭉툭뭉툭
잘라내는 삽날 소리가 생생하게 떠오른다.
그러나 내게는 그들을 따를 삽이 없다.

내 손가락과 엄지손가락 사이에는
몽당연필이 놓여 있다.
나는 그 연필로 파들어 가리라.

◇

이번에 읽을 시는 아일랜드의 시인 셰이머스 히니의 「파기」입니다. 앞의 두 시인과 달리 히니는 낯설어 하는 분들이 있을 것 같아 잠깐 시인에 대한 소개를 먼저 하겠습니다. "예이츠 이후 가장 중요한 아일랜드 시인"이라는 평을 듣는 히니는 1939년 북아일랜드 태생으로 퀸즈 대학을 졸업한 이후 시를 쓰기 시작, 생애 대부분의 시간을 더블린에서 지냈지만 영국과 미국을 오가며 영국의 옥스퍼드 대학과 미국의 하버드 대학에서 강의를 하기도 했습니다.

E. M. 포스터상(1975), 국제펜클럽 번역상(1985), T. S. 엘리엇상(2006)을 비롯 아일랜드 예술가협회에서 수여하는 최고 명예상(1998) 등을 받았고, 1995년 노벨 문학상을 수상하면서 전 세계에 그의 이름을 알렸지요. 1966년 출간한 『한 자연주의자의 죽음』*Death of a Naturalist*을 포함 12권의 시집과 5권의 시선집, 3권의 산문집과 2편의 극작품을 남기고 2013년 세상을 떴습니다. 한때 영국에서 판매되는 생존 시인의 작품 가운데 3분의 2가 히니의 작품이라고 이야기될 정도로 많은 사람들에게 읽히는 그의 시는 고향인 북아일랜드의 자연과 사람들을 애정 어린 시선으로 담아내는 것으로 정평이 나 있지요.

노벨상 선정위원회는 "서정적 아름다움과 심오한 도덕성을 지닌 그의 작품들이 일상의 기적들과 생생한 과거를 고양시켜준다"고 선정 이유를 밝혔지요. 이번에 읽을 그의 시 「파기」는 셰이머스 히니의 시적 특징을 고스란히 담고 있을 뿐 아니라 조국 아일랜드의 땅과 그 땅 위에서 살아냈고 또 살아가고 있는 아일랜드인의 노동과 삶에 천착한 그의 시 작업의 뿌리를 명료하게 보여주는 빼어난 작품입니다. 시를 보겠습니다.

내 손가락과 엄지 사이에

몽당연필이 놓여 있다. 총처럼 편안하게.

첫 두 행은 단순하면서도 대단히 인상적입니다. 상징적이기도 하고요. 시인은 자신의 손가락 사이에 놓인 연필을 바라봅니다. "몽당연필"입니다. 책상 앞에 앉은 시인 자신의 모습이 그대로 겹쳐집니다. 원고지를 앞에 두고 시 구상을 하고 있는 시인의 손에 있는 "몽당연필"은 시인 자신의 오랜 시 작업을 상징합니다. 연필을 쥔 시인의 손이 편안한 것은 충분히 이해됩니다. 그런데 "총처럼 편안하다" 합니다. '총'만큼이나 "편안하게" 손에 놓인 '펜'은 무엇을 말하려는 것일까요?

아시는 것처럼 아일랜드는 오랜 기간 영국의 식민지였고, 그만큼 오랜 독립투쟁의 역사를 지니고 있습니다. 그리고 1919년 마침내 아일랜드 공화국군은 영국정부군과 독립전쟁을 벌여 1921년에 자치권을 획득합니다. 예이츠 등을 중심으로 한 아일랜드의 문예부흥 운동 또한 비슷한 시기에 활발하게 전개됩니다. 연필과 총은 아일랜드의 문화적 부흥과 국가적 독립을 위한 무력투쟁, 이 두 수단을 상징하는 것으로 볼 수 있으며, '편안한'이라는 표현을 통해 문예부흥과 무력투쟁, 두 수단 모두를 인정하고 있는 듯합니다. 다만, 그는 '총'이 아닌 '연필'을 들고 함께 하는 것이지요. 어느 하나를 배척하지 않는 이 태도는 의미가 있습니다. 특히, 선배 시인인 예이츠가 문예부흥 운동에는 적극적이었던 반면 독립을 위한 무력투쟁에 소극적인 혹은 반대하는 입장을 보인 것 때문에 비난을 받았다는 점을 생각해볼 때 히니의 이러한 태도는 더욱 돋보인다 하겠습니다.

창 아래 명료하게 들리는 쇳소리

> 자갈밭을 파고드는 삽이 내는 소리.
> 아버지가 땅을 파고 있다. 나는 내려다본다

  그때 시인이 앉은 방의 창 아래에서 소리가 들려옵니다. 아버지가 삽으로 자갈밭을 파는 소리입니다. 자갈 가득한 땅으로 삽이 파고드는 소리. 비옥한 땅이 아닙니다. 척박한 아일랜드 땅에 발 딛고 살아온 아버지 세대의 노동이 이 한 장면에 그대로 담겨 전해지는 듯합니다. 이 시의 제목이며 시 전체를 지배하고 있는 이미지인 '파다dig'라고 하는 행위의 상징성에 주목하지 않을 수 없게 됩니다! 아버지는 자갈투성이 밭을 '파 일구며' 살아온 것입니다. 시인은 소리 나는 쪽을 봅니다.

> 화단 사이로 용을 쓰는 아버지의 엉덩이가
> 낮게 구부린 채 땅을 파던 감자 이랑 사이로
> 장단 맞춰 웅크리며 이십 년의 세월
> 저편에서 올라올 때까지.

  아버지는 화단에서 삽으로 작업을 하고 있습니다. 자갈밭이라 힘이 들겠지요. 몸을 숙이고 용쓰며 일하고 있는 아버지의 엉덩이가 보입니다. 그 순간, 시인의 의식은 시간을 거슬러 과거를 떠올립니다. 동시에 현재의 시간에서 과거의 어느 순간으로 시점이 바뀝니다. 화단에서 "땅을 파던" 아버지는 이십 년 전의 모습으로 감자 이랑에서 삽으로 땅을 파고 있습니다.
  이 지점에서 시인의 상상력은 빛을 발합니다. 시인은 책상에 앉은 채 의식 속에서 현재를 지나 과거를, 과거의 '기억을 파들어' 갑니다.

그렇게 시인도 아버지도 '파다'라는 행위를 통해 이어집니다. 시인의 기억, 상상력 속에 작업하는 아버지의 모습이 보입니다. 이후의 부분은 시인 히니의 섬세하고 사실적인 묘사가 돋보이는 장면입니다만 넘어가기 전에 먼저 구체적인 사물이나 현상에서 상상력을 꽃피우는 순간, 시를 꽃피우는 이 순간 시인에게 작동하는 능력에 대한 하버드 대학교의 시학 교수였던 블리스 페리Bliss Perry의 언급을 듣고 넘어가겠습니다.

> 구근을 심는 여인과 같은 물리적 이미지를 포착하여 그 이미지를 죽은 이들의 부활에 대한 상징으로 변형시키는 능력, 인간 언어의 단속적인 음절들을 완전한 음악으로 개조하는 능력, 따분한 사고와 끝없이 출몰하는 두려움 때문에 풀이 죽은 인간의 영혼을 고양시켜 황홀하게 함으로써 울음은 웃음으로, 한창때를 지나 떠오르는 죽음의 예감은 삶에 대한 확신으로 변형시키는 능력, 나아가 개인적 경험이라는 좁디좁은 길을 상상력이 다스리는 무한한 공간으로 확장하는 능력. (블리스 페리, 「시학」, 맹문재, 여국현 역, 푸른사상, 2019, 16.)

구체적인 사물이나 현상에서 상징을 발견하고 그에 걸맞은 언어를 사용하여 무한하게 확장시키는 시인의 능력, 히니는 지금 바로 그 경계를 지나고 있습니다.

> 거친 장화는 삽 끝에 착 올리고
> 삽자루는 무릎 안쪽에 견고하게 받쳐져 있다.
> 아버지는 큰 줄기를 모두 뽑고, 반짝이는
> 삽날을 깊숙이 박아 넣어 햇감자를 캐 올렸다

우리 손에 들린 차갑고 단단한 감자의 느낌이 좋았다.

삽으로 거친 땅을 파는 작업을 해 본 분이라면 알 것입니다. 삽과 발과 다리가 어떤 모양으로 만나야하는지를 요. 오랜 노동으로 닳은 "거친 장화"를 신은 발은 삽날이 있는 윗부분에 편안하게 착 얹고, 무릎 안쪽에 삽자루를 단단하게 고정시킨 모습으로 아버지는 "큰 줄기감자"를 뿌리째 뽑은 다음 "반짝이는" 삽날을 땅속 깊숙이 박아 넣어 햇감자를 캐 던져 올립니다. "반짝이는" 삽날은 1연에서 나왔던 "몽당연필"과 짝을 이루는 이미지라고 할 수 있습니다. 시인의 오랜 글 작업이 "몽당연필"로 은유되었듯, "반짝"일 정도로 쉴 새 없이 흙과 만난 삽에서 아버지의 오랜, 빛나는 노동이 드러나는군요. 아버지가 그렇게 파낸 "햇감자들"은 얼마나 차갑고 단단 했을지요! 아버지의 노동은 시인의 기억 속에서 그렇게 "좋은" 감각의 기억으로 생생합니다. 아버지의 노동을 올곧이 인정하는 시인의 태도가 읽힙니다. 아버지는 그렇게 숙련된 땅의 일꾼이었습니다. 아버지, 당신의 아버지가 그랬던 것처럼.

아버지는 정말 삽을 잘 다루셨다.
아버지의 아버지가 그러하셨듯이.

이제 시인의 의식은 더 먼 과거로 더 깊이 파들어 갑니다. 아버지를 넘어 아버지의 아버지에게로 말이지요.

할아버지는 토너 습지의 그 누구보다
토탄을 많이 캐셨다.

언젠가 할아버지께 엉성하게 종이마개를 한
우윳병을 가져다 드렸다. 할아버지는 허리를 펴고
우유를 들이키더니 곧장
금을 긋고 깔끔하게 잘라낸 토탄을
어깨 위로 들어 던지고는 깊이깊이
좋은 토탄을 찾아 땅을 파들어 갔다.

  아버지가 감자를 캤듯 아버지의 아버지는 토탄을 캐는 모습으로 기억됩니다. 감자와 토탄. 아시는 분은 아시겠습니다만, 아일랜드를 대표하는 농산물은 감자였으며, 광물은 토탄입니다. 늪지, 습지와 같은 수분이 많은 아일랜드 대지에 퇴적된 수목은 석탄으로 변하지 못한 채 표피층이 얇고 척박한 토탄층을 형성하는데, 이런 땅에서는 다른 농작물이 제대로 자랄 수 없어 감자만 심고 수확했다고 하지요. 감자 한 가지 작물에 의존하던 아일랜드에 19세기 중반 감자 기근이 들어 아일랜드 인구의 3분의 1정도가 아사했다는 비극도 그 때문이었지요. 쉽게 구할 수 있는 토탄은 아일랜드인에게는 유용한 연료 역할을 했지요. 땅에서 캐낸 토탄을 동그란 모양이나 각진 네모 형태로 굳힌 다음 우리가 사용하던 연탄처럼 창고에 저장해 두고 난로나 화로에 불을 피우는 장면은 아일랜드의 소설이나 극작품에서 일상적으로 등장하는 장면입니다. 이처럼 감자와 토탄은 아일랜드와 아일랜드인들의 지난한 삶을 상징하는 이미지라 할 수 있지요. 아버지에서 할아버지로 이어지는 역사를 파들어 가는 시인은 감자와 토탄을 통해 아일랜드의 대지와 그 대지 위에 살아온 질곡의 삶을 별다른 설명도 필요 없이 또렷하게 보여줍니다.
  아버지의 노동이 노련한 만큼 아버지의 아버지도 땅을 파서 토탄을 캐는 삽 작업에 능숙했지요. "누구보다 토탄을 더 많이 캤다"는군요. 여기서 주목할 만한 것은 할아버지와 시인의 만남입니다. 둘은 우윳병을 매개로 직접 만나고 있습니다. 아버지는 바로 지금 내 창 아래 존재하는 현재의 인물이지만, 할아버지는 지금은 존재하지 않는 인물이지요. 시인은 할아버지에게 전해주던 "우윳병"을 통해 할아버지와 직접 연결됩니다. 역사는 아들에게서 아버지로 다시 할아버지에게로, 혹은 할아버지에게서 손자에게로 끊임없이 이어집니다. 더불어, 시인이 할아버지에게 "우유를 전달"하는 이미지는 다음 세대가 이전 세대에게 생명을 불어넣는 이미지로 해석할 수 있으며, 이는 시인이 시를 통해 할아버지 세대의 삶, 즉 아일랜드 민중의 역사를 '파낸다, 발굴한다'는 시 쓰기의 본질적인 의미와도 닿아있다 할 수 있겠습니다.

할아버지의 숙련된 노동은 군더더기 없이 표현됩니다. 토탄을 캐기 전에 땅에 먼저 삽으로 "금을 긋고", "깔끔하게 잘라낸" 다음 어깨 위로 던져 올립니다, 아버지가 감자를 "캐 던지듯". 할아버지의 노동은 멈춤이 없이 계속 파들어 갑니다. 지속적으로 땅을 "파고드는" 이 노동의 이미지는 할아버지에게서 끝나지 않고 계속해서 과거로 이어지는 아일랜드 민중의 노동의 역사를, 또 멈춤 없이 그들의 역사를 "파고들어갈" 시인의 중단 없는 시 쓰기를 함의한다고 보아도 과하지 않을 것입니다.

> 차가운 감자 흙냄새, 축축하게 젖은 토탄 덩어리의
> 철벅거리는 소리, 싱싱한 뿌리들을 뭉툭뭉툭
> 잘라내는 삽날 소리가 생생하게 떠오른다.
> 그러나 내게는 그들을 따를 삽이 없다.

이제 시인의 의식은 다시 현재로 돌아오고, 상상과 기억 속에서 하나씩 존재하던 이미지들이 하나로 통합됩니다. 아버지의 감자, 할아버지의 토탄, 철벅거리는 소리, 싱싱한 뿌리들을 자르던 삽날의 소리. 그러나 아버지와 할아버지의 노동과 시인의 노동은 근본적인 차이가 있습니다. 그들의 노동은 몸으로 대지를 파고들던 육체의 노동이었으며, 그들의 손에 들려있던 삽이 그의 손에는 없습니다. 하지만 그는 슬퍼하지 않습니다. 그의 손에는 삽 대신 자신의 도구이자 무기인 몽당연필이 들려 있습니다. 그 몽당연필을 들고 머리로, 가슴으로 그들의 삶을, 역사를 파고들 그의 지적, 정서적 노동은 질퍽한 토탄층 그 아래 깊숙이 묻힌 수많은 아일랜드의 아버지 할아버지들의 삶을 생생하게 살려낼 것이기 때문입니다.

> 내 손가락과 엄지손가락 사이에는
> 몽당연필이 놓여 있다.
> 나는 그 연필로 파들어 가리라.

그가 연필로 파들어 갈 것이 무엇인지는 분명합니다. 아버지와 할아버지의 삶, 그들의 역사를 파들어 가는 것, 그것이 시인으로서 그의 책무가 될 것임을 그는 분명하게 자각하며 천명하고 있습니다.

역사는 이어집니다. 할아버지에게서 아버지로 또 그 아버지의 아들에게로 또 그 아들의 아들에게로. 아버지의 삶이 전쟁이었듯 아버지의 아버지의 삶도 전쟁이었겠지요. 삽을 들고 땅을 일구며 생존하기 위해, 살기 위해 치른 전쟁. 이제 그 아버지의 아들의 아들은 삽이 아니라 펜으로 하는 전쟁을 치르려합니다. 삶이 전쟁이듯 글을 쓴다는 것, 삶을 기록한다는 것, 그 또한 전쟁처럼 치열하지 않을 수 없습니다. 그들의 삶의 터전이 아일랜드이기에 더욱.

 삶과 역사를 살아낸다는 것, 그 삶과 역사를 기록한다는 것, 삽을 들고 생존을 위해 땅을 파거나 총을 들고 땅을 찾기 위해 싸운 삶과 그렇게 치열하게 살아낸 아버지와 아버지의 아버지의 삶을 펜으로 그려내는 것, 어느 하나 경건하지 않은 것 있을까요!

 아울러 이 시에는 히니 시의 특징이라고 할 수 있는 다양한 감각적 요소들과 세밀한 묘사가 두드러져 보입니다. 자갈밭을 파고드는 삽날이 내는 쇳소리, 토탄의 철퍽거리는 소리, 감자 뿌리들을 뭉툭뭉툭 잘라내는 삽날 소리 같은 청각적 요소들과 막 땅에서 캐낸 햇감자의 단단하고 서늘한 촉감, 무릎 안쪽에 단단히 고정된 삽자루의 느낌, 손가락 사이에 편안하게 놓인 몽당연필의 느낌 등 촉각들이 시를 더욱 생생하게 살아있게 해줍니다.

 가장 인상적인 것은 역시 "파기digging"라는 행위가 보여주는 상징성입니다. 어떤 시인이 자신의 창작을 상징할 수 있는 하나의 이미지를 갖는다는 것은 복입니다. 그것이 대상이건 행동이건 말이지요. 예를 들어 존 던과 매슈 아널드는 고독한 인간관계의 본질을 은유, 상징하는 '섬'을, 예이츠는 자신의 예술적 아름다움을 상징하는 모드 곤이란 평생의 연인과 문명의 순환을 상징하는 '나선형 원뿔'을, 셰익스피어는 인생이라는 무대를, 바이런은 '바이런적 영웅'을, 셸리는 '서풍West Wind'을, 보들레르는 '꽃'과 '신천옹'을, 제임스 조이스는 '더블린'이란 도시와 '걷기'라는 행위를, 휘트먼과 우리의 김수영은 '풀'을, 그리고 오르한 파묵은 '이스탄불'이라는 도시를 지니고 있었지요.

 히니에게는 '파다'라는 행위가 그 자신이 써내려 갈 시의 의미와 내용을 담아내는 절묘한 상징이 되었습니다. 동시대 아일랜드인의 삶은 물론 아버지와 아버지를 거슬러 가는 조상들의 삶과 역사에 천착하는 그에게 이보다 더 적절한 비유가 있을까요? 그래서였을까요. 히니는 이 시가 시 창작과 관련된 자신의 생각을 처음으로 밝힌 시이자, 시인으로서 자신의 첫 출발을 알리는 힘을 지니고 있어 두고두고 다시 보게 된다고 밝힌 바 있지요. 여러분은 어떠신가요? 여러분에게는 여러분의 시 쓰기를 상징할 행위나 대상이 있나요? 셰이머스 히니의 「파기」였습니다.

◇

Digging

Seamus Heaney

Between my finger and my thumb
The squat pen rests; as snug as a gun.

Under my window, a clean rasping sound
When the spade sinks into gravelly ground:
My father, digging. I look down

Till his straining rump among the flowerbeds
Bends low, comes up twenty years away
Stooping in rhythm through potato drills
Where he was digging.

The coarse boot nestled on the lug, the shaft

Against the inside knee was levered firmly.
He rooted out tall tops, buried the bright edge deep
To scatter new potatoes that we picked
Loving their cool hardness in our hands.

By God, the old man could handle a spade.
Just like his old man.

My grandfather cut more turf in a day
Than any other man on Toner's bog.
Once I carried him milk in a bottle
Corked sloppily with paper. He straightened up
To drink it, then fell to right away
Nicking and slicking neatly, heaving sods
Over his shoulder, going down and down
For the good turf. Digging.

The cold smell of potato mould, the squelch and slap
Of soggy peat, the curt cuts of an edge
Through living roots awaken in my head.
But I've no spade to follow men like them.

Between my finger and my thumb
The squat pen rests.
I'll dig with it.

Seamus Heaney(1939~2013)

- 20~21세기 초반 아일랜드의 시인, 극작가, 번역가
- 1939년 4월 13일, 북아일랜드 출생
- 현대 아일랜드 문학의 가장 중요하고 영향력 있는 인물 가운데 한 명
- "예이츠 이후 가장 중요한 아일랜드 시인"(로버트 로웰)
- "우리 시대의 가장 위대한 시인"(존 서덜랜드 외)
- 아일랜드의 농촌 지역에서 성장
- 아일랜드의 농촌과 자연, 역사와 문화에 뿌리를 두고, 가족, 아일랜드의 정치적 분열, 인간의 유대와 소통 등을 주제
- 하버드 대학과 옥스퍼드 대학 교수 역임
- E. M. Forster Award(1975), T. S. Eliot Prize(2006) 등 수상
- 1995년, 노벨 문학상 수상
- 2013년 8월 30일에 더블린 블랙록Blackrock에서 사망
- 그의 장례식은 아일랜드 공영방송인 RTE 텔레비전과 라디오로 생중계 되었고, 그날 RTE 라디오 1에서는 하루 종일 히니가 생전에 육성으로 녹음한 시를 방송.
- 대표작으로는 『한 자연주의자의 죽음』*Death of a Naturalist*, 『북』*North*, 『들일』*Field Work*, 『영혼의 수준』*The Spirit Level*, 『인간의 사슬』*Human Chain* 등의 작품이 있음.

런던
- 윌리엄 블레이크(1757~1827)

나는 독점된 템스강이 흐르는 근처,
독점된 거리를 헤맨다네,
그리고 만나는 모든 사람의 얼굴에서
나약하고 비통한 표정을 목격한다네.

모든 사람들의 모든 외침에서.
모든 아이들의 두려움 가득한 비명 속에서,
모든 목소리에서, 모든 금지 속에서,
마음이 빚은 족쇄 소리를 듣는다.

어찌 굴뚝청소부의 비명소리가
타락해 가는 교회들을 겁주고,
불행한 병사들의 탄식이
피가 되어 궁정의 벽을 따라 흐르는가를.

하지만 가장 끔찍한 소리는 한밤의 거리에서 듣는다.
어린 창녀의 저주가 어찌
갓난아이의 눈물을 마르게 하고,
역병으로 결혼의 영구차를 시들게 하는지를.

◇

이번 작품은 영국 낭만주의 시인 윌리엄 블레이크의 「런던」입니다. 제가 낭만주의 시를 소개할 기회가 있을 때면 꼭 소개하는 시입니다. 시/시인의 사회참여라는 측면에서 많은 시사점을 주기 때문입니다. 산업혁명의 절정기인 18세기 후반과 19세기 초반의 영국에 대해서도 많은 이야기를 나눌 수 있기도 하지요. 블레이크도 아주 흥미로운 시인입니다. 시를 읽기 전에 블레이크와 관련된 몇 가지를 말씀드리는 것이 이 시를 보다 잘 이해하는 데 도움이 될 것 같습니다.

신고전주의 시기인 18세기 후반에서 19세기 초반 영국은 아시는 것처럼 산업혁명의 절정기를 지나며 자유방임의 원칙에 기반을 둔 자유주의가 만개하고 있었습니다. 경제는 발전하고 있었지만 그늘은 그만큼 깊었습니다. 엄청난 부를 축적하는 소수의 부유한 이들과 말할 수 없는 빈곤과 비참한 노동환경에서 하루하루를 연명하는 일반 대중들, 특히 노동자들의 간극은 더욱 벌어져만 갔습니다. 정치적으로도 불안한 시기였습니다. 멀리 대서양 건너 식민지 미국을 잃고, 바로 이웃 프랑스에서 벌어진 혁명의 분위기는 언제라도 영국을 휩쓸 기세였습니다. 정치적으로는 억압과 금지의 족쇄가 더욱 강고해졌고, 종교도 제 역할을 못하고 구빈원과 고아원과 거리에 넘쳐나는 어린아이들의 노동을 이용한 돈벌이에 몰두하는 모습을 보이고 있었습니다.

블레이크는 영국사회의 이 모든 타락의 양상들에 침묵할 수 없었습니다. 그는 자신의 시를 통해 당대의 전반적인 상황과 지배적인 사상을 강력하게 비판, 반대하며 혁명적이라 할 새로운 사고를 표현하고 있습니다. 그는 정치적 탄압을 비판했고, 종교적 타락을 비난했으며, 경제적 불평등을 끊임없이 고발했습니다. 당시 지배계층이 선善이라 주장하는 복종, 만족, 기존질서의 유지야말로 악惡이며, 그들이 악이라고 부르는 혁명, 모든 속박에 대한 반대, 나아가 새로운 체계의 창조야말로 선이라는 것이 블레이크의 생각이었습니다.

그는 자유연애, 결혼과 이혼의 자유, 무정부주의를 주장, 옹호했으며, 인간의 욕망을 억압하고 육체의 열정을 죄악시 하는 교리에 정면으로 반대했습니다. "인간은 열정을 부정하는 것을 통해서가 아니라 모든 열정들이 분출하는 현실적인 지성을 통해 천국의 보물을 얻을 수 있다."라고 외치며, 영혼과 이성을 강조하고 육체를 악으로 보는 교리는 오류며, 육체는 오감을 통해 세상과 접하는 영혼의 일부이자 영혼의 확장이라고도 했습니다. 그 밖에도 직접 신을 보았다거나 천사들이 가득 앉은 나무를 보았다는 등의 신비주의적 경향도 보였습니다.

당시 정치적 지배계층과 종교지도자들에게는 용납하기 어려운 두렵고도 혁명적인 내용들을 거침없이 써낸 그는 정부로부터는 가택연금과 시집의 출판금지 처분을 받았고, 일부 사람들에게 '미치광이'라는 말까지 들었습니다. 하지만 따져보면 어느 시대나 앞선 사람들은 종종 그렇게 이해받지 못해 온 것도 사실입니다. 진리는 늦게 드러나기도 하는 법이니까요. 오늘날 그는 낭만주의를 대표하는 시인으로 평가받고 있습니다. 이제 시를 살펴보겠습니다.

「런던」은 그의 시집 『경험의 노래』*Songs of Experience*에 실린 시로, 당대 런던의 타락한 상황을 압축적으로 묘사하고 있습니다. 잠깐, 『경험의 노래』가 있으니 짝을 이루는 다른 노래도 있겠지요? 그렇습니다. 『순수의 노래』*Songs of Innocence*가 있습니다. 『순수의 노래』는 사랑, 유년기, 그리고 자연 등 밝은 면을 주로 다루고 있습니다. 블레이크는 순수와 경험, 두 요소 중 어느 하나만으로는 완전함을 이루기 어렵다고 생각합니다. 순수는 무지와 닿아있고, 경험은 악과 닿아있어서 순수는 경험을 거쳐 '더 고차원적인 순수Higher Innocence'로 나아가야 한다고 생각했지요. 그런 까닭에 두 시집에는 같은 제목의 다른 내용-밝은 순수와 어두운 경험-을 담은 시들이 많이 실려 있습니다만, 「런던」은 『경험의 노래』에만 실려 있을 뿐 『순수의 노래』에는 짝시가 없습니다. 런던은 순수한 면이 없다는 생각을 표현한 것일까요? 1연부터 보겠습니다.

> 나는 독점된 템스강이 흐르는 근처,
> 독점된 거리를 헤맨다네,
> 그리고 만나는 모든 사람의 얼굴에서
> 나약하고 비통한 표정을 목격한다네.

런던 거리를 이리저리 걸어 다니며 시인이 만나는 사람들의 표정은 하나같이 나약하고 비통합니다. 까닭은 1,2행에 연이어 등장한 "독점된"이란 단어가 설명해줍니다. 자유방임 정책 하에 산업혁명의 절정기로 치닫던 영국 런던. 빈익빈 부익부의 골은 깊어질 대로 깊어지고, 브레이크 없는 사유재산의 확대는 급기야 소수에 의해 공적 영역까지 사유화되는 지경에 이르렀습니다. 누구나 마음 놓고 다녀야 할 "거리"와 "템스강"까지 소수의 이들에게 "독점된" 지경에 이르렸다는 시인의 지적은 경제적 불평등이 얼마나 극심한 상황이었는지를 보여줍니다. 사실, 블레이크는 처음에 이 단어 대신 'dirty'라고 썼다가 나중에 바꾸었다고 합니다. 그만큼 강력한 단어가 필요할 정도의 상황이라고 판단한 것이겠지요. 이 같은 경제적 불평등과 독점 상황이라면 시인의 눈에 비친 사람들의 허약함과 비통함이 이해됩니다.

작가이자 역사학자인 톰슨의 역저 『영국 노동계급의 형성』에는 당시 노동계급의 비참한 상황을 언급하는 예들이 실려 있는데 다음은 그 중 한 노동자의 수기입니다.

> 보통 5시에 일어나 9시경까지 일거리를 찾아 여러 작업장과 건축 공사장을 전전하면서 걸어 다녔다. 우리는 그때 1페니짜리 빵을 사서 둘로 나누었다. 그런 다음 오후 4시나 5시까지 걸어 다녔고, 일이 끝나면 다시 빵 한 덩어리를 사서 둘로 나누었다. 그리고는 아픈 발과 배고픔을 안고 아주 일찍 잠자리로 기어들었다.

1연에서 시인 블레이크가 런던을 걸으며 만났던 이가 바로 저 도시노동자의 모습이었을 것입니다.

> 모든 사람들의 모든 외침에서.
> 모든 아이들의 두려움 가득한 비명 속에서,
> 모든 목소리에서, 모든 금지 속에서,
> 마음이 빚은 족쇄 소리를 듣는다.

2연은 "모두"와 "외침, 비명"의 반복이 두드러집니다. 시인의 눈과

귀에 사람들은 예외 없이 모두 "비명"을 지르고 울부짖고 있는 것으로 보이고 들립니다. 아이, 어른 없습니다. 모두 "두려움"과 "금지"의 억압 속에 비명을 지르고 있습니다. 온 사방에서 그 비명이 들리는 듯합니다. 그리고 그들의 비명과 외침에는 한결같이 "금지"에 대한 두려움이 담겨 있습니다. 왜 일까요?

이미 사람들은 영국의 식민지 미국이 독립하는 것을 보았고 (1776), 바로 이웃에서 벌어진 프랑스 혁명(1789)으로 왕정이 철폐되고 왕은 단두대로 끌려가 처형당하는 것을 목격했습니다. 불가능할 것 같았던 혁명의 꿈이 현실이 된 것이지요. 영국 내에서도 반국교도 운동(영국의 국교인 성공회에 반하는 운동)을 포함하여 지방 소작농들의 반란, 종교적 폭동, 그리고 기계화로 인한 실직 사태에 직면한 노동자들의 소요와 폭동이 끊임없이 지속되었습니다.

300명 이상의 사람들이 죽거나 처형당한 고든 폭동--1780년 런던에서 조지 고든 경이 개신교도 협회를 이끌고 '가톨릭 구제법 폐지' 운동을 벌이면서 6월 2일부터 1주일간 가톨릭교도들의 재산과 공공건물을 공격한 사건--, 최저임금제를 요구한 직조공들의 시위와 파업, 그리고 조금 후의 이야기이긴 합니다만 방직기와 방적기 도입으로 발생한 노동자들의 대량 실직에 저항하는 '러다이트 운동'--1811년 방직기가 등장하면서 실직하게 된 노동자들이 방직기를 파괴하기 시작하면서 벌어진 노동자들의 저항운동--도 있었지요. 특히 "부자들에 대한 빈자들의 근본적 갈등을 명백하게 표현하는 사회적 저항운동의 양상을 띤 런던의 폭도들"은 한때 권력의 통제권에서 벗어날 정도로 위협적인 존재들이 되기도 했답니다. 정부는 이에 대해 경찰청 설치, (노동자들의) 단결금지법(1799) 등을 통해 엄격한 억압 정책을 취하고 있었으며, 시위와 집회에 대한 무력 진압도 불사했지요.

리처드 카릴의 <피털루 대학살>

그 가운데 '피털루 대학살Peterloo Massacre'이라 불리는 사건은 정부와 시위대 간의 갈등을 상징적으로 보여줍니다. 1819년 의회개혁을 요구하며 시위에 참가한 여자와 아이들이 포함된 6만 명 정도의 시위대를 기병대들이 진압하면서 11명의 시민이 사망하고 500여 명이 부상당한 이 사건은 당시 영국의 상황이 어떠했는지를 단적으로 보여주고 있습니다. 워즈워스를 포함한 많은 시인이 이 사건을 시로 기록하고 있지요.

2연에서 블레이크가 묘사한 상황은 바로 이와 같은 사회적 억압과 갈등 상황에 대한 시인의 시선입니다. 어떤 말과 행동을 하건 사람들은 자신도 모르게 스스로 검열을 할 수밖에 없는 그런 시대였던 것입니다. "마음이 빚은 족쇄" 정말 놀라운 표현 아닌가요? 내가 하는 말이나 행동이 나에게 위험을 초래할 수도 있다는 두려움을 줄

만큼 개인들에게 공포스러운 의식적, 무의식적 억압이 존재할 때 사람들은 말을 하기도 전에 스스로 조심을 하게 되지요. 그 마음이 빚은 족쇄가 우리의 행동은 물론 의식까지도 내리누를 때, 사회는 침묵하고 개인은 비굴해지고요. 억압의 폭정은 대체로 이런 비극적 상황을 가져오는 것임을 우리도 역사를 통해 보아 왔지요. 2연에서 블레이크는 바로 그런 런던의 정치적 혼동과 억압의 상황에 대한 비판하고 있습니다.

3연은 2연의 끝에 있는 "나는 듣는다"에 이어집니다. 즉, 2연의 "나는 듣는다"가 2연과 3연 전체의 주어-동사가 되는 것이지요. 그래서 2연의 마지막에 배치한 것이고요.

> 어찌 굴뚝청소부의 비명소리가
> 타락해 가는 교회들을 겁주고,
> 불행한 병사들의 탄식이
> 피가 되어 궁정의 벽을 따라 흐르는가를.

3연의 "굴뚝청소부"와 "타락한 교회" 그리고 "불행한 병사들"과 "궁정"은 도대체 어떤 관계가 있는 것일까요? "굴뚝청소부"는 말 그대로 굴뚝을 청소하는 일꾼이었습니다. 산업혁명을 대표하는 상징인 굴뚝들이 빼곡한 공장의 이미지는 익숙하실 겁니다. 어디 공장만인가요. 집집마다 굴뚝이 없는 집이 없었겠지요. 모든 굴뚝은 한 번씩 청소를 해주어야하지요. 그렇지 않으면 검댕이 막혀 연기가 집안으로 밀려 들어 오지요. 굴뚝청소부가 필요한 이유입니다. 높은 굴뚝 꼭대기에 고정시킨 밧줄을 몸에 묶고 망태기를 메고 굴뚝 안으로 들어가 안에 묻은 검댕을 긁어내려오는 일, 굴뚝청소부가 하는 일이었다고 합니다. 줄이 끊어져 추락하거나 더러 질식하고 때로는 미처 다 식지 않은 굴뚝 안의 열기에 화상을 입기도 하는 위험한 작업이었지요.

어른들이 들어갈 수 없을 정도로 입구가 좁은 굴뚝은 체구가 작은 어린아이들이 몫이었습니다. 그러나 굴뚝청소부는 아이들이 많이 하는 일이었다고 합니다. 얼마나 더 위험한 일이었겠어요? 그런 까닭에 1840년에 이르러 21세 미만의 청소년들은 굴뚝에 올려 보내는 일은 금지하는 법안이 의회에서 통과되었지요. 하지만 아이들의 노동을 통해 벌어들이는 수입에 비해 위반에 대한 벌금이 워낙 가벼워 어기는 이들이 많다보니 큰 효력이 없었다고 합니다. 나중에는 아이들의 일거리가 사라진 것에 대한 반발로 이 법조차 위법이라며 철폐해달라는 청원도 늘었다고 합니다. 그런데 교회는 이 굴뚝청소부와 무슨 연관이 있을까요? 굴뚝 청소를 하는 아이들을 교회에서 운영하는 구빈원이나 고아원에서 많이 데리고 있었기 때문이지요. 이런 상황은 급격한 인구증가와 '인클로저 운동Enclosure Movement'—공영 소농지와 일부 농경지를 목장으로 전환하는 정책과 운동—의 결과로 인한 농촌 인구의 도시 유입, 집에서 보살필 수 없는 아동들의 증가와 연관이 있습니다.

산업혁명기의 영국은 엄청난 인구 증가를 경험하게 됩니다. 기록에 따르면 1801년 1050만 명에서 1841년 1810만 명으로 40년 사이에 70%가 넘는 760만 명이나 증가하는데 그 가운데 1811년에서 1821년 사이에 가장 높은 증가율을 보였다고 합니다(톰슨, 『영국 노동계급의 형성』, 276). 그 대다수의 인구가 대도시, 특히 런던으로 몰려듭니다. 특히 대도시 런던으로의 급격한 인구 유입은 인클로저 운동의 영향도 있습니다.

영국에서는 15~6세기, 18~9세기 두 번에 걸친 대규모의 '인클로

저 운동'이 있었지요. 농경지를 목축업을 위한 농장으로 개간하고 지대가치를 높이겠다고 시작된 운동이지만 실제로는 인클로저로 인해 소규모 자영농이나 소작인들이 삶의 터전인 땅을 잃고 도시로 밀려나는 부작용을 낳았습니다. 이들이 바로 산업혁명의 중요한 요인 가운데 하나인 '저임금의 도시 노동력'이 되는 것입니다. 아이러니한 상황이지만 역사는 그렇게 굴러가지요.

　이렇게 갑작스럽게 도시로 인구가 급속하게 증가하면서 도시 가정의 인구급증이라는 결과를 낳고, 넘쳐 난 인구와 빈곤의 문제가 겹쳐 가정에서 부양이 힘든 과잉 인구가 된 어린아이들의 가출과 유기 등이 심각한 사회문제가 될 정도가 되지요. 심지어 아이들을 양육할 형편이 안 되는 부모가 아이들을 팔기도 했다고 하지요.『올리버 트위스트』를 포함한 찰스 디킨스의 소설들과 빅토르 위고의『레미제라블』에 이런 아이들의 모습이 담기기도 했지요. 이런 아이들 가운데 일부는 정부가 구호기관을 통해 수용, 보호하거나 교회 등의 자선기관에 위탁하기도 하지만 상당수의 아이들은 길거리를 배회하며 구걸과 절도 등 범죄에 노출되기도 하지요. 얼마나 많은 아이들이 구빈원에 있게 되었는지는 수치가 보여줍니다. 구빈원에 의존하는 빈민의 수는 1803년 26만 명에서 1867년 69만 명 이상이 되었다고 합니다(줄리아 프레빗 브론,『19세기 영국소설과 사회』, 박오복, 이경순 역, 열음사, 1990, 52).

　국가에서 다 보살피지 못하는 아이들을 위탁받았던 구빈원들은 대부분 교회가 운영하고 있었지요. 이들은 아이들을 맡으면서 국가로부터 보조금을 받고, 또 위탁받은 아이들을 노동 현장에 보내 일을 하게 함으로써 수입도 올리고 있었는데, 바로 이 아이들이 많이 했던 일이 굴뚝청소였던 것이지요. 일 년 내내 그런 힘든 노동을 하는 아이들은 일 년에 몇 차례 종교 축일 같은 날에 자기 교구를 상징하는 깨끗한 복장을 입고 런던시내를 행진했는데, 교회가 위탁받은 아이들을 잘 보살피고 있음을 과시하는 허례였지요. 이런 광경 또한 블레이크의 다른 시에 잘 묘사되어 있습니다. 그러니 굴뚝청소를 하다가 부상을 입거나 혹은 떨어져 혹은 질식하여 숨을 거두는 아이들의 비명은 곧 아이들을 그런 열악한 노동 현장에 보낸 타락한 교회에게 "오싹한"

19세기의 어린 굴뚝 청소부 (출처-British Literature Wiki)

두려움을 안겨주는 것이겠지요. 양심이 있다면 말입니다. 이런 점에서 시인 블레이크는 "굴뚝청소부 아이들"의 비명과 "타락한 교회"를 대비시키며 종교적인 타락을 비판하고 있는 것입니다.

두 줄의 시행이 이렇게 많은 이야기를 포함하고 있다는 것, 놀랍지 않나요? 그러나 저는 이 시가 바로 그런 이유 때문에 더 의미가 있다고 봅니다. 이 시를 읽으며 이 두 행에 담긴 저 수많은 이야기들을 나누는 것, 그것이 이 시를 제대로 읽는 법이라고 생각하기 때문입니다. 어떤 시는 시인의 감정과 정서를 표현한 시어와 형식에 주목하면서 시를 읽는 독자의 감정과 정서를 그 시에 투영하여 감상하고 읽으면 되지만, 어떤 시는 이처럼 한 줄의 시행을 통해 그 속에 담긴 사회와 역사, 또 그 시간을 살았던 사람들의 이야기를 읽어내지 않으면 안 되기 때문입니다. 그렇게 쓰인 시들이니까요.

3~4행의 "불행한 병사들" 또한 그 시기의 역사적 정치적 상황과 관련이 있습니다. 영국은 1688년 명예혁명 이후로 왕은 '군림하지만 통치하지 않는' 상징적 권력의 주체일 뿐 국가의 운영은 의회에서 하게 되면서, 수상을 중심으로 한 의회 내각의 권력이 강화되었습니다. 권력 장악을 위한 치열한 투쟁과 암투가 생겨난 것도 필연의 결과였고, 그 과정에서 군인들이 정쟁의 도구로 이용당하는 일도 적지 않았다 합니다. 뿐만 아니라 시위를 하는 국민들을 진압하기 위해 동원된 병사들은 왕과 의회의 명령에 복종할 수밖에 없어 자신이 지켜야만 하는 국민을 향해 총을 겨누는 불행한 상황에 처하게 되기도 했지요. 시인은 바로 이런 상황을 3,4행에 담고자 했습니다.

잠깐 영어로 된 3연을 찬찬히 봐주시기 바랍니다. 뭔가 눈에 띄는 점이 보이실까요? 혹시 보이지 않는다면 가만히 한 번 더 봐주시기 바랍니다. 그렇습니다. 3연의 네 단어 "How, Every, And" 그리고 "Runs"의 첫 글자를 세로로 보면, 그렇습니다. 그 첫 글자들은 'HEAR'입니다. 블레이크는 지금 이 시를 읽는 독자들에게 '들으라'고, 자신의 절박한 외침을 들으라고 소리치고 있는 것입니다. 가끔 시는 이런 놀라운 면을 보이기도 합니다. 말로, 글로 된 것이니까요. 이런 시를 만나게 되면 어떤 시건 더 자세히, 더 애정 어린 눈으로 봐야겠다, 하는 마음이 생기게 됩니다. 그렇지요?

마지막 4연입니다.

하지만 가장 끔찍한 소리는 한밤의 거리에서 듣는다.
어린 창녀의 저주가 어찌

갓난아이의 눈물을 마르게 하고,
역병으로 결혼의 영구차를 시들게 하는지를.

 시인이 가장 가슴 아프게 듣는 소리는 한밤에 들리는 소리, "어린 창녀"의 저주와 비명입니다. 앞에서 언급한 소설을 영화로 만든 「레미제라블」에서 생생하게 그려진 장면이기도 합니다만 거리로 내몰린 여자아이들은 영화 속 판틴처럼 거리의 여인으로 살아가기도 합니다. 달리 방법이 없을 터이니까요. 그러다 보면 갖가지 성병에 노출되기도 할 것이며, 그러다 혹여 아기라도 갖고 낳게 된다면 성병을 유전으로 물려받은 그 아기는 눈도 제대로 뜨지 못한 채 태어날 것이지요. 게다가 병에 걸린 소녀가 혹 결혼이라도 하게 된다면 상대방 남자에게 병이 옮을 터이니 그 남자에게는 결혼식 마차를 타는 것이 곧 '죽음의 영구차'를 타는 일이 될 수도 있지요. 비극입니다.
 블레이크는 특히 아이들을 사랑했고 아이들에 대한 애정과 관심이 유난히 많았습니다. 앞에서 언급했던 그의 『순수의 노래』에서 순수를 상징하는 존재가 바로 어린아이입니다. 어린아이는 예수와 신을 은유하기도 하지요. 스스로의 삶과 존재를 책임질 수 없는 어리고 나약하며 순수한 아이들이 가정과 사회의 보살핌을 제대로 받지 못하고 거리로 쫓겨나 끔찍한 생활 속에서 가슴 아픈 희생을 당하는 것이야말로 블레이크에게는 가장 슬픈 일이 아닐 수 없었을 것입니다. 그 무엇과도 비교할 수 없는 런던의 끔찍한 문화적 도덕적 타락의 징표였던 것이지요. 앞에서 경제, 정치, 종교적 타락에 더해 이제 도덕적으로 혹은 문화적으로도 돌이킬 수 없는 타락을 보이는 런던, 나아가 영국 전체는 사회적 정치적 경제적, 그리고 도덕적으로 완전히 타락한 곳임을 블레이크는 신랄하게 비판하고 있습니다.

"결혼의 영구차"라는 절창이 유난히 통렬하게 들립니다.

「런던」을 읽으면서 다른 어느 때보다 시 바깥의 이야기를 많이 한 것 같습니다. 그렇습니다. 이 시는, 그리고 어떤 시들은 그렇게 읽어야한다고 생각합니다. 블레이크는 이 시를 통해 산업혁명의 한가운데를 지나던 영국의 화려함보다는 그 화려함과 성장이 드리운 어두운 면을 보려고 합니다. 경제적으로 정치적으로 종교적으로 그리고 문화적으로 런던은, 나아가 영국은 온전한 면이 없어 보입니다. 온통 억압과 금지와 고통과 타락이 가득합니다.

산업혁명의 전성기를 구가하던 빛나는 런던, 영국과 억압과 타락과 금지가 만연한 런던, 영국. 과연 어떤 모습이 진실일까요? 양쪽 모두 거짓이 아닐 것입니다. 어떤 시인은 전자를, 어떤 시인은 후자를 보는 것일 뿐이지요. 블레이크는 후자를 보는 시인이고요. 독자도 마찬가지일 것입니다. 전자의 시인을 읽는가 후자의 시인을 읽는가, 혹은 둘 모두를 읽을 수 있는가. 분명한 것은 이 시를 통해 우리는 당시 런던이, 영국이 화려하게 빛나기만 한 시대라고 평가할 수 없는 또 다른 면이 있다는 점을 분명하게 알게 됩니다. 한 구절 한 구절을 꼼꼼하게 되새기며 보는 것이 때로 중요한 까닭도 거기 있습니다. 그렇지 않으면 시인 블레이크가 말하는 바탕을 곡해하거나 제대로 이해하지 못하거나 혹은 이해하더라도 부분적인 이해에 그칠 수 있으니까요.

한 가지 더. 이 시를 통해 우리는 '낭만주의 시'에 대해 가끔 제기되는 오해에 대해 다시 생각해 보게 됩니다. 이전의 영시해설에서 본 윌리엄 워즈워스를 비롯한 영국의 낭만주의 시인들이 프랑스 혁명의 영향 속에서 당대 현실에 대한 비판과 부정적 시각에서 출발했지만, 각각 자신만의 영역—자연(워즈워스), 관습에 대한 끝없는 저항(바이런), 초자연적 세계(콜리지), 그리고 영원한 아름다움(키츠)—에 몰두함으로써 자칫 현실에 대한 비판적 시각을 놓치고 있지 않는가 하는 생각을 할 수 있습니다. 실제 그런 부분도 없지 않습니다. 블레이크를 통해 우리는 낭만주의 시대의 시인이 시대에 어떻게 개입했는지, 어떻게 개입할 수 있었는지를 또렷하게 확인합니다. 시대의 어둠과 부조리를 정확하게 보고 진단하며, 잘못된 사고에 대하여 통렬하게 비판하면서 새로운 세계를 꿈꾸는 일, 시인의 몫이라는 것을 블레이크는 실행하며 보여주고 있습니다.

다음 시대에 이르러 '두 개의 나라two nations'라고 부르게 될 정도까지 사회적 양극화가 극심해진 영국의 어두운 현실을 정확하게 보여준 시, 윌리엄 블레이크의 「런던」입니다.

―――――――――――― ◇ ――――――――――――

London
  William Blake

 I wander thro' each charter'd street,
 Near where the charter'd Thames does flow,
 And mark in every face I meet
 Marks of weakness, marks of woe.

 In every cry of every Man,
 In every Infant's cry of fear,
 In every voice, in every ban,
 The mind-forg'd manacles I hear:

How the Chimney-sweeper's cry
Every blackening Church appalls,
And the hapless Soldier's sigh
Runs in blood down Palace walls.

But most thro' midnight streets I hear
How the youthful Harlot's curse
Blasts the new-born Infant's tear,
And blights with plagues the Marriage hearse.

William Blake(1757~1827)

- 18~19세기 초기 낭만주의 영국 시인, 화가 및 인쇄가
- 1757년 11월 28일 런던 출생
- 1772년, 14세 때부터 저명한 조각가인 제임스 바사이어에게 드로잉과 에칭 기술 학습
- 중세 고딕 예술과 미켈란젤로, 라파엘 등의 르네상스 화가들의 작품의 영향
- 1780년, 유명한 화가 조슈아 레이놀즈 아래 로열 아카데미에 입학
- 1782년, 어린 시절부터 알고 있던 캐서린 부셰Catherine Boucher와 결혼. 캐서린은 블레이크의 작품을 인쇄하는 데 도움을 주고 감정적인 지원을 제공하는 데 중요한 역할
- 성경과 존 밀턴의 시, 그리고 신비주의자인 스웨덴보르그Emanuel Swedenborg의 영향
- 당시 부패한 교회 비판, 자유연애 주장
- 1789년, 첫 시집 『순수의 노래』, 1794년 『경험의 노래』 출판, 나중에 『순수와 경험의 노래』로 통합
- 소박하고 어린아이처럼 쉬운 언어와 목가적인 상징과 함께 산업화하는 잉글랜드의 혹독한 현실을 비판.
- 순수를 상징하는 '양'과 경험을 상징하는 '호랑이' 이미지
- 자신의 시를 스스로 인쇄하면서 시각 예술과 문학의 경계 넘나듦.
- 낭만주의 운동과 모더니즘 작가들에게 큰 영향
- 1827년 8월 12일 사망
- 『천국과 지옥의 결혼』The Marriage of Heaven and Hell, 『순수와 경험의 노래』Songs of Innocence and of Experience, 『예루살렘: 위대한 영국의 산물』Jerusalem: The Emanation of the Giant Albion 등의 작품이 있음.

엄마가 아들에게
- 랭스턴 휴즈(1901~1967)

자, 아들아, 들어봐.
내게 삶은 수정 계단이 아니었다.
압정이 널려 있고
나무 가시들과
갈라진 널빤지 조각들에
카펫이 깔리지 않은 곳도 많았다.
맨바닥이었다.
그렇지만 난 내내
열심히 오르는 중이다.
층계참에 다다르고
모퉁이 돌아가며
때로는 빛도 없이 깜깜한
어둠 속을 걸어갔다.
그러니 얘야, 절대 돌아서지 마라.
사는 게 좀 어렵다고

절대로 층계에 주저앉지 마라.
여기서 넘어지지도 마라,
얘야, 나도 지금 가고 있다,
나도 아직 올라가고 있다,
내게 삶은 수정 계단이 아니었다.

─────────────── ◇ ───────────────

 2022년 새해 첫 해가 밝아오는 때 이 글을 씁니다. 글을 쓰고 글이 인쇄되는 사이에도 시간은 멈춤 없이 흐르겠지요. 우리의 삶 또한 그럴 것이고요. 시간이, 삶이 멈춤이 없다는 것은 어떤 이에게는 불행이고 어떤 이에게는 행복이기도 하겠습니다. 그러나 늘 불행하기만 하거나 늘 행복하기만 한 삶이 어디 있을까요. 불행과 행복, 이 둘은 어쩌면 우리 삶이라는 시소의 양 끝 같아서 한쪽으로 기우는가 싶다가 이내 다른 쪽으로 올라가 균형을 맞추곤 하면서 우리의 삶에도, 시간에도 의미를 부여하는 것 같습니다. 그렇게 불행과 행복의 어디쯤을 통과해 우리는 다시 새해를 맞이합니다. 우리 앞에 놓인 이 시간, 우리의 삶도 행복과 불행 그 어디쯤을 지나가게 되겠지요. 그저 올해 우리의 삶이 조금 더 많이 행복하고 조금 덜 불행하기를.
 제가 참 좋아하는 소설의 첫 문장이 있습니다. 새해 첫날, 그 구절을 함께 읽으며 영시해설을 시작하려고 합니다. 제드 러벤펠드의 『살인의 해석』(박현주 역, 비채, 2007)의 첫 도입부입니다.

 행복에 있어서 수수께끼란 없다.
 불행한 이들은 모두 똑같다. 오래전부터 그들을 괴롭혀온 상처와 거절된 소원, 자존심을 짓밟힌 마음의 상처가 불길처럼 활활 타오르다가 경멸로 인해, 더 심각하게는 무관심으로 인해 꺼져버린 사랑의 재가 되어 불행한 이들에게 달라붙어 있다. 아니, 그들이 이런 것들에 달라붙어 있다. 그리하여 불행한 이들은 수의처럼 자신들을 감싸는 과거의 그림자 속에서 하루하루를 살아간다. 행복한 이는 뒤돌아보지 않는다. 앞을 바라보지도 않고, 다만 현재를 산다.

하지만 그렇게 되면 곤란한 점이 있다. 현재가 결코 가져다주지 않는 게 하나 있기 때문이다. 바로 의미다. 행복해지는 방법과 의미를 얻는 방법은 다르다. 행복을 얻기 위해서는 순간을 살아야 한다. 단지 순간을 위해서만 살아야 한다. 그렇지만 의미를, 꿈과 비밀과 인생에 대한 의미를 얻고 싶다면, 아무리 어둡더라도 과거를 돌아볼 줄 알아야 하며, 아무리 불확실하더라도 미래를 위해 살아야 한다. 그리하여 자연은 행복과 의미를 우리 앞에 대롱대롱 흔들어대며 둘 중 하나만을 선택하라고 다그친다. 나는 언제나 의미를 선택해왔다.

행복한 현재는 "(삶의) 의미를 결코 가져다주지 않는다"라는 글쓴이의 말에 전적으로 동의할 수 있는지 (저로서는) 여전히 의문이기는 합니다만, (삶의) 의미를 위해 우리가 과거를 돌아보고 현재를 살며, 미래를 꿈꾸어야 한다는 말에는 동의하지 않을 도리가 없습니다. 저도 만약 행복과 의미 가운데 선택해야 한다면 아직은 아마도 의미를 선택하게 될 것 같습니다. 삶의 의미를 모르는 행복보다는 불행이 조금 함께 하더라도 제대로 행복을 느낄 수 있는 삶의 의미를 원하니까요. 행복과 불행은 낮과 밤처럼 우리 삶의 필수불가결한 요소라는 생각을 해봅니다. 중요한 것은 우리의 삶이 계속된다는 것, 우리는 계속 살아가야 한다는 것이겠지요. 새해 첫 영시는 바로 그런 우리 삶의 이야기를 조용히, 그러나 힘 있게 들려주는 랭스턴 휴즈의 「엄마가 아들에게」입니다.

랭스턴 휴즈는 시, 소설, 드라마 등 다양한 장르의 글을 통해 아프리카계 미국인들의 정체성을 강조하고, 그들의 삶을 애정 어린 눈으로 묘사한 '할렘 르네상스Harlem Renaissance'를 대표하는 아프리카계 미국 문필가이자 시민권 운동의 핵심 인물이기도 했습니다. 아들에게 전하는 어머니의 말을 담은 '극적 독백Dramatic Monologue'의 형식으로 된 이 시는 곤궁한 삶 속에서도 결코 좌절하거나 무너지지 않고 꿋꿋하게 살아온 어머니가 아들에게도 같은 당부를 하는 내용을 담고 있습니다.

인종 차별이 극심했던 1900년대 초반 미국에서 아프리카계 미국인들의 삶이 어떠했을지는 짐작이 되고도 남습니다. 남편과 이혼하고 홀로 직업을 찾아야 했던 랭스턴 휴즈의 어머니의 삶은 더욱 녹록치 않았음은 자명한 일이었고, 랭스턴 휴즈 또한 인종적 편견의 그늘을 경험하며 성장했으니, 이 시의 내용은 그대로 그들의 삶을 반영하는 것이라고 할 수 있습니다.

시를 보기 전에 먼저 '할렘 르네상스'에 대해 간략하게 말씀드리고 가겠습니다. '할렘'은 뉴욕 주의 맨해튼 지역에 밀집한 흑인 빈민가를 일컫는 말입니다. '할렘 르네상스'는 이 지역을 중심으로 1920년대와 30년대에 번성한 아프리카계 미국인들의 예술과 문화, 지적 부흥 운동을 지칭합니다. 이후 5~60년대에 불붙은 시민권 운동에도 큰 영향을 미치게 되지요. 할렘 지역에 특히 아프리카계 미국인들이 많이 거주하게 된 데는 대규모 이주와 이민이 큰 역할을 했습니다. 19세기까지 이 지역은 백인 중산층들의 거주 지역이었지만 20세기 초반 많은 외국의 이민자들과 남부의 이주민들, 특히 아프리카계 미국인들이 일자리를 찾아 남부에서 북부로 밀려들면서 그들의 밀집지역이 형성

되었고, 1차 세계대전 이후 더 많은 아프리카계 미국인들이 정착하게 되었다고 합니다. 이렇게 공동체를 이룬 그들은 극심한 인종차별에 맞서 자신들에 대한 정형화된 인식을 거부하면서 그들만의 정체성을 강조하고, 그들 공동체의 가치를 중요하게 부각시키면서, 자신들의 고유한 언어, 문화 등을 다양한 예술 양식을 통해 표현하기 시작했던 것입니다. 이들은 백인들의 인종차별주의가 그들에게 가한 왜곡된 모습 대신 자신들의 진정한 모습을 되찾고자 시도했으며 이는 '뉴 니그로New Negro'라는 개념을 통해 표현되었습니다. 랭스턴 휴즈는 이 할렘 르네상스의 대표적인 인물이기도 했습니다.

이제 시를 보겠습니다. 이 시의 특징적인 면은 아프리카계 미국인 특유의 구어 표현과 재즈 리듬을 살린 랭스턴 휴즈의 리듬감이 두드러진다는 점입니다. 그러기에 거의 모든 시들이 당연히 그렇지만 특히 이 시는 소리 내어 읽을 때 그 느낌이 제대로 살아나는 것 같습니다.

시의 처음이 "자well" 이렇게 시작합니다. 아마 대화가 이어지던 중이라는 것을, 아들이 무언가를 말했고, 화자인 엄마가 거기에 답을 하는 것처럼 보입니다. 이어지는 내용으로 판단할 때 아들과 엄마는 그들의 힘든 삶에 관해 이야기를 나누던 것처럼 보입니다. 힘들어 하는 아들에게 엄마는 자신의 삶에 대해 이야기를 시작합니다. 아들처럼 우리도 귀를 쫑긋하고 엄마의 말을 듣게 됩니다.

자, 아들아, 들어봐.
내게 삶은 수정 계단이 아니었다.
압정이 널려 있고
나무 가시들과

갈라진 널빤지 조각들에
카펫이 깔리지 않은 곳도 많았다.

"내게 삶은 수정 계단이 아니었다"는 엄마의 첫 말을 통해 "계단"으로 은유된 "삶"에는 두 종류가 존재한다는 걸 알겠군요. 하나는 "수정 계단"으로 은유된 삶입니다. 매끄럽고, 빛나며, 아름다운 수정 같은 이 삶은 미국 백인들의 삶, 그들이 누리는 특권을 의미하는 것이겠지요. 그들은 장애물 하나 없는 수정 계단을 걸어 자신들의 꿈을 이루어갑니다.

반면, 다른 하나의 삶이 있습니다. "압정이 널려 있고／ 나무 가시들과／ 갈라진 널빤지 조각에／ 카펫이 깔리지 않은" 계단 같은 이 삶은 아프리카계 미국인들의 삶이겠지요. 수정 계단의 사람들이 상처 하나 없이 매끄럽게 삶의 계단을 올라가는 반면, 이 다른 쪽 계단을 올라가는 사람들은 압정에 찔리고 가시가 박히고 갈라진 널빤지에 발이 푹 빠지기도 할 것입니다. 카펫도 없는 곳을 걸어야 하고요. 이처럼 "수정 계단"의 은유는 차별이 만연한 미국 내 백인과 유색인종의 서로 다른 삶의 조건에 관한 은유이기도 하지만 동시에 서로 다른 인간들이 겪게 되는 삶에 대한 보편적 비유이기도 합니다. "압정, 나무 가시, 갈라진 널빤지"는 삶의 과정에 만나게 되는 방해물, 장애물의 은유들임은 분명해 보입니다.

맨바닥이었다.
그렇지만 난 내내
열심히 오르는 중이다.
층계참에 다다르고

사회 Society

모퉁이 돌아가며
때로는 빛도 없이 깜깜한
어둠 속을 걸어갔다.

그녀가 걸어왔던 계단은 "맨바닥"입니다. 아무것도 없는 맨땅, 맨바닥. 그녀에게는 어떤 유리한 조건도 갖추어지지 않았던 것이지요. 이 "맨바닥"은 '맨몸, 맨발'로 읽어도 무방할 정도로 그녀의, 나아가 아프리카계 미국인의 힘든 상황을 상징적으로 표현하는 단어라고 할 수 있습니다. 하지만 그녀는 "열심히 오르는 중"입니다. "I'se been a-climbin' on"은 "I have been climbing on"의 사투리라 할 수 있을 것인데, 뒤에 보이는 "reachin' landin's", "turnin'", "goin'" 등과 마찬가지로 'climbing'을 "climbin'"이라고 'g'를 탈락시키고 발음함으로써 아프리카계 미국인 특유의 어투로 음악성을 한결 강화하는 효과를 부여하고 있습니다. 그녀는 "때로는 빛도 없이 깜깜한/ 어둠 속을 걸어"가야 할 정도로 험난한 삶의 길을 걸어갑니다. 하지만 그녀는 멈추지 않습니다. 뿐만 아니라 돌아가지도 않습니다. 그런 그녀이기에 아들에게도 단호하게 말할 수 있습니다.

그러니 얘야, 절대 돌아서지 마라.
사는 게 좀 어렵다고
절대로 층계에 주저앉지 마라.
여기서 넘어지지도 마라,
얘야, 나도 지금 가고 있다,
나도 아직 올라가고 있다,
내게 삶은 수정 계단이 아니었다.

"돌아서지"도, "주저앉지"도, "넘어지지도" 말라는 말에서, 힘들어 하는 아들의 어깨를 감싸고 손을 잡아주며 단호하면서도 따뜻하게 도닥이며 용기를 주는 엄마의 사랑을 느낍니다. 무엇보다 그녀가 멈추지 않고 "가고 있다"는 사실, "올라가고 있다"는 사실이 그 말에 힘을 더해줍니다. 그녀에게 삶은 "수정 계단이 아니었"고 지금도 마찬가지지만, 그녀가 밟고 올라가는 계단은 그 어떤 수정 계단도 줄 수 없는 진정한 삶의 의미와 소중함을 부여하는 그런 계단, 그런 삶이 아닐까요.

이 시는 제목과는 달리 랭스턴 휴즈가 외할머니에게서 받은 인상을 그린 시라는 말이 있습니다. 이혼 후 생계를 위해 집을 떠나 생활해야 했던 랭스턴 휴즈의 어머니를 대신해 어린 시절 그를 길러준 사람은 외할머니였습니다. 랭스턴 휴즈는 외할머니를 통해 차별에도 불구하고 아프리카계 미국인의 삶과 언어에 대한 긍지를 버리지 않고 지키는 모습을 보고 느꼈으며, 이는 이후 그의 모든 시와 활동에 큰 영향을 미치게 되었습니다.

이 시는 마틴 루터 킹 목사도 무척 좋아해서 대중 강연을 할 때는 빠짐없이 낭송하고 언급했다고 할 만큼 많은 아프리카계 미국인들에게 사랑받는 시였습니다. 랭스턴 휴즈는 시를 통해 아프리카계 미국인의 언어와 리듬을 가장 잘 표현한 작가로 평가되며, 시민권 운동 기간 동안 대중 집회장에서 가장 인기 있는 시인 가운데 하나였습니다. 그는 자신과 같은 피부색을 지닌 동포들의 열망을 시와 희곡, 소설 등을 통해 가장 명징하게 표현한 작가 가운데 한 명이었지만, 그의 작품이 단순히 아프리카계 미국인의 열망만으로 이해될 수는 없습니다. 다음과 같은 짧은 시를 한 번 보세요.

Does it dry up

like a raisin in the sun?

Or fester like a sore—

And then run?

Does it stink like rotten meat?

Or crust and sugar over—

like a syrupy sweet?

Maybe it just sags

like a heavy load.

Or does it explode?
　　　　　　- "Harlem"

햇볕에 내놓인 건포도처럼

메말라 갈 것인가?

아니면 상처처럼 곪아서

진물이 흘러내릴 것인가?

썩은 고기처럼 악취를 풍길 것인가?

달콤한 시럽처럼

딱딱하게 굳어버린 당의가 될 것인가?

어쩌면 축 처질지도

무거운 짐짝처럼.

아니면 그것은 폭발하는가?
-「할렘」

　부당한 차별 속에서 박해 받고 시달리면서도 겉으로 드러내지 못하는 아프리카계 미국인들의 내면의 분노가 마침내 폭발하고 말 것이라고 경고하는 그의 시 「할렘」입니다. 이 시에 표현된 분노는 그러나 단순히 그들만의 분노는 아닐 것입니다. 부당하게 억압당하고 차별받는 누구라도 이 시에 공감하지 않을 수 없을 것입니다.
　랭스턴 휴즈의 시는 리듬감과 음악성이 강렬하며 구어체 특유의 자연스럽고 힘 있는 호소력을 지니고 있습니다. 「엄마가 아들에게」를 읽을 때마다 저는 생각합니다. 어떻게 이렇게 쉽게 쓰일 수가 있을까. 마치 옆에서 손 꼭 잡고 등 토닥여 주면서 조곤조곤 말해 주듯 편안하게 위안을 주는, 그러면서도 말할 수 없을 정도로 포근한 위로가 되기도 하고 꺾였던 무릎 다시 일으켜 세울 수 있는 묵직한 용기를 주기도 하고 아무리 험한 길이라도 다시 걸음 일으켜 걸어갈 수 있는 힘을 주기도 하는 이런 시를 나는 쓸 수 있을까, 하고 말입니다.
　중랑천 둑을 걸을 때 읊조리는 몇 편의 시 가운데 가장 사랑하는 시가 랭스턴 휴즈의 이 시입니다. 이 시를 입에 올려 소리 내어 읊거나 혹은 마음속으로 읊을 때면 언제나 마음 한켠에 환한 촛불이 켜지는 것 같습니다. 깜깜 어둠 속에서 그 빛만 있으면 어디든 갈 수 있을 것 같은, 바람에 흔들리고 흔들리지만 결코 꺼지지 않는 그런 촛불 말입니다.
　세상 살아가는 길이 녹록지 않음을, 삶의 칼바람에 맞서 나가기에 버거움을 느끼고 주저앉는 자식을 지켜보아야 하는 이 시 속 엄마의 마음보다 더 폭폭하고 안타까운 마음이 있을까요. 그 아이를 위해서라면 무엇인들 못하겠습니까. 그러나 누구의 인생이라 대신 살아주겠습니까. 결국 일어나 걸어야 하는 것은 누구도 아닌 자신이라는 걸 엄마는 너무도 잘 알고 있습니다.

인종차별의 굴레 여전한 시기에 할렘 르네상스의 한중심에서, 나아가 흑인 민권운동의 핵심에서 누구보다 앞장서 차별의 사슬에 저항했던 랭스턴 휴즈. 그라고 힘들고 두렵지 않았을까요. 더러 멈추고 주저앉고 싶을 때 없었을까요. 그때마다 이 시 속의 엄마처럼 조곤조곤 그러나 힘 있게 들려주던 목소리를 그는 떠올렸던 것이겠지요. 세상의 모든 엄마가 세상의 모든 아들에게 전하는 그 목소리를 말입니다.

이 시가 쉽게 쓰였다고 했던가요. 쉽게 쓰인 시는 없습니다. 글에 삶이 그대로 담겨있기에, 한 걸음 한 걸음 걸어온 삶이 곧 시였기에, 그 삶에서 나온 말이 곧 시였기에 그리 보이는 것이지요. 어떻게 살아야 그리 될 수 있을까요. 어찌 살아야 이런 시 하나 낳을 수 있을까요. 한 해의 첫 달, 다시 일어나 걸으며 함께 읽습니다. 랭스턴 휴즈의「엄마가 아들에게」입니다.

───────── ◇ ─────────

Mother to Son
Langston Hughes

Well, son, I'll tell you:
Life for me ain't been no crystal stair.
It's had tacks in it,

And splinters,
And boards torn up,
And places with no carpet on the floor—
Bare.
But all the time
I'se been a-climbin' on,
And reachin' landin's,
And turnin' corners,
And sometimes goin' in the dark
Where there ain't been no light.
So boy, don't you turn back.
Don't you set down on the steps
'Cause you finds it's kinder hard.
Don't you fall now—
For I'se still goin', honey,
I'se still climbin',
And life for me ain't been no crystal stair.

James M. Langston Hughes(1901~1967)

- 20세기 미국의 시인, 소설가, 연극인, 에세이스트
- 1901년 2월 1일 미국 미주리 출생
- 펜실베이니아의 링컨 대학교에서 수학
- 아프리카계 미국인의 경험과 정체성을 바탕으로 그들의 목소리 대변
- 재즈 음악의 리듬과 흥겨운 아프리카계 미국인의 언어적 특징
- 문학과 예술을 통해 사회적 변화와 인간의 자유를 갈망하는 메시지
- 휴즈는 허드슨 강의 문화 운동인 "하버링 르네상스"의 중요 인물
- 전미 흑인지위 향상 협회(NAACP)에서 'the Spingarn Medal' 수상(1960)
- 1967년 5월 22일 미국 뉴욕에서 사망
- 『침울한 블루스』The Weary Blues, 『드림 키퍼 외』The Dream Keeper and Other Poems, 『새로운 노래』A New Song, 『유예된 꿈의 몽타주』Montage of a Dream Deferred 등의 시와 『백인의 길』The Ways of White Folks, 『영광의 탬버린』Tambourines to Glory 등의 소설, 논픽션 『미국의 흑인 영웅들』Famous Negro Heroes of America, 『자유를 위한 투쟁: 전미 흑인지위향상 협회의 이야기』Fight for Freedom: The Story of the NAACP를 비롯한 많은 극작품이 있음.

투쟁해봐야 허사라 말하지 말라
- 아서 휴 클러프(1819~1861)

투쟁해봐야 허사라 말하지 말라,
   노고와 상처가 부질없으며
적敵은 기운이 약해지지도, 무너지지도 않으며
   여전히 세상사는 변함없을 것이라고.

희망이 얼간이요, 두려움이 거짓말쟁이일 수 있을지라도
   저 감춰진 연막 뒤에서
그대의 전우들이 여전히 패잔병들을 추적하고 있어
   그대만 아니라면 전장을 손에 넣을 수도 있으리니.

지친 파도가 헛되이 부서지며 애쓰지만
   이곳에서는 단 한치도 얻을 곳이 없는 것처럼 보일지라도
저 뒤, 시내와 어귀의 물살을 밀며
   대양이 조용히 밀려들고 있지 않은가.

햇살이 밝아올 때
그 햇살 동녘 창으로만 드는 것 아니다.
앞쪽에서 태양은 얼마나 천천히 느릿느릿 솟아오르는지!
하지만 보라, 서쪽의 대지가 환하지 않은가!

──────────── ◇ ────────────

제 20대 대통령 선거가 60일 앞으로 다가왔습니다. 지금 이 순간에도 각 당의 후보들은 자신의 지지율을 끌어올리기 위해 전력투구를 하고 있습니다. 국내외적으로는 물론 전 세계적으로 끝날 줄 모르고 유행하는 팬데믹의 재앙 속에서 한 나라를 제대로 잘 인도할 지도자를 선택해야 하는 중요한 순간, 우리들의 한 표 한 표가 그만큼 소중하고 중요한 역할을 하게 될 날이 다가오고 있습니다. 각 개인이 처한 정치적 입장에 따라 또는 개인적 선호도에 따라 지지하는 후보가 다를 터이긴 하겠지만 우리 각자가 지지하는 후보들이 없을 리 없겠지요. 지지하는 후보가 지지율이 높거나 낮거나에 따라 대통령 선거를 앞둔 지지자들의 마음은 밝았다 흐렸다 하겠지요. 더러는 묵묵히, 더러는 직접적으로 자신이 지지하는 후보의 당선을 위해 애쓰시는 분들도 계실 것입니다. 어느 편이건 우리 각자가 지지하는 후보자가 당선될 수 있기를 바라며, 그 당선자가 우리가 위임한 권력과 책임, 그에 따른 의무를 제대로 수행하여 우리 국민 한 사람 한 사람, 우리 사회 공동체 전체의 선과 행복을 위해 올바른 능력을 지혜롭게 발휘할 사람이기를 진심으로 기원합니다.

대통령 선거건 혹은 사소한 개인들이나 집단의 일이건 한 사람 한 사람, 아니 나 하나의 전력을 다하는 일의 소중함을 생각해봅니다. 그러나 반대로 그런 개개인의 노력의 미미함과 헛됨을 담고 있기도 한 "계란으로 바위 치기"나 그 노력의 위대함을 함의하는 "한 방울의 물방울이 모여 바위를 뚫는다." 같은 말들도 함께 생각해봅니다. 사실 얼마나 무모한 일일까요. 계란으로 바위를 친다니요. 물방울이 바위를 뚫는 만큼의 시간을 한없이 흘러야 한다는 건 얼마나 집요하고 쉼 없는 노력을 의미하는 것일까요. 더러 우리가 지레 "에이, 나 하나 애써봐야 무슨 소용이 있겠어." 하고 물러서거나 방관하기도 하는 까닭이기도 할 겁니다. 하지만 우리는 또 알고 있습니다. 개인의 삶이건 공동체의 시간이건 더 큰 인류의 역사든, 변화의 물결은 언제나 물러서지 않고, 방관하지 않고 기꺼이 계란을 던지고, 기꺼이 흐르는 물방울이 된 '하나'의 움직임과 '하나'의 걸음에서 시작된 것이라는 사실을.

이번에는 아서 휴 클러프의 「투쟁해봐야 허사라 말하지 말라」를 읽습니다. 제목에서 이미 강렬하게 드러나듯 이 시는 '한 사람'의, '나 하나'의 방관과 비겁한 태도에 대한 꾸짖음이자 지레 단정하지 말라는 독려이기도 합니다. 클러프는 영국에서 태어났지만 세 살 때 가족이 미국으로 이주했다가 아홉 살 때 다시 영국으로 오면서 영국의 유명한 사립학교인 럭비 스쿨Rugby School에서 매슈 아널드의 부친인 토머스 아널드의 엄격한 교육을 받았지요. 나중에 옥스퍼드 대학교에 진학한 그는 매슈 아널드와 아주 가깝게 지내며 아널드 가문과의 관계를 이어갔으며, 고 교회 운동에도 참여했다가 돌아섰으며, 영국 국교회의 교리를 가르치기를 거부하여 강사 직위도 박탈당하고 파리를 여행하면서 미국 초절주의 운동의 선구자인 시인-비평가 에머슨을 만나 그에게 깊은 영향을 받기도 합니다.

이 시는 1848년 '차티스트 운동Chartist Movement'이 실패한 듯한 느낌을 받은 시기에 쓴 것이라고 합니다. '차티스트 운동'은 19세기 영국을 이해하는 데는 물론, 전 세계 노동운동의 역사를 이해하는 데도 아주 중요한 의미를 지닌 운동이고 이 시의 의미를 이해하는 데도 필요한 것이니 잠시 소개하고 가겠습니다. 산업혁명의 절정기인 19세기 초반 영국의 노동자들은 정당한 권리를 누릴 수 없었으며 참정권마저 없었습니다. 그들의 격렬한 반발과 요구에 따라 1832년 선거법이 개정되긴 했지만 여전히 도시의 개별노동자들 모두에게 참정권은 주어지지 않았습니다. 이러한 상황에 반발하여 노동자들이 자신들의 정당한 권리를 쟁취하고 이를 입법화하기 위해 전개한 운동이 바로 '차티스트 운동'이었지요. '차트Chart'는 '법안, 헌장'을 의미하는 것으로 달리 말하면 '법안 만들기 운동'이라 할 수 있습니다. 이 운동에서 노동자들은 보통 선거, 비밀 선거, 선거구의 공평화, 의회 개선, 의원의 재산 자격 폐지, 의원 세비 지급 등의 '인민헌장 People's Charter'을 기치로 내걸고 광범위한 운동을 전개했지요. 1838년에서 1848년, 런던과 버밍엄을 중심으로 전국적인 운동이 전개되어 수백만의 서명을 얻어 의회에 입법을 청원함으로써 일정 부분 성과도 얻었으나, 지도자들 사이의 분열과 갈등, 정부의 탄압으로 인해 완전한 성공을 이루지는 못하고 누그러집니다. 결국 1867년에 이르러서야 비로소 도시와 농촌의 개별 노동자들이 참정권을 획득하게 되지요. 클러프의 이 시는 1867년의 성공을 보기 전, 부분적인 실패를 경험한 이전의 과정들을 목격하면서 쓰인 시입니다. 클러프는 현실적으로 어려운 상황에서 개인과 집단이 지향하는 목표를 이루기 위해 한 사람 한 사람의 적극적 참여가 얼마나 중요한가를 여실히 확인하면서 비관적 태도로 방관자가 되는 것의 위험을 인지한 듯합니다. 첫 구절이 강렬합니다.

> 투쟁해봐야 허사라 말하지 말라,
> 　노고와 상처가 부질없으며
> 적은 기운이 약해지지도, 무너지지도 않으며
> 　여전히 세상사는 변함없을 것이라고.

완강한 적 앞에서, 강력한 상대방 앞에서 스스로의 무기력함을 합리화하며 내뱉을 수 있는 말, "그래 봐야 무슨 소용이 있겠어." 클러프는 그 말을 금합니다. "노력과 상처는" 헛되지 않으며, "적은 약해지고" "(마침내) 무너"질 것이라고, (그렇게) "세상사는" 변하는 것이라고 클러프는 말하고 싶은 것이지요.

> 희망이 얼간이요, 두려움이 거짓말쟁이일 수 있을지라도
> 　저 감춰진 연막 뒤에서
> 그대의 전우들이 여전히 패잔병들을 추적하고 있어
> 　그대만 아니라면 전장을 손에 넣을 수도 있으리니.

너무도 가망 없어 보이는 강력한 적 앞에서, 가혹한 현실 앞에서 "희망을 갖는다는 것"은 "얼간이"나 하는 짓이요, "두려움" 때문에 "거짓말쟁이"가 되는 사람도 있을 수 있겠지만, 그러는 사이에도 저기 멀리 "(보이지 않는) 감춰진 연막 속에/ 동료들이 달아나는 (적군의) 패잔병들을 추적하고" 있어서 희망을 갖는 것은 얼간이들이나 하는 짓이라며 비굴하게 행동하고, 두려움 때문에 거짓말 하는 "그대만 아니라면" 승리를 쟁취할 수도 있는 상황일 수도 있지요. 눈앞에 보이는 두려움 때문에 보이지 않는 희망과 미래를 지레 포기하는 겁쟁이들과 거짓말쟁이가 되어서는 안 될 것이겠지만, 쉬운 일이 아

니라는 것, 또한 우리는 압니다. 믿음이 없이는, 용기가 없이는 안 되는 일이라는 것, 바로 그 믿음과 용기, 그것이 관건인 것이지요.

> 지친 파도가 헛되이 부서지며 애쓰지만
>   이곳에서는 단 한치도 얻을 곳이 없는 것처럼 보일지라도
> 저 뒤, 시내와 어귀의 물살을 밀며
>   대양이 조용히 밀려들고 있지 않은가.

눈앞에 보이는 것은 모두 절망의 흔적뿐입니다. 지친 파도가 자기 몸을 부수며 바위를 때리지만 바위는 끄떡없는 것 같고, 단 한 발자국도 전진하지 못하는 것 같은 현실. 하지만 잊지 말아야 합니다. 믿어야 합니다. 보이는 것이 다가 아님을. "저 뒤, 저 시내와 어귀의 물살을 밀며/ 대양이 조용히 밀려들고" 있음을. 그 믿음, 그 확신이 우리를 멈추지 않게 하는 힘이고, 우리를 나아가게 하는 힘이며, 연대의 끈을 놓지 않게 하는 힘이기도 합니다.

> 햇살이 밝아올 때
>   그 햇살 동녘 창으로만 드는 것 아니다.
> 앞쪽에서 태양은 얼마나 천천히 느릿느릿 솟아오르는지!
>   하지만 보라, 서쪽의 대지가 환하지 않은가!

새벽에 동이 틀 때 어디 햇살이 동쪽 하늘에만 뜨던가요. "앞쪽의 태양은…천천히 느릿느릿 솟아오르는" 것 같지만, 저 먼 반대편 "서쪽의 대지가 환하지 않은가!" 오늘 아침 새해 해돋이를 보러 지방 해안도시의 바닷가로 나갔지요. 버스를 잘못 타는 바람에 해돋이 시간

에 늦을 것 같아 원래 목표했던 바닷가가 아니라 다른 해변을 찾았지요. 다행히 아직 해는 수평선 위로 솟아오르지 않았어요. 하지만 이미 동녘 하늘은 물론 저 먼 반대편 서쪽 하늘까지 밝은 기운이 가득 환하게 밝아오고 있었지요. 그리고도 한참이나 지나서야 수평선 위로 붉은 태양이 서서히 떠올랐어요. 눈앞의 해는 서서히 떠오르지만 그 해가 모습을 드러내기도 전에 세상은 조금씩 환하게 밝아지고 있었어요.

눈앞의 해가 보이지 않는다고, 어둠이 가시지 않을 것이라 지레 포기해서 안 되는 것처럼, 당장의 무엇이 눈앞에 보이지 않는다고 희망을 버리고 비굴해지지 않을 것이며, 두려워 거짓말 하지 않을 것이고, 보이지 않는 곳에서 같은 믿음과 희망으로 그대를 믿으며 나아가고 있을 동료를 잊지 않고, 제 몫의 희망과 제 몫의 책임으로 걸어가는 것, 그것이 우리들 각자가 해야 할 일들이라는 것. 그러니 클러프는 말합니다. "투쟁해봐야 허사라 말하지 말라." 1848년의 실패는 1867년의 성취를 위한 과정이었겠지만, 1848년의 실패 앞에서 절망하고 두려움에 가득 차 멈추었다면 그 다음의 성취는 불가능했을 것입니다.

클러프의 이 시가 어디 꼭 19세기 중엽의 영국 노동자들에게만 해당되는 것일까요. 그렇다면 이렇게 오래 살아남지도 못했을 테지요. 지금 여기 살아가는 우리의 신념이 무엇이건, 우리가 꿈꾸는 세상이 어떤 것이건, 우리가 나아가야 할 곳이 어디건, 얻고자 하는 것이 무엇이건 쉽사리 얻어지는 것은 없지요. 우리의 노고와 쟁투로 스스로 얻어내야 하는 것이 지금 여기를 살아가는 우리의 인생이라면, 그 인생의 전장에서 "애써봐야 허사", "투쟁해봐야 허사"라고 말하는 것이 무슨 의미가 있을까요. 하기에 우리는 오늘도 우리

자신이 계란이 되어 각자의 바위를 치고, 한 방울의 물방울이 되어 반석 위를 구르고 흐르며 우리 각자의 인생을 조각하며 살아갑니다. 아서 휴 클러프의 「투쟁해봐야 허사라 말하지 말라」입니다.

Say Not the Struggle Naught Availeth
Arthur Hugh Clough

Say not the struggle naught availeth,
  The labour and the wounds are vain,
The enemy faints not, nor faileth,
  And as things have been they remain.

If hopes were dupes, fears may be liars;
  It may be, in yon smoke conceal'd,
Your comrades chase e'en now the fliers,
  And but for you, possess the field.

For while the tired waves, vainly breaking,
  Seem here no painful inch to gain,
Far back, through creeks and inlets making,
  Comes silent, flooding in, the main.

And not by eastern window only,
  When daylight comes, comes in the light;

In front the sun climbs slow, how slowly!
But westward, look, the land is bright!

Arthur Hugh Clough(1819~1861)
- 19세기 영국의 시인, 사회 비평가, 철학자
- 1819년 1월 1일 영국 리버풀 출생
- 사립학교인 럭비 스쿨에서 수학
- 고 교회운동 가담
- 에머슨Ralph Waldo Emerson, 칼라일Thomas Carlyle 등과 교류
- 종교, 도덕, 사회적인 변화, 사랑, 소외 등 다양한 주제
- 1861년 11월 13일 이탈리아 피렌체에서 사망
- 대표작으로 「여행의 사랑」"Amours de Voyage", 「토버나보리히의 오두막」"The Bothie of Tober-na-Vuolich" 등의 작품이 있음.

불굴의 의지
- 윌리엄 어니스트 헨리(1849~1903)

지옥처럼 어두운 남극에서 북극까지
  온통 나를 뒤덮고 있는 밤으로부터,
내게 불굴의 영혼을 주신
  모든 신들께 감사하노라.

잔혹한 환경의 손아귀에서도
  나 움츠리거나 소리 지르지 않았노라.
우연으로 가득 찬 운명의 매질 아래
  머리엔 피 흘려도, 굽히지는 않았노라.

분노와 눈물의 이 세상 너머
  어둠의 공포만이 비칠지라도,
그 세월의 위협에
  지금도 앞으로도 나 두려워하지 않으리.

천국의 문이 아무리 좁아도,
　운명의 두루마리가 온갖 형벌로 가득해도 상관없어,
내 운명의 주인은 나.
내 영혼의 선장은 나.

─────────────── ◇ ───────────────

　넬슨 만델라(Nelson Rolihlahla Mandela, 1918~2013)를 아시지요? 혹 잘 모르는 분이라 하더라도 '아파르트헤이트Apartheid'에 저항한 민권운동 지도자, 남아프리카 공화국 대통령, 노벨 평화상 수상과 같은 굵직한 전기적 사항만 들어도 짐작할 수 있듯, 그는 미국의 마틴 루터 킹 목사와 더불어 현대 (흑인)민권운동을 상징하는 인물이라고 할 수 있지요. 아프리카 민족회의(ANC)의 지도자로 '아파르트헤이트'에 대한 저항운동을 이끌다 종신형을 받고 투옥되었지만, 수감 중에도 굴하지 않고 저항운동의 의지를 보이며 국내외에 영향력을 행사한 그를 통해 남아프리카 공화국의 열악한 유색인 인권 문제에 대해 세계인들이 관심을 갖게 되었고, 결국 1990년 당시 남아프리카 공화국의 클레르크 정부는 수감 중이던 만델라를 교도소에서 석방하지 않을 수 없게 되었지요. 투옥 후 27년만이었지요.

　출소 후 그는 아프리카 민족회의 의장으로 취임했고, 클레르크 행정부와 더불어 '아파르트헤이트' 정책을 철폐하고 민주적인 헌법을 제정하는 절차를 밟게 됩니다. 이러한 공로로 만델라는 1993년 클레르크와 함께 노벨 평화상을 공동 수상했고, 1994년 남아프리카 공화국에서 최초로 실시된 다민족 총선거에서 대통령으로 선출되었습니다. 이후 그는 '아파르트헤이트' 정책이 시행되던 시기의 탄압과 차별, 인권침해를 조사하고 불행한 과거사를 청산하기 위한 〈진실과

화해위원회〉를 설치하여 불행한 과거사를 바로잡고 치유하는 일을 수행함으로써 남아프리카 공화국의 어둡고 고통스러운 역사를 치유하고 바로잡는 작업을 해 나갑니다. 우리의 〈5·18광주민주화운동〉의 역사와도 유사한 상황을 떠올리게 되지요.

 시도 읽기 전부터 넬슨 만델라에 대한 이야기를 이렇게 길게 이야기 하는 까닭이 있겠지요? 그렇습니다. 이번에 살펴 볼 윌리엄 헨리의 「불굴의 의지」가 넬슨 만델라와 연관된 이야기를 지니고 있기 때문입니다. 종신형을 언도받은 만델라는 몇 곳의 교도소로 이감되었는데, 그 가운데 18년 동안이나 갇혀있었던 케이프타운의 로벤섬 교도소에서는 가로 세로 각각 2미터 겨우 넘는, 볏짚이 깔린 독방에 수감되었다고 합니다. 낮에는 석회광산에서 강제노동을 해야 했는데, 이 작업을 하는 동안 교도관들이 그에게 보호경 착용을 허용하지 않아 석회암에 반사되는 강한 태양광으로 인해 영구적인 시력 손상까지 입게 되었지요. 이런 힘들고 고통스러운 상황에서도 굴하지 않고 자신의 신념을 지키며 견뎌낼 수 있었던 데는 몇 가지 동인들이 있었겠습니다만, 헨리의 이 시 또한 매일 반복되는 힘든 노역과 고통스러운 수감생활 속에서도 의지를 잃지 않고 견뎌낼 수 있는 큰 힘과 위안을 주었다고 합니다. 만델라와 남아프리카공화국의 국가대표 럭비선수들의 실제 이야기를 다룬 동명의 영화도 제작되어 상영되었는데, 그 영화에서 교도소에 수감된 만델라를 연기하는 유명한 아프리카계 미국배우, 모건 프리먼이 이 시를 암송하는 장면이 연출되기도 합니다. 자, 과연 이 시의 어떤 점이 만델라의 마음에 그런 의지를 심어줄 수 있었을까요. 함께 시를 읽어보겠습니다.

   지옥처럼 어두운 남극에서 북극까지

온통 나를 뒤덮고 있는 밤으로부터,
내게 불굴의 영혼을 주신
모든 신들께 감사하노라.

"어두운" "밤" "지옥" 같은 강렬하고 비관적인 어둠의 색채가 두드러진다는 점이 먼저 눈에 띕니다. "pole"은 극점을 이야기 하는 것으로 남극, 북극을 말합니다. 그러니 지금 이 시 속 화자의 상태가 느껴집니다. 한마디로 칠흑 같은 어둠에 덮여있다는 것이지요. 그런데도 화자는 "감사"한답니다. 자신의 "불굴의 영혼"이 있기에. 어떤 신이 되었건 그 신에게 말이지요. 시를 쓴 시인의 상태에 대해 잠시 말씀드리는 것이 이 첫 연의 내용을 이해하는 데 도움이 되겠습니다.

헨리는 열여섯이 되던 해 전신에 번진 골결핵으로 인한 합병증 때문에 왼쪽 다리 무릎 아래를 절단하지 않으면 안 되는 상태가 되었답니다. 그것만으로도 힘든 불행이었을 텐데 몇 년이 흐른 뒤 오른쪽 다리마저도 마찬가지 진단을 받게 됩니다. 청천벽력 같았을 것입니다. 그는 절단 수술을 거부하고 당시 유명한 외과의였던 리스터(Joseph Lister, 1827~1912)를 찾아갑니다. 리스터 박사는 20개월에 걸친 여러 번의 치료를 통해 그의 다리를 절단하지 않고 치료하게 됩니다. 그러나 골결핵은 완치된 것이 아니어서 시인은 죽을 때까지 그 고통을 피할 길 없이 안고 가게 됩니다. 이 시는 그가 리스터 박사의 치료를 받은 후 회복하던 1875년에 쓴 시라고 합니다. 그런 상황을 생각하면 시인의 마음이 짐작이 됩니다. 두 다리를 모두 잃을 수도 있다는 절망은 얼마나 깊었을 것이며, 그 절망을 이긴 의지는 얼마나 강했을까요. 그는 자신의 "불굴의 영혼"이 신들이 부여한 것이라 생각하지만, 저는 그 자신의 영혼의 주인인 그를, 그런 상황에서도 "감사"할 수 있는 그 마음의 깊이를 생각합니다.

  이 시는 내용뿐 아니라 형식적인 면에서도 주목할 것이 있습니다. 1연 4행은 abab 각운을 일치시키고 있으며, 각 행은 Out of/ the night/ that co/ vers me 의 4음보를 이루고 있습니다. 각 음보는 '약강'의 강세를 지니고 있고요. 그래서 '약강4보격'을 이루고 있습니다. 깔끔한 구성과 형식입니다. 'Pit-pole-pole'로 이어지는 두운頭韻 규칙의 활용도 보이고요.

    잔혹한 환경의 손아귀에서도
      나 움츠리거나 소리 지르지 않았노라.
    우연으로 가득 찬 운명의 매질 아래
      머리엔 피 흘러도, 굽히지는 않았노라.

  화자는 어떤 상황에서도 굴하지 않겠노라는 자신의 의지를 강하게 다시 피력합니다. 환경이 잔혹하게 자신을 움켜쥐어도, "움츠리거나 소리 지르지 않았"다 합니다. 나도 모르게 우연하게 당하게 되는 매질이 어디 한둘이겠습니까만 시인 헨리가 감내해야 할 고통은 사실 흔한 것은 아닙니다. 곤봉으로 머리를 내리치는 "매질"이라는 표현이 그 아픔의 정도를 보여줍니다. 그러나 비록 "머리엔 피가 흘러도" 결코 "굽히지는 않"습니다. 운명이건 운이건 시인의 의지를 꺾을 수는 없고, 그의 의지가 꺾여서도 안 되니까요.

  교도소에서, 야외 노역장에서 야만스러운 폭력과 견딜 수 없는 치욕에 내맡겨진 채 암흑 같은 하루하루를 견뎌냈어야만 하던 넬슨 만델라, 영화 〈인빅터스〉에서 한 평 남짓한 꽉 막힌 독방과 아프리카 남단의 불같은 태양이 작열하는 노역장에서 그가 이 시를 암송하는 장면이 그려집니다. 시인 헨리가 견뎌야 했던 육체적, 정신적 고통과 만델라의 고통이 다르다 할지라도 그 고통을 대면하는 두 사람의 굴하지 않는 의지는 다르지 않을 것입니다. 움츠리지도, 소리 지르지도 않고 자신의 운명에 가해진 고통을 받아 안으며 이겨내는 두 사람의 모습이 저 짧은 시구에 깊고도 강렬하게 겹쳐집니다.

> 분노와 눈물의 이 세상 너머
> 　어둠의 공포만이 비칠지라도,
> 그 세월의 위협에
> 　지금도 앞으로도 나 두려워하지 않으리.

그렇더라도 두려움은 영원히 사라지는 것은 아닙니다. 아직 남아 뼛속을 파고들며 영원히 그를 괴롭힐 육체적 고통은 분노와 원망, 심지어 공포를 가져옵니다. 지금은 "분노와 눈물"의 순간을 지나지만, 그 너머에 그에 대한 보상이 아니라 알 수 없는 "어둠의 공포"가 있을 수도 있다는 화자의 가정은 그러니 충분히 이해가 되고도 남습니다. 만델라 또한 마찬가지였을 것이라는 짐작을 합니다. 종신형을 선고 받고 수감 중인 그에게 미래는 없습니다. 평생을 교도소의 그 좁은 감방에서 강제노동을 하며 지내다 생을 마감할 수 있다는 "공포"가 어찌 없었겠습니까. 그 또한 사람이었을 테니까요.

　만델라가 시를 쓴 시인 헨리의 상황을 알고 있었을지 모르겠으나, 알고 모르고는 그리 중요한 사항이 아니겠다 생각합니다. 시를 쓰는 시인의 "분노와 눈물" 그리고 "어둠의 공포"가 어느 정도건 그 느낌과 감정이 그대로 독자에게 전달되는 것은 아닐 테니까요. 시인이 처한 상황을 안다면 그 시에 표현된 감정의 깊이와 정도를 이해하는

데 도움이 되기는 하겠지만, 그 감정이 그대로 전달되는 것은 아닐 것입니다. 시를 읽고 느끼는 감정의 폭은 결국 시를 읽는 독자의 현실과 결합된 그의 감정과 느낌의 몫일 테니까요. 헨리의 현실과 만델라의 현실이 그들 각자에게 주는 "분노와 눈물" 그리고 "어둠의 공포"가 얼마만큼의 크기와 깊이였건 간에 둘은 각자의 그 몫만큼 표현하고 그 몫만큼 느꼈겠지요. 만델라에게 이 시가 어찌 다가왔을지는 그가 이 시를 읽고 견디는 힘을 얻었다는 그 사실이 이미 충분히 말해주고 있지요. 그러니 "어둠의 공포"를 안고 (다가올) "세월의 위협"이 아무리 거세다 해도 화자는 "지금도 앞으로도" "두려워하지 않"겠다는 의지를 피력합니다.

두렵거나 외로울 때 가끔 혼잣말은 큰 위안이 되기도 하지요. 지금보다 더 오래전 혼자 산행을 할 때가 더러 있었습니다. 야간산행을 하기도 했는데, 그때 어두운 밤, 산길을 가다보면 어쩔 수 없는 두려움을 대면하게 되기도 합니다. 누가 쫓아오는 것도 같고, 앞에서 알 수 없는 형상이 불쑥 튀어나올 것도 같지요. 그럴 때 저는 노래를 부르거나 마치 제 앞의 저와 대화하듯 혼잣말을 하며 걷곤 했지요. 더러 큰소리로요. 가끔은 그 소리가 더 큰 두려움을 불러올 때도 없지 않았지만 대부분은 조금 위안이 되기도 했지요.

두려워하지 않는 마음의 의지가 있어 두려워하지 않을 수도 있지만, "두려워하지 않아"라고 말하는 그 행위가 두려움을 떨치는 의지를 주기도 한다는 것을 우리는 알지요. 말의 힘이지요. 3연의 저 마지막 행은 지금의 의지와 함께 바로 그런 스스로의 다짐을 드러내기도 합니다. 현실이 변하지 않을 때 현실을 받아들이는 마음의 모양을 바꾸는 것이 그 현실을 다르게 인식하고 경험하게 하기도 하지요. 그것이 도피건 아니면 도전이건 말이지요. 마음이 이미 이러하니 내 마음 말고 걱정할 것이 없지요.

 이와 관련하여 주목하고 갈 사항이 하나 있습니다. 시제tense입니다. 1연부터 3연까지 모든 동사의 시제가 현재형입니다. 이것은 시인이 겪는 고통이나 불행이 과거의 것이 아니라 현재 바로 이 순간이라는 것이고, 앞으로도 지속될 것임을 나타냅니다. 영어의 현재시제는 불변의 진실이나 사실을 표시할 때 사용되는 것이거든요. 그런데 바로 이 3연에서 처음으로 "shall"이라는 미래조동사가 등장합니다. 이것은 이런 상태로 아무리 시간이 흘러도 시인 자신의 지금 의지는 변하지 않으리라는 확고한 의지를 나타내는 것이기도 합니다. 그리고 이제 화자는 더욱 분명하게 자신의 의지를 천명합니다.

> 천국의 문이 아무리 좁아도,
>   운명의 두루마리가 온갖 형벌로 가득해도 상관없어,
> 내 운명의 주인은 나.
>   내 영혼의 선장은 나.

 여기서 "천국의 문"은 『마태복음』 7장 14절에서 유추할 수 있습니다. "생명으로 인도하는 문은 좁고/ 길이 협소하여 찾는 자가 적음이라." 화자는 "천국의 문"이 제아무리 좁아도, 그래서 천국으로 들어갈 사람들이 극소수라해도, (지옥의 명부라 할) "두루마리"에 아무리 많은 형벌의 목록이 나열되어 있다 해도 상관하지 않습니다. 첫 번째 구절에 생략되어 담긴 의미는, 자신은 그 좁은 문을 들어갈 수 있다는 것이고, 두 번째 구절에는 자신은 지옥으로 가지 않을 테니, 라는 뜻이 담겨있으니까요. 즉, 자신은 아무리 좁아도 천국의 문을 열고 들어갈 것이요, 지옥에 갈 아무리 많은 죄가 열거되어 있다고 해

도 자신이 지옥에 갈 일은 없으니 신경 쓸 일 없다는 것이지요.
 이런 자신감은 어디서 올까요. 그 답은 유명한 저 마지막 두 구절에 담겨 있습니다. 내 운명의 주인인 내가, 내 영혼을 인도하는 선장인 내가 천국으로 가도록, 지옥으로 가지 않도록 내 영혼을 인도할 것이란 자신감이 있으니 말이지요. 심지어 운명의 주인이기도 하답니다. 놀랍고도 멋진, 그러나 어쩌면 우리가 당연히 지녀야 할 태도 아닐까요. 사실 이 구절을 발음할 때 느낄 수 있는 묘한 매력은 참을 수 없을 정도의 부드럽고도 당당한 쾌감을 줍니다.

"아임 더 매스터 어브 마이 페잇트/ 아임 더 캡틴 어브 마이 쏘우울."

 누구라도 이 시를 한 번 읽거나 듣고 나면 이 두 구절은 결코 잊을 수 없을 것입니다. 뜻은 물론 저 발음이 주는 매력까지 더해서 말입니다. 그런데 이 마지막 연에 대해서 저는 조금 다르게 해석하는 것도 가능하다고 생각합니다.
 "천국의 문"과 "지옥의 형벌"을 언급한다거나 하는 점에서는 분명히 기독교 신앙의 영향이 보이는 것이 분명합니다. 그래서 앞에서 했던 것처럼 이 구절을 해석하는 것이 일반적이기도 하고요. 그런데 말이지요 바로 이 마지막 두 구절, "내 운명의 주인은 나 / 내 영혼의 선장은 나."라는 구절을 보면, 운명이 주인이 기독교에서 말하는 '신 God'이 아니라 인간(자기)이라고 하고, 영혼을 인도하는 것도 '신'이 아니라 자기라고 해요. 이건 좀 이상하잖아요. 기독교 신앙에 따르자면 이 둘의 주인은 인간이 아니라 '신'이어야 할 테니까요. 인간인 자기가 '운명'의 주인이라 하는 것은 불경스럽기까지 하잖아요.

사실 이런 흔적은 이미 앞에서도 있었어요. 1연에서 자신의 영혼을 부여한 것이 (기독교의 유일신인) '신God'이 아니라 (이교도적 다신론을 의미하는) '신들gods'이라고 했지요. 3연에서는 "이 세상", 즉 현세를 지나서 갈 곳을 (천국과는 배치되는) "어둠의 공포the Horror of the shade"라 했는데, 이는 (지옥도 있지만, 그곳은 가서는 안 되는 곳이니) 영원한 행복의 내세를 전제하는 기독교 신앙과는 어긋나는 것처럼 보이기도 합니다.

결론적으로 마지막 4연은, 천국의 문이 아무리 좁다고 해도, 지옥이라는 곳이 아무리 많은 형벌의 목록으로 가득 차 있는 곳이라 해도 나는 천국과 지옥 따위는 상관하지 않고, '바로 지금' 내 의지대로, 내 영혼에 따라 현재의 내 삶을 살아가겠노라 하면서, 종교적 구속마저 벗어나 오롯하게 화자 자신의 의지에 따라 살겠노라는 놀라울 정도의 인간적 의지를 천명하는 것으로 볼 수도 있습니다. 이 경우, 시인이 발 딛고 선 기독교 신앙의 세계관과는 다를 수도 있습니다만 그만큼 주체적 인간으로서 자기 삶에 대한 결정권을 더 확고하게 표명하는 것이 아닌가 하는 생각에 더 단단한 믿음과 결의가 느껴지기도 합니다.

시 전체를 관통하는 시인의 현실을 놓고 봐도 그렇습니다. 지금까지 시인 자신이 겪고 있고 앞으로도 변함없이 그를 따라다닐 불행과 고통을 '신'이 결정한 것이라면, 이제 그 운명에 맞서 살아가야 하는 것은 시인 자신이니 이런 생각도 전혀 근거 없는 생각은 아닐 것입니다. 시인 헨리가 이 시를 통해 당시 빅토리아 시기의 영국에 만연했던 신과 운명에 대한 (수동적이고 보수적인) 관습적 태도를 믿지 않는 자신의 입장을 드러냈다고 보는 해석이 수긍이 되는 까닭입니다.

어떤 해석을 하건 자기 운명에 대한 확고한 인식을 바탕으로 어떠한 역경에도 굴하지 않고 자신의 의지대로 자신의 인생을 살아가겠다는 "불굴의 의지"를 보여준 시의 한 마디 한 마디는 시를 읽어가는 우리들에게 큰 울림과 함께 깊은 감동을, 그리고 우리 앞의 어려움 앞에 굴복하지 않고 당당하게 서서 신발 끈을 다시 묶을 수 있는 굳건한 용기를 주는 것은 분명해보입니다.

한쪽 다리를 절단하고, 다른 다리마저 절단하지 않으면 안 될 상황에 이를 정도로 온몸에 번진 병균과 싸우면서 자신의 의지로 견뎌낸 시인 윌리엄 어니스트 헨리와 죽을 때까지 교도소에서 강제노동을 할 수밖에 없는 현실을 용기와 인내로 견뎌낸 넬슨 만델라, 두 사람의 고통, 불행, 고난과 그 모두를 이겨낸 의지와 용기가 오롯이 느껴지는 시, 「불굴의 의지」입니다.

아, 마지막으로 '아파르트헤이트'에 대해서 간략하게 첨언하고 마치겠습니다. '아파르트헤이트'는 1948년부터 1994년 완전 폐지될 때까지 남아프리카 공화국과 서남아프리카에서 존재했던 인종차별과 분리정책이었습니다. 이 정책은 모든 인종을 백인, 흑인, 유색인, 인도인 등으로 차등 분류하여, 각 인종별로 거주지, 결혼, 출입구역 등을 완전히 분리함으로써 단순히 차별하는 정도를 넘어 아예 다른 인종간의 공존을 불가능하게 한 정책입니다. 바탕에 백인우월주의 사상이 자리 잡고 있다는 점에서는 동일하지만, 〈노예해방선언〉과 〈수정헌법 14조〉를 통해 명목상일 뿐이라 하더라도 헌법상으로는 인종 간 평등한 권리를 인정했던 미국의 차별정책보다도 악랄했던 인종분리정책이 바로 '아파르트헤이트'였습니다.

이로 인한 차별이 얼마나 심했던지 남아프리카의 국기라 할 수 있는 럭비풋볼 대표팀 경기가 벌어질 때도 관중 대부분인 유색인 남아공 국민들은 자국의 대표 팀이 아닌 외국팀을 응원하는 기이한 광경이 펼쳐졌다고 합니다. 남아프리카 공화국 대표 팀 선수들이 모두 백인들로 구성되어 있었거든요. 넬슨 만델라가 대통령에 취임하고 1995년 남아프리카 공화국에서 개최된 제3회 럭비 월드컵에 출전한 남아공 대표팀은 흑인 선수가 포함된 화합의 팀을 구성하여 처음으로 자국민들의 열렬한 응원을 받으며 결승전까지 진출해 최강 뉴질랜드와 연장전까지 가는 접전 끝에 승리하고 우승컵을 차지하는 역사적인 장면을 연출하지요. 〈우리가 꿈꾸는 기적: 인빅터스〉는 바로 이 경기와 만델라를 소재로 한 픽션과 논픽션이 결합된 영화입니다. 클린트 이스트우드 감독, 모건 프리먼, 맷 데이먼 등이 출연했지요. 한번 보셔도 좋습니다. 윌리엄 헨리의 「불굴의 의지」입니다.

―――――――――――◇―――――――――――

Invictus

William Ernest Henley

Out of the night that covers me,
   Black as the Pit from pole to pole,
I thank whatever gods maybe
   For my unconquerable soul.

In the fell clutch of circumstance
   I have not winced nor cried aloud.
Under the bludgeonings of chance
   My head is bloody, but unbowed.

Beyond this place of wrath and tears
　　Looms but the Horror of the shade,
And yet the menace of the years
　　Finds, and shall find, me unafraid.

It matters not how strait the gate,
　　How charged with punishments the scroll,
I am the master of my fate;
　　I am the captain of my soul.

William Ernest Henley(1849~1903)

- 19세기 영국 시인, 비평가
- 1849년 8월 23일 영국 글로스터(Gloucester 출생
- 열두 살때부터 골결핵을 앓아 병원 생활
- 세인트 앤드류 대학the University of St Andrews에서 수학
- 자기 삶을 극복하는 의지와 내면의 강인함을 강조
- 단순하고 강렬한 표현, 강한 리듬과 음악성을 띤 시어
- 1903년 7월 11일 결국 결핵으로 인해 사망
- 「병원에서」In Hospital, 「런던의 자원봉사자들」London Voluntaries, 「호손과 라벤더 외」Hawthorn and Lavender, with Other Verses 등의 시집이 있음.

강의실 밖으로 나온 영시 1

세상과 자연 속에서 사랑하며
Ama in mundo et natura

1판1쇄 발행 2024년 3월 4일

지은이 여국현
펴낸이 홍해리
펴낸곳 도서출판 우리詩움
등록번호 제2021-000015호
주소 서울시 강북구 삼양로159길 64-9
전화 02-997-4293
이메일 urisi4u@hanmail.net

값 20,000원
ISBN 979-11-986887-0-5 03840

- 이 도서는 국립중앙도서관 서지정보유통지원시스템 홈페이지
  (http://seoji.nl.go.kr)와 국가자료종합목록 구축시스템
  (http://kolis-net.nl.go.kr)에서 이용하실 수 있습니다.
- 저작권법에 의해 보호를 받는 저작물이므로 저자와 출판사의
  동의 없이 내용의 일부를 인용하거나 발췌하는 것을 금합니다.